Springers
Angewandte Informatik

Herausgegeben von Helmut Schauer

Neurale Netze

Monika Köhle

Springer-Verlag Wien New York

Dipl.-Ing. Dr. techn. Monika Köhle
Technische Universität Wien

unter Mitarbeit von
Wilfried Röthy (Kapitel 3)

Mit 86 Abbildungen

Titelbild und Illustrationen: Dr. Alexander A. Clauer

Printed in Austria

Gedruckt auf säurefreiem Papier

CIP-Titelaufnahme der Deutschen Bibliothek

Neurale Netze / Monika Köhle. [Unter Mitarb. von Wilfried
Röthy]. – Wien ; New York : Springer, 1990
   (Springers angewandte Informatik)
   ISBN 3-211-82220-8 (Wien)
   ISBN 0-387-82220-8 (New York)
NE: Köhle, Monika [Mitverf.]; Röthy, Wilfried [Mitverf.]

ISSN 0178-0069
ISBN 3-211-82220-8 Springer-Verlag Wien - New York
ISBN 0-387-82220-8 Springer-Verlag New York - Wien

Vorwort

Auf der Suche nach Denkmaschinen sah man sich Ende der 70er Jahre im Sand althergebrachter Ansätze steckengeblieben. Ideensuchende Seitenblicke in weniger technische Disziplinen bewirkten eine Neuorientierung am Vorbild Gehirn und brachten vielfältige Betrachtungsweisen zum Themenkomplex Denken. Die Einflüsse der Biologie und Psychologie ließen Vorstellungen aufleben, die die technischen Wissenschaften in den 40er Jahren schon vage zu formulieren begannen.

Mit überschwänglicher Begeisterung griff man die alten Ideen auf und gewann ein breites interdisziplinäres Interesse an der Funktionsweise des Gehirns. Hochparallele und massiv verteilte Verarbeitung von Information, wie sie in biologischen Nervensystemen stattfindet, ist das Kennzeichen für einen unter dem Schlagwort Neurale Netze entstandenen Ansatz.

Der alte Traum des Menschen, seine Maschinen selbständig denken zu lassen, treibt ihn dazu, immer tiefer in die Geheimnisse der Gehirnvorgänge vorzudringen und die daraus gewonnenen Erkenntnisse auch für den Computer brauchbar umzusetzen. Enthusiastisch breitet sich das Interesse an mehr oder weniger plausiblen Gehirnmodellen aus.

Eine der Faszinationen an der Idee der Neuralen Netze liegt im Lernen anhand von Beispielen. Nicht, daß Neurale Netze die einzige Möglichkeit bieten, eine Maschine am Beispiel lernen zu lassen. Es ist vielmehr zusätzlich zur massiven Parallelität und zur verteilten Verarbeitung geradezu charakteristisch, wenn nicht beinahe unumgänglich, dem Neuralen Netz Beispiele vorzugeben, damit es sich selbst durch Training an seiner Umwelt orientiert.

Es lernt, indem es Gemeinsamkeiten im Präsentierten findet, indem es im Rahmen des "Gesehenen" generalisiert. Es arbeitet mit in den Beispielen implizitem Wissen, ohne daß dieses explizit herausgearbeitet werden muß. Es zeigt Strukturen auf, statt sie vorgeben zu lassen. Es gibt wahrscheinliche Antworten, handhabt ungenaue und widersprüchliche Daten und kann fehlende Information teilweise ergänzen.

Die Zielrichtung der Neuralen Netze scheint zweigeteilt: Die ursprüngliche und immer wieder faszinierende Motivation, zu tiefen Einsichten in die Arbeitsweise des menschlichen Gehirns zu gelangen, wich nach und nach dem mehr technischen Anspruch, neue Rechnerarchitekturen und Algorithmen zu entwickeln. Von der Computeranwendung her scheint eine durchaus brauchbare Idee geboren zu sein; von ihren Namensgebern sind die Neuralen Netze jedoch schon weit entfernt. Ein Vergleich zwischen dem biologischen Vorbild Gehirn und den zahlreichen Formalmodellen zeigt, wie wenig der Funktionalität dessen, was über Gehirne bereits bekannt ist, ins Modell übernommen wurde.

Ein wenig bedenklich scheint die hinter Unverständnis versteckte Mystik, die den Neuralen Netzen anhaftet – nicht zuletzt wegen der in sie gesetzten Hoffnung, die letzten Schleier menschlichen Denkens lüften zu können. Die Vorgänge in einem Neuralen Netz zu erklären, ist für ihr Funktionieren nicht unbedingt erforderlich und zumeist auch nicht sehr einfach.

Hinter diesem Fehlen einer Erklärung ist viel Platz für Wunschdenken und die Verlockung, aus dem Nichts, dem Nicht-Erklärten, auf mystische Weise Denken entstehen zu lassen. Der spielerische Umgang mit aufs Geratewohl zusammengestellten Modellen verstärkt diese Tendenz, daß die noch wenig fundierten Spekulationen zu kognitiven Prozessen wuchern. Die Vorgänge in einem Neuralen Netz sind weitab jeder Zauberei und durchaus nachvollziehbar, wenn auch vielleicht so komplex, daß sie die Begriffswelt mancher übersteigen.

Mein besonderer Dank gilt Wilfried Röthy, der die inhaltliche Arbeit am Kapitel "Neurophysiologische Grundlagen" auf sich genommen hat.

Das Kapitel "Nayantara" konnte aufgrund der ultimativ freundlichen Genehmigung seines Autors N. K. Michalopulos für dieses Buch gewonnen werden.

Als Tip von Autor zu Leser darf ich auf die besonders liebevolle Ausgestaltung der Abbildungen von Alexander A. Clauer hinweisen.

Wien, im August 1990   Monika Köhle

Inhalt

1 Die Mystik Neuraler Netze 1

1.1 Wissenschaften und Modeströmungen 1

1.2 Ein "Neurales Netz" 2

1.3 Neurale Rechner – Neural Computing 4

1.4 Erwartungen an Neurale Netze 4

1.5 Einsatz Neuraler Netze 7

1.6 Beispiele 8

1.7 Charakterisierung Neuraler Netze 9

1.8 Praktische Anwendungen für Neurale Netze 11

    1.8.1 Greifen nach einem Objekt, ohne das Gleichgewicht zu verlieren 11

    1.8.2 Wahrnehmung von Mustern und deren Vervollständigung 12

    1.8.3 Inhaltsadressierter Speicherzugriff 14

2 Aus den Anfängen Neuraler Netze 16

2.1 Im Anfang war die Kybernetik 16

    2.1.1 Frühe Automaten – künstliche "Wesen" 16

    2.1.2 Biologie – Neurone 16

    2.1.3 Psychologie – Konditionierung 18

    2.1.4 Mathematik – Berechenbarkeit 18

    2.1.5 Weitere grundlegende Ideen 19

2.2 Seit McCulloch & Pitts, 1943 19

2.3 Frühe Lernsysteme 23

    2.3.1 Perceptrons 23

    2.3.2 Adaline (Adaptive Linear Element) 29

    2.3.3 Lernmatrix 31

3 Neurophysiologische Grundlagen 35

3.1 Aufbau und Funktionsweise von Neuronen 35

    3.1.1 Die Grundbausteine: Neurone, Synapsen – Kommunikation 36

    3.1.2 Physiologie kleiner Neuronenverbände, Reflexe 43

3.2 Das visuelle System 48

    3.2.1 Der Aufbau des Auges 48

    3.2.2 Rezeptive Felder 53

    3.2.3 Die Sehbahn 55

    3.2.4 Die Signalverarbeitung 56

    3.2.5 Grundlagen der Gestaltwahrnehmung 59

4   Künstliche Neurone 60
4.1 Was von der Biologie bleibt 60
4.2 McCulloch&Pitts-Neurone 60
4.3 Aufbau Neuraler Netze 62
   4.3.1 Units 63
   4.3.2 Aktivierung einer Unit 64
   4.3.3 Outputfunktion 64
   4.3.4 Ausbreitungsregel 66
   4.3.5 Aktivierungsfunktion 66
4.4 Unit-Typen 66
   4.4.1 Einfache lineare Units 66
   4.4.2 Lineare Schwellwert-Units 68
   4.4.3 Brain State in a Box (BSB) 69
   4.4.4 Thermodynamische Units 70
   4.4.5 Grossberg-Units 72
   4.4.6 Interactive Activation Units (IAC) 73
   4.4.7 Feldmann & Ballard-Units 74
   4.4.8 Sigma-Pi-Units 74
   4.4.9 Sigmoide Units 75
   4.4.10 Übersichtstabelle über Unit-Typen 75
4.5 Repräsentationsformen und Kodierungen 76
   4.5.1 Lokale und verteilte Repräsentation 76
   4.5.2 Kodierung 78
4.6 Hierarchie und Synchronität 82
4.7 Lernen in Neuralen Netzen 83

5   Lernen in Neuralen Netzen 84
5.1 Übersicht über die wichtigsten Lernansätze 84
5.2 Hebb-Regel 86
5.3 Delta-Regel 87
5.4 Back Propagation 87
   5.4.1 Das Prinzip 87
   5.4.2 Die Aufteilung des Fehlers auf Hidden-Units 90
   5.4.3 Beispiel zur Berechnung eines Fehlersignals 92
   5.4.4 Die verwendete Output-Funktion 93
   5.4.5 Anwendungsbeispiele der Back Propagation 93
   5.4.6 Wahl der Lernrate k 95
   5.4.7 Gewichtsinitialisierungen 96
   5.4.8 Momentum-Term 97
   5.4.9 Variationen zur Rechenzeitverkürzung 97
5.5 Competitive Learning 99
   5.5.1 Der Competitive Learning-Mechanismus 100

5.5.2 Eine geometrische Interpretation 101
5.5.3 Eigenschaften des Competitive Learning 103
5.6 Boltzmann-Maschinen 104
5.6.1 Prinzipielle Funktionsweise der Boltzmann-Maschine 105
5.6.2 Minimierung der Energie- oder Kostenfunktion 106
5.6.3 Störungen zur Überwindung lokaler Minima 107
5.6.4 Lernalgorithmus der Boltzmann-Maschine 108
5.7 Lernen durch Verstärkung und Belohnung 109
5.7.1 Grundlegende Version des Verstärkungslernens 109
5.7.2 Lernen mit verzögerter Verstärkung 110
5.7.3 Lernen durch Belohnung 111
5.8 Genetische Algorithmen 112
5.8.1 Grundlegende Version des genetischen Lernens 112
5.8.2 Genetisches Lernen und die Belohnungsregel 113
5.9 Topologie-erhaltende Abbildungen und
Lernende Vektorquantifizierung (LVQ) 114
5.9.1 Ordnungserhalt 114
5.9.2 Lokale Antworten aufgrund lateraler Interaktion 115
5.9.3 Topologie-erhaltende Abbildungen 117
5.9.4 Der Algorithmus in diskreten Zeitschritten 119
5.9.5 Beispiele einfacher Abbildungen 120
5.9.6 Anordnung der Gewichtsvektoren 125
5.9.7 LVQ – Lernende Vektor-Quantifizierung 127

6 Modelle 130
6.1 NETtalk (Sejnowski & Rosenberg, 1986) 130
6.1.1 Aufbau von NETtalk 131
6.1.2 Repräsentation der Buchstaben und Phoneme 132
6.1.3 Lernalgorithmus 132
6.1.4 Ergebnisse 133
6.2 Hopfield-Netze 134
6.2.1 Grundmodell 134
6.2.2 Analoge Implementierung 136
6.2.3 Anwendungsgebiete für Hopfield-Netze 137
6.3 Fukushimas Neocognitron 141
6.3.1 Biologische Inspiration 141
6.3.2 Struktur des Netzes 143
6.3.3 Lernen im Neocognitron: Selbstorganisation 146
6.3.4 Funktionsweise 148
6.4 Adaptive Resonance Theory (ART) 152
6.4.1 Aufbau und Funktion des Grundsystems 153
6.4.2 ART1 mit Aufmerksamkeitssteuerung 154
6.4.3 Lernen in ART1 155

6.4.4 ART1 mit zusätzlicher Kontrolleinheit   156
6.4.5 Entdeckung von Neuem und Kategoriegrößen   157
6.5 Kohonens Spracherkennung   159
6.5.1 Bio-Analogie   160
6.5.2 Automatische Spracherkennung   161
6.5.3 Akustische Vorverarbeitung des Sprachsignals   161
6.5.4 Der Algorithmus zur Spracherkennung   162
6.5.5 Phonem-Abbildungen   164
6.5.6 Transiente Phoneme   166
6.5.7 Kompensation der Koartikulationseffekte   166
6.5.8 Implementierung des Systems   167

7 **Simulationen**   168
7.1 Hardware   171
7.2 Software   173
7.2.1 Herkömmliche Programmiersprachen   174
7.2.2 Pakete (Interaktive Simulationssysteme)   175
7.2.3 Spracherweiterungen und Sprachen   175

8 **Nayantara**   177

Literaturverzeichnis   179

Namen- und Sachverzeichnis   183

1 Die Mystik Neuraler Netze

1.1 Wissenschaften und Modeströmungen

Die Erforschung des Gehirns war schon immer ein Anliegen der Menschheit. Der Versuch, ein breites Verständnis der Vorgänge im Gehirn zu erlangen, ist neuerdings wieder hoch in Mode gekommen. War es früher vorwiegend der Philosophie vorbehalten, Spekulationen über die innere Welt anzustellen, so interessieren sich heute speziell die Natur- und Geisteswissenschaften für Gehirnmodelle. Die Thematik ist nicht mehr problemlos einem einzigen Gebiet zur Behandlung zuzuordnen, sondern verlangt übergreifende Betrachtungen und Untersuchungen.

Zumeist sind die gerade aktuellen Themen auf eine einzige wissenschaftliche Disziplin beschränkt. Jede Wissenschaft hat ihren Aufgabenbereich und ihren zu untersuchenden Gegenstand und kümmert sich im allgemeinen wenig um andere Forschungsrichtungen. Die immense Expansion der wissenschaftlichen Erkenntnisse macht es fast unmöglich, einen Überblick über die diversen Wissenschaftszweige im Sinne eines vereinheitlichenden, neuzeitlichen Weltbildes zu behalten. Die Spezialisierung in den Einzelwissenschaften erlaubt nur wenigen einen tieferen Einblick.

Die Beschäftigung mit dem Gehirn zwingt jedoch die isoliert arbeitenden Wissenschaften zur Zusammenarbeit. Zu viele verschiedene Aspekte sind relevant und müssen gleichzeitig beachtet werden, wodurch eine Zusammenarbeit oder zumindest eine Zusammenschau der diversen Erkenntnisse der Einzelwissenschaften erforderlich wird. Nicht jeder sieht darin eine willkommene und wünschenswerte Entwicklung, werden doch mühsam abgesteckte Reviere von Neulingen oder gar Fachfremden respektlos betreten.

Im alten Griechenland entwarf Galen um 200 v. Chr. die Vorstellung, daß Nerven sogenannte Pneumata transportieren, die nicht nur rein materielle Luft, sondern beseelter Atem waren. Von da an war dieses mechanistisch-vitalistische Modell für lange Zeit die plausibelste Erklärung für Vorgänge im Gehirn. Erst in der ersten Hälfte des 17. Jahrhunderts wurde es von Descartes rein mechanistischem Modell abgelöst – die Notwendigkeit der Seele war nicht mehr gegeben. Im Zeitalter der zunehmenden Industrialisierung waren mechanische Modelle gang und gäbe. Technologie spielte schon immer eine große Rolle, wenn es um ein Verstehen von Geist und Körper des

Menschen ging. So lieferte beispielsweise die Untersuchung von Dampfmaschinen einen Beitrag zu Konzepten des Stoffwechselvorgangs. Erkenntnisse zur Elektrizität hatten ihren Anteil an der Gehirnforschung. Das jeweilige Gehirnmodell entspricht interessanterweise den technischen Errungenschaften seiner Zeit. War im Anfang des Computerzeitalters völlig klar, daß das Gehirn wie ein (von Neumann-) Rechner funktioniere, so scheint man sich heutzutage darüber einig, daß es offensichtlich nur wie ein Parallelrechner arbeiten kann.

1.2 Ein "Neurales Netz"

Zum Begriff der Neuralen Netze gibt es etwa gleich viele Ansichten wie Betrachter. Um der Meinungsvielfalt Anreize zu bieten, sei der Begriff eher ausgeweitet als eingeschränkt, d.h. statt sich auf eine Definition festzulegen, sollen die nachfolgenden Ausführungen einen Eindruck vermitteln, was ein Neurales Netz sein kann.

Ausgehend vom Vorbild Natur, scheint der vorwiegende Zweck aller neuralen Systeme die zentrale Kontrolle über verschiedenartigste biologische Funktionen. Manche dieser Funktionen sind für die Energielieferung zuständig – das entsprechende neurale System ist mit Stoffwechsel, Kreislauf und Atmung verbunden. Ebenso gibt es neurale Mechanismen für biologische Rhythmen und diverse Körperfunktionen. Die oben erwähnten sind allen Tieren gemein. In höheren Lebewesen befaßt sich der Großteil des zentralen Nervensystems (im Gegensatz zum vegetativen Nervensystem, das mit internen lebenserhaltenden Funktionen betraut ist) mit der Kontrolle der Interaktion mit der Umwelt bis hin zu sozialem Verhalten. Wenn also von "Neuralen Berechnungen" gesprochen wird, denkt man im allgemeinen an sensorische und motorische Funktionen, sowie an eine Art "interne Verarbeitung", sehr frei interpretiert auch Denken oder kognitive Funktionen genannt. Alle diese Funktionen hängen in der einen oder anderen Art voneinander ab, es ist jedoch möglich, sie in idealisierter Form als unabhängige Konzepte zu betrachten.

In der Entwicklung der Informationstechnologie zeigt sich seit kurzem ein Trend, möglichst viele dieser "neuralen" Funktionen künstlich nachzubilden, wobei es nicht immer klar ist, welche Aspekte Gegenstand der Nachbildung sind. Ein zentrales Motiv scheint jedenfalls die Entwicklung neuer Computer mit künstlichen sensorischen Funktionen zu sein, damit die Maschine "sieht" und "hört"; also eine Verbesserung des Rechners als leistungsfähigstes Werkzeug des Menschen. Aber nicht nur die Aufnahme von Reizen, sondern auch die Einbindung der motorischen Kontrolle in das sensorische System ist notwendig, um "intelligente" Roboter zu entwickeln.

Weiters zeigt sich, daß einige Erwartungen an neue Typen von "Denkmaschinen" gestellt werden, die zwar keine Sensoren und Effektoren haben, aber in der Lage sind, komplexe Anfragen zu beantworten und abstrakte Probleme im Sinne von Science-Fiction-Robotern zu lösen.

Obwohl die Artificial Intelligence (AI) diese Probleme schon seit über 25 Jahren mit teilweise sehr leistungsfähigen Methoden in Angriff genommen hat, hofft man immer noch, daß durch massiven Parallelismus der Rechnereinheiten und neue Technologien (eventuell optische Rechner, womit die Rechenkapazität um Größenordnungen vermehrt wird) der AI neue Wege eröffnet werden können. Zuvor wird es jedoch notwendig sein herauszufinden, was berechnet werden soll.

Das Paradigma der AI beruht auf der Prämisse, daß ein Verständnis der Vorgänge im Gehirn nur dann ein wirkliches Verständnis ist, wenn es *explizit* in einer Menge von *Regeln* formuliert werden kann, die wiederum auf einem Computer ablaufen können, der folglich künstlich intelligente Aufgaben ausführt. Bei Neuralen Netzen liegt im Vergleich dazu ein gänzlich anderes Interesse vor. Die Verfechter von Neuralen Netzen glauben, daß das Gehirn, mit Sensoren und einem Körper ausgestattet, seine eigenen versteckten Regeln anhand von Beispielen lernt und aufbaut. Wenn jemand seine Muskeln in einer komplexen Abfolge aktiviert, gesteuert von Signalen seiner Augen, von sensorischen Rezeptoren in seinen Muskeln und auch von seinen Ohren (z.B. bei einer so alltäglichen Handlung wie dem Erreichen eines Busses), so ist dies Beispiel für das gleichzeitige und koordinierte Zusammenarbeiten vieler *impliziter* Regeln im Gehirn.

Offensichtlich hat das biologische Gehirn immer mit analogen Signalen zu tun, wohingegen in den "intelligentesten" Maschinen, die bis heute entwickelt wurden, alle Daten in diskreter Form vorliegen. Das von ihnen manipulierte Wissen liegt in sprachlich-symbolischer Form vor, und die eingegeben Informationsteile wurden immer von Menschen sorgfältig vorbereitet.

Erscheint es nicht klar, wenn man die visuelle Wahrnehmung des Menschen betrachtet, die in Echtzeit arbeitet und arbeiten muß, daß die langsame und eher fehlerbehaftete biologische "Hardware" des Menschen massiv parallel arbeiten muß. (Die Schaltzeiten der Neurone bewegen sich im Millisekundenbereich, die der logischen Schaltkreise im Mikrosekundenbereich und darunter.) Was den Menschen auszeichnet, ist das Zusammenspiel zwischen einem ausgeklügelten Wahrnehmungssystem für visuelle, akustische, haptische und sonstige Reize und einem Entscheidungssystem, das Pläne macht, Ziele setzt, fehlende Informationen ergänzt, wichtige von unwichtigen Informationen trennt, ohne dabei das Wesentliche zu übersehen, und das gut lernen kann.

1.3 Neurale Rechner – Neural Computing

Die Untersuchung *zellularer Strukturen*, in denen derartige Regeln wachsen und ausgeführt werden können, ist das zentral zu untersuchende Thema Neuraler Rechner. Im Gegensatz dazu steht das Anliegen der klassischen AI, die versucht, Regeln zu extrahieren, um sie dann auf einem Computer ablaufen lassen zu können.

Es zeigt sich also ein Trend in der Artificial Intelligence, sich an den biologischen Gegebenheiten zu orientieren, da diese die natürlichen Träger der von ihr angestrebten Intelligenz sind. Das Gehirn soll in seiner Struktur und Arbeitsweise nachgebildet werden, wobei einige Ideen sicherlich der Biologie entlehnt sind. Es wird nicht, wie bisher, versucht, Intelligenz auf symbolischem Weg zu simulieren, sondern sie soll durch das *Zusammenspiel von sehr vielen einfachen Prozessoren* (Neuronen) entstehen.

Neurale Rechner sind also eine Klasse von Rechnern, die mit "Erfahrungsaufnahme" arbeiten, und in diesem Sinne also eine Art Nachbildung des Gehirns in Hinsicht auf dessen Informationsverarbeitung. Es wird versucht, Rechnerstrukturen zu verstehen, die dem Gehirn ähnlich sind, und zwar in dem Sinn, daß sie Wissen eher anhand von Beispielen (durch "Lernen") als durch Vorprogrammierung aufnehmen. Neural Computing beschäftigt sich also mit der Beschaffenheit von Rechnern mit Gehirn-ähnlichem Verhalten, die dadurch sowohl unser Wissen über Computer als auch unsere Fähigkeit, dieses Wissen mit neuen Maschinen anzuwenden, erweitern. Daraus kann die folgende Definition von Neural Computing (Aleksander, 1989) abgeleitet werden:

"Neural Computing ist die Untersuchung von zellularen Netzwerken mit der ihnen eigenen Neigung zur Speicherung experimentellen Wissens. Solche Systeme zeigen insofern Ähnlichkeit zum Gehirn, als Wissen eher aufgenommen als vorprogrammiert wird. Wissen bleibt aufgrund von Veränderungen in der Funktion der Netzwerksknoten erhalten. Es nimmt die Form stabiler Zustände oder von Zyklen dieser Zustände während der Netzaktivität an. Eine zentrale Eigenschaft dieser Netze ist der Abruf solcher Zustände als Antwort auf präsentierte Reizmuster."

1.4 Erwartungen an Neurale Netze

Zweifellos zeigt sich auch ein gewisser Überschwang auf diesem neuerlich so attraktiven Gebiet. Organisatoren von Konferenzen sprechen vom "Anbruch einer neuen Zeit" und die Presse schreibt von "neuen Computern, die wie das Gehirn aufgebaut sind und tatsächlich selber denken".

So neu ist die Idee der Neuralen Netze allerdings nicht. Die grundlegenden Ideen gab es schon zumindest 10 Jahre bevor der von uns so geschätzte Computer erfunden wurde. Das Neuronen-Modell von McCulloch und Pitts (1943) ist immer noch die Grundlage der meisten Modelle neuraler Netzwerksknoten, und Turing´s Beschäftigung mit Netzen und Zyklen ist heute noch relevant. Tatsächlich waren die sechziger Jahre die produktivsten auf diesem Gebiet. Die Arbeiten von Rosenblatt (1958) an seinen "Perceptrons" sind genauso bekannt wie deren vernichtende Kritik durch Minsky und Papert (1969), die das vorläufige Ende dieses Arbeitsgebietes in den USA bewirkte (Genaueres dazu im geschichtlichen Abschnitt dieses Buches, Kap. 2). In Europa waren die Neuralen Netze-Forscher jedoch nicht so entmutigt wie in den USA. Eduardo Caianiello aus Italien und Teuvo Kohonen aus Finnland arbeiteten daran weiter und brachten es zu einer tiefen und eleganten Einsicht in Neurale Netze.

Generell scheint es vier vielversprechende Erwartungen zu geben, die die Entwicklung von künstlichen Neuralen Netzen motivieren. Die erste ist eine Widerlegung der Kritik von Minsky und Papert. Obwohl hier nicht der richtige Ort für eine Diskussion technischer Details ist, ist es dennoch erwähnenswert, daß sich die Kritik auf einfache Mustererkennungsaufgaben stützt, die ein Neurales Netz anscheinend nicht lösen konnte. Heute weiß man, daß diese Behauptungen nur für eine eingeschränkte Klasse Neuraler Netze gilt, nicht jedoch generell aufrecht erhalten werden kann. Daher ist die erste Erwartung vielmehr die Frage der *rechnerischen Vollständigkeit* Neuraler Systeme. Das bedeutet, daß es keine rechnerischen Aufgaben gibt, die ein Neurales Netz nicht bewerkstelligen könnte, vorausgesetzt, es seien geeignete neurale Strukturen und geeignetes Training gegeben.

Das bedeutet jedoch nicht, daß ein Neurales Netz bei der Ausführung gewisser Aufgaben genauso effizient wie ein herkömmlicher Computer ist. Beispielsweise nur um Multiplizieren zu können, muß das Netz wie der Mensch Multiplikationstafeln lernen und kann sehr leicht von einer schnellen Arithmetikeinheit eines herkömmlichen Rechners überboten werden. Es gibt aber auch Aufgaben, wo das Neurale Netz einen herkömmlichen Computer nicht nur überbietet, sondern die einzige Möglichkeit ist, diese Aufgabe maschinengerecht zu formulieren und zu lösen.

Das leitet auch gleich zur zweiten Erwartung über: die *funktionale Verwendung experimentellen Wissens*. Das soll bedeuten, daß das Neurale Netz Funktionen ausführen kann, die über die Fähigkeiten regelbasierter, konventioneller Systeme hinausgehen. Typisch sind die Achilles-Fersen der AI: das Verstehen von Sprache und Bildern. Das Problem konventioneller Ansätze

liegt entweder darin, daß Regeln zu schwer zu finden sind oder die Anzahl
der Regeln selbst für einfache Aufgaben nahezu explodiert. Schon beim Versuch, zwei Gesichter voneinander zu unterscheiden, zeigt sich diese Schwierigkeit. Welche Informationen sind relevant? Wie soll man sie messen? Obwohl vielleicht umfangreiche Untersuchungen über die eine oder andere Frage Aufschluß geben können und, wenn diese Regeln operativ gemacht wurden, tatsächlich eine Unterscheidung dieser zwei Gesichter bewerkstelligt
werden kann, gibt das noch keine Garantie, daß dasselbe Maß auch für zwei
andere Gesichter verwendet werden kann.

Die dritte Erwartung ist *Ausführungsgeschwindigkeit*: schnelle Lösungen
für Probleme, die auf herkömmlichen Rechnern lange laufen. Allerdings hat
diese Hoffnung auf Geschwindigkeit noch einen Haken: Neurale Systeme sind
gedacht, um auf allgemein verwendbaren Parallelrechnern aufgebaut und
laufen gelassen zu werden (im Gegensatz zu speziell für einen eingeschränkten Aufgabenbereich konstruierten Rechnern oder Schaltkreisen). Hier ist es
angebracht zu erwähnen, daß Rechnersysteme wie etwa die Connection
Machine (Hillis, 1986) keine Neuralen Systeme sind. Sie sind allgemeine
Parallelrechner, die genau wie herkömmliche Maschinen Programme benötigen. Dieses Programm kann allerdings die Struktur eines Neuralen Netzes
enthalten, also eine Nachahmung (Simulation) sein, die aufgrund des Parallelismus des Hostrechners die Geschwindigkeit ausnutzt, mit der ein neurales
System manche Probleme löst.

So sind auch einige "Neurale Computer", die am Markt erscheinen, derartige
Simulationen. Sie erfüllen eine wertvolle Funktion, indem sie es Anwendern
ermöglichen, Erfahrungen im Umgang mit Neuralen Systemen zu sammeln.
Der erste echte neurale Computer, der auch in der Lage ist, mehr als spielerische Probleme in Echtzeit zu lösen, muß erst gebaut werden.

Die vierte Erwartung ist eine *Einsicht in die Arbeitsweise des Gehirns*. Das
ist auch das erklärte Ziel der Autoren von "Parallel Distributed Systems"
(Rumelhart & McClelland, 1986), eines der bedeutendsten Werke zu diesem
Thema in den USA. Das europäische Pendant "Neural Computing Architectures" (Aleksander, 1989) versucht, die hier besprochenen vier Zielrichtun-
gen zu beleuchten. Es ist in der Tat offensichtlich, daß die Erwartung jedes
einzelnen davon abhängt, ob er sich mit dem Verständnis der Prinzipien und
dem Design von Rechnern und Algorithmen oder mit dem Modellieren des
Gehirns, seines Aufbaus und seiner informationsverarbeitenden oder gar
kognitiven Funktionen beschäftigt. Bei ersterem werden allgemeine Strukturen untersucht, während bei letzterem Strukturen, die nicht mit der Gehirnforschung in Einklang gebracht werden können, unbeachtet bleiben, selbst
wenn sie für den Rechnereinsatz sehr brauchbar wären.

Das Interesse an Neuralen Netzen ist also weitgestreut und reicht von Neuro-biologen und Neurophysiologen über Psychologen und Linguisten bis zu Mathematikern, Physikern, Systemtheoretikern, Signaltheoretikern, Informatikern und diversen Ingenieuren. Manche dieser Ansätze versuchen, das Gehirn an sich und die beteiligten biologischen Grundlagen sowie die darauf aufsetzenden (senso-motorischen und kognitiven) Funktionen zu verstehen und zu modellieren. Andere wieder tragen viele Ideen interdisziplinär zusammen, um damit breitere Anwendungsmöglichkeiten für den Rechnereinsatz zu schaffen. Man versucht, neue Rechnerarchitekturen mit neuen Algorithmen speziell für diese Rechner zu entwerfen.

Das bedeutet, daß nicht unter allen Umständen versucht wird, mit Neuralen Netzen das menschliche Gehirn in seiner Struktur und Arbeitsweise nachzubilden, auch wenn viele Ideen der Physiologie natürlicher Gehirne entlehnt sind. Die Zielsetzungen derjenigen, die sich mit Neuralen Netzen beschäftigen sind vielfältig – manchmal ist es allerdings schwer, sich des Eindrucks zu erwehren, daß hier der Mensch bezüglich seiner Gehirnfunktionen "nachgebaut" werden soll. Jedenfalls ist dies keine zwingende Voraussetzung für die Beschäftigung mit Neuralen Netzen.

1.5 Einsatz Neuraler Netze

Der beträchtliche Überschwang, der die Arbeit mit und an Neuralen Netzen begleitet, ist nicht immer konstruktiv. Neulinge stellen bald fest, daß es nicht sehr zielführend ist, beliebige Neurale Netze-Simulationen zusammenzustellen und dann zu hoffen, damit die gewünschte Aufgabe gelöst zu haben. Spätestens nach einer derartigen Frustration ergibt sich die Notwendigkeit zu verstehen, was von einem speziellen Netz erwartet werden kann und wie die Parameter sinnvoll gewählt werden können. Zu diesem Verständnis soll hier beigetragen werden, damit der anfängliche Enthusiasmus zu einem fruchtbaren Einsatz Neuraler Netze führt.

Wie läßt sich also der Einsatz Neuraler Netze prognostizieren? Die Ansichten zu den Einsatzgebieten sind sehr unterschiedlich. Einig ist man sich darüber, daß weder konventionelle Rechner noch die gesamte AI-Programmierung gänzlich ersetzt werden sollen. Gedacht ist eher an einander ergänzende Technologien. Es wird sicher nicht beabsichtigt, unter größten Schwierigkeiten mit Neuralen Netzen Aufgaben lösen zu wollen, die unter Verwendung herkömmlicher Methoden mit Leichtigkeit gelöst werden können.

Ein wichtiger Punkt bleibt allerdings, diese beiden Methoden unter einen Hut (in ein Gehäuse) zu bringen, sodaß sie gemeinsam verwendet werden können.

Es ist eine Herausforderung an Experten für Rechnerarchitekturen, diese
zwei Methoden auszunutzen, während dem Benutzer eine einheitliche
Schnittstelle präsentiert wird.

1.6   Beispiele

Das Gehirn wird den Anforderungen der Umwelt dadurch gerecht, daß es
viele kleine Stücke seines Wissens und viele Randbedingungen in seinen Berechnungen zur gleichen Zeit, also *parallel* berücksichtigen kann. Dies ist
auf einem herkömmlichen Rechner in herkömmlicher Programmierung,
wenn überhaupt, nur unter größtem Zeit- und Rechenaufwand möglich.

Als Beispiel dafür sei die gleichzeitige Berücksichtigung von einschränken-
den Bedingungen bei der Erkennung von Wörtern (Selfridge, 1955) erwähnt:
Bei Betrachtung von Abb. 1.1 erkennt man mühelos, welche Wörter dargestellt sind. Der Lösungsansatz des Problems erscheint allerdings paradox: die
Identität jedes Buchstabens wird nicht nur von seiner Form, sondern auch
von den restlichen Buchstaben des Wortes bestimmt, das selbst wieder durch
die in ihm enthaltenen Buchstaben bestimmt wird. Da weder die einzelnen
Buchstaben noch das Wort bekannt sind, stellt sich die Frage, wo bei der Erkennung begonnen werden soll, von wo man ausgehen soll. Eine einfache Lösung ist das Probieren verschiedener möglicher Buchstaben, bis sich ein sinn-
volles Wort ergibt. Dieser Ansatz erfordert auf herkömmlichen Rechnern einen weitaus größeren Aufwand als mit einer parallelen Lösung, mit Neuralen
Netzen.

Abb. 1.1: Bekleckste Wörter. Unser visuelles Wahrnehmungssystem erkennt auch zwei-
deutige Buchstaben aus dem Sinn eines ganzen Wortes.

Allgemein kann man sagen, daß es sich hierbei um ein Zusammenspiel von
mehreren Wissensquellen auf verschiedenen Abstraktionsniveaus handelt.
Vieles ist in unserem Gehirn *als explizites Wissen statisch* gespeichert. In
der AI wird dies durch verschiedene Repräsentationsformen (scripts, frames,
rules, schemata, etc.) beschrieben. Viel wichtiger scheint jedoch, wie mit
diesem Wissen umgegangen wird und wie man aus dem statischen Wissen
Schlüsse ziehen und *neues Wissen (dynamisch) erzeugen* kann.

Als Beispiel hierfür stelle man sich folgende Situation vor: Man sitzt in einem
Restaurant und bekommt Kopfweh. Ohne große Überlegungen fragt man
beispielsweise den Kellner nach einem Kopfwehpulver. Wie ist nun dieser

Plan entstanden? Man hat noch nie zuvor in einem Restaurant Kopfweh bekommen. Es gibt einen Plan, der besagt, daß man bei Kopfweh in eine Apotheke gehen und sich ein Pulver gegen die Schmerzen besorgen kann (Kopfweh-frame). Außerdem gibt es dann noch das Restaurant-frame, das den Kontext und die Umgebung in einem Restaurant beschreibt. Bei herkömmlichen Systemen würde man vergeblich auf einen Plan warten, der den Kopfweh-Plan insofern ändert, daß man jemanden nach einem Kopfwehpulver fragt.

Stellt man sich vor, daß diese Wissensbasis nicht aus derartigen frames besteht, sondern aus *Wissensatomen* (Smolensky, 1986), die sich dynamisch konfigurieren und je nach Kontext maßgeschneiderte frames bilden können, so ist es denkbar, daß man ein dem menschlichen Plan entsprechendes Resultat erhält. Diese Wissensatome entsprechen den vorhin angesprochenen einfachen Prozessoren (Neuronen), die untereinander stark vernetzt sind.

Aus den obigen Beispielen kann man ersehen, daß eine *Organisationsstruktur* gebraucht wird, mit deren Hilfe man viele verschiedene Informations- und Wissensteile sowie einschränkende Bedingungen (Randbedingungen) gleichzeitig in Betracht ziehen kann. Es erscheint logisch, daß man *Mechanismen* (Hard- und Software) benötigt, damit jeder Aspekt des Wissens (der Information) auf jeden anderen einwirken und aber auch von jedem anderen gleichzeitig beeinflußt werden kann. Diese Klasse von Modellen werden *konnektionistische Modelle, PDP-Modelle* (parallel distributed processing) oder *Neurale Netze* genannt.

1.7 Charakterisierung Neuraler Netze

Da die Begriffe künstliche "Neurale Netzwerke" (NN) und "Neurale Computer" (NC) sehr weit verbreitet sind, wäre eine exakte Definition vonnöten. In der Literatur sind diese allerdings nicht sehr einheitlich. Als Zusammenschau der vielen verschiedenen Ansichten ergeben sich folgende grundlegende Charakteristika, die ein Modell zu einem NN-Modell machen:

1) Das Modell besteht aus sehr elementar modellierten Neuronen, die (gewichtete) Eingangssignale aufsummieren und ein (nichtlineares) Ausgangssignal bilden.
2) Es existieren gerichtete, gewichtete Verbindungen zwischen diesen Neuronen (zur Signalübertragung) in einer bestimmten Topologie, eventuell auch mit Rückkopplungen (Feedback).
3) Die Gewichte der Verbindungen werden aufgrund bestimmter Vorschriften (Algorithmen, Strategien) verändert. Diesen Vorgang nennt man auch Lernen, Selbstadaptation oder Selbstorganisation.

Die Informationsverarbeitung in solchen Netzen geschieht durch *Wechselwirkung zwischen sehr vielen Verarbeitungselementen* (Neuronen, Units, Prozessoren). Diese senden positiv (erregend, exzitatorisch) oder negativ (hemmend, inhibitorisch) reizende *Signale* aus, welche von anderen Verarbeitungselementen empfangen werden, die ihrerseits wieder aus den empfangenen Signalen eigene Signale generieren und aussenden. Die Verarbeitungselemente sind über *Verbindungen* untereinander verbunden, welche die Signale verstärken oder abschwächen. So werden diese Verbindungen zumeist als Gewichte bezeichnet, da diese Verstärkung oder Abschwächung der Signale einer Multiplikation des Signalwerts mit einem Gewichtungsfaktor entspricht.

Das *Wissen* eines derartigen Netzwerkes (aus Verarbeitungselementen und Verbindungen) wird also in erster Linie *in diesen Verbindungen* (engl. connections) repräsentiert. Daher ergibt sich der für diese Modelle manchmal gebräuchliche Name *Konnektionismus*.

Zusammenfassend kann der Aufbau und die Funktionsweise eines Neuralen Netzes folgendermaßen beschrieben werden:

Ein Netzwerk besteht aus (1) sehr vielen Units (Verarbeitungseinheiten), die Ein- und Ausgänge besitzen, und (2) Verbindungen zwischen den Units. Das Ausgangssignal einer Unit ist zugleich das Eingangssignal für eine oder mehrere andere Unit(s). Die Verbindungen sind jeweils mit Gewichten versehen. Eine Unit bildet aus den anliegenden Eingangssignalen einen internen Wert, den Aktivierungswert der Unit. (Zumeist multipliziert sie die Eingänge mit den jeweiligen Gewichten und summiert diese auf.) Dieser Wert wird über eine oder mehrere hier nicht näher spezifizierte Funktion(en) verändert und wird als Ausgangssignal an anderen Units weitergeleitet und von jenen (gewichtet) empfangen.

Um derartige Netze anwenden zu können, bedarf es einer Interpretation der Signale. Manchmal repräsentieren die Units eines Netzes bestimmte Hypothesen. Zum Beispiel stehe eine Unit für einen Buchstaben. Wenn diese Unit aktiv ist, so heißt das etwa, daß der von dieser Unit repräsentierte Buchstabe erkannt wurde. In diesem Fall steht der Aktivierungswert einer Unit für die Stärke der Annahme oder Ablehnung einer bestimmten Hypothese und die Gewichte zwischen den Units für die Randbedingungen. Auf Repräsentationsformen von Wissen, also welche Konzepte eine Unit darstellt oder darstellen kann, wird später noch, auch anhand von weiteren Beispielen, eingegangen.

Ein zentrales Thema in der Diskussion um Neurale Netze ist deren *Lernfähigkeit*. Das Netz eignet sich Wissen oder Regeln nicht in expliziter Form (also durch Programmierung) an, sondern nimmt es schrittweise durch Lernen auf. Es lernt also Regeln anhand von vorgelegten Beispielen. Dazu muß es auch sein internes Wissen verändern und mit der Umwelt interagieren können.

Die nach Ansicht der Autorin treffendste Definition eines Neuralen Netzes gab Kohonen (1984):

"Künstliche Neurale Netze" sind massiv parallel verbundene Netzwerke aus einfachen (üblicherweise adaptiven) Elementen in hierarchischer Anordnung oder Organisation, die mit der Welt in der selben Art wie biologische Nervensysteme interagieren sollen.

Dazu ist anzumerken, daß solche "neuralen Computer" keine typischen Maschineninstruktionen digitaler Rechner ausführen, außer sie simulieren das Verhalten physikalischer Neuraler Netze. Im Prinzip ist die grundlegende Operation, die jede Verarbeitungseinheit ausführt, eine analoge Operation oder Transformation ihrer Eingangssignale.

In biologischen Neuralen Netzen entsprechen den oben erwähnten Verarbeitungseinheiten neurale Zellen (Neurone) oder eng zusammenwirkende Gruppen solcher Neuronen.

1.8 Praktische Anwendungen für Neurale Netze

Die folgenden Anwendungsbeispiele sind aus den Bereichen Wahrnehmung, assoziativer Speicherzugriff und (natürliches) Sprachverstehen entnommen und bekommen durch die Verwendung von Neuralen Netzen im Vergleich zu herkömmlichen Lösungsmethoden der Informatik eine teilweise andere, beziehungsweise neue Interpretation.

1.8.1 Greifen nach einem Objekt, ohne das Gleichgewicht zu verlieren

Die Schwierigkeit hierbei ist, eine bestimmte Abfolge von Winkeleinstellungen zwischen den einzelnen Gliedmaßen zu finden, die gleichzeitig das Problem des Greifens und des Haltens des Gleichgewichtes löst. In einer ersten Version setzte Hinton (1984) je einen Prozessor für ein Gelenk ein und mußte feststellen, daß durch diese Struktur (jeder Prozessor ist mit mehreren anderen verbunden) nur jedes Verarbeitungselement für sich alleine versuchte, die Aufgabe zu lösen, ohne auf die anderen zu achten. Dieses Problem wurde dadurch behoben, indem man noch einige Verarbeitungselemente hinzufügte, die für ganze Gelenkspartien (z.B. Beine, Arme) zuständig waren. Durch diese Maßnahme wurde eine bessere Koordination der einzelnen Bewegungen erreicht, und das Modell erzeugte recht natürlich anmutende Bewegungsabfolgen.

Es wurden schon einige Versuche unternommen, einen Roboter so zu programmieren, daß er fähig ist, nach verschiedenen Gegenständen zu greifen, ohne dabei umzufallen. Dabei mußte man jedoch immer *explizite Regeln* angeben, was für allgemeine Fälle nur sehr schwer zu erreichen ist. Eine implizite Lösung von allgemeinen Fällen ist möglich, indem man mehrere einfache Prozessoren, die untereinander verbunden sind, unabhängig, durch einige Randbedingungen beschränkt, eine Lösung suchen läßt.

Dies zeigt auch eine allgemeine Fähigkeit Neuraler Netze auf: Sie können Probleme lösen, *ohne daß explizite Regeln angegeben werden müssen*. Nur manche Regeln werden in Form von Beschränkungen, die im allgemeinen in den Gewichten der Verbindungen liegen, eingebracht.

1.8.2 Wahrnehmung von Mustern und deren Vervollständigung

Es ist wohl unumstritten, daß Wahrnehmung – welcher Art auch immer – sehr eng mit Gewohnheit und Vertrautheit verbunden ist. Gewohnheit hilft uns nicht nur bei der Identifizierung vollständiger Muster, sondern sie restauriert vielmehr die fehlende Information.

Als Beispiel sei hier die Vervollständigung von einzelnen Buchstaben, die man nicht genau wahrnehmen konnte, genannt. Jeder wird das Wort Mo#tag ohne längere Überlegung als Montag lesen. McClelland und Rumelhart (1981) konstruierten ein Neurales Netz-Modell, mit dem sie visuell dargestellte Wörter, deren Buchstaben aus einfachen Linien zusammengesetzt waren, erkennen können. Dieses Neurale Netz besitzt drei Ebenen (Layer): Die unterste dient als Input und erfaßt die verschiedenen Teillinien, aus denen sich ein Buchstabe zusammensetzt, welcher in der mittleren Ebene repräsentiert wird. Hier entspricht jedem Buchstaben eine Unit. Diese mittlere Ebene ist mit der obersten verbunden, in der ganze Wörter repräsentiert werden.

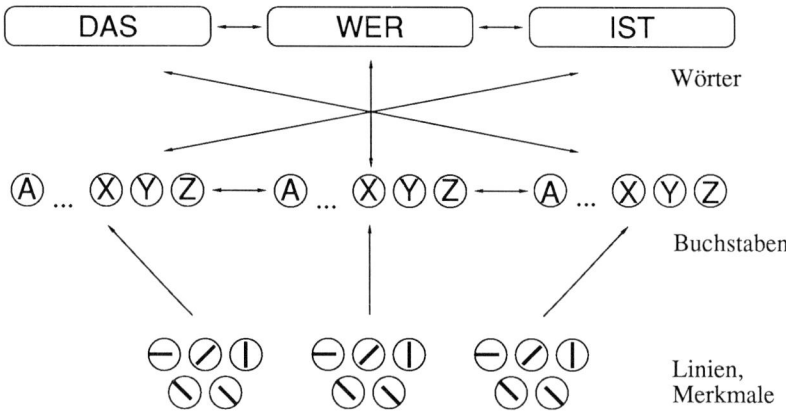

Abb. 1.2: Jeder Kreis (jedes Oval) stellt eine Unit dar, jeder Pfeil die vollständigen Verbindungen zwischen zwei Unit-Gruppen. Die Verbindungen können verstärkend oder abschwächend sein. Die Aufgliederung in drei Ebenen ist deutlich ersichtlich. In der untersten wird das Eingabemuster angelegt und durch die mittlere Ebene zur obersten propagiert. Für jede Buchstabenposition (in diesem Beispiel bestehen alle Wörter aus drei Buchstaben) existiert eine Gruppe von Merkmalsdetektoren in der untersten Ebene und eine Gruppe zur Buchstabenbestimmung in der zweiten Ebene. Die Units in der Buchstabenerkennungsebene sind nicht nur mit der darüberliegenden Schicht zur Worterkennung verbunden sondern auch untereinander. Ebenso sind die Units in der Worterkennungsebene untereinander verbunden.

In Abb. 1.2 ist ein einfaches Beispiel dargestellt, in dem Wörter aus Buchstaben erkannt werden können. Jede Unit hat eine bestimmte *Aktivierung*. Wird nun ein Eingabemuster angelegt, so ändern sich die Aktivierungen im Input-Layer, was sich auch auf die oberen Layers auswirkt. Wie man Abb. 1.2 entnehmen kann, gibt es *hemmende* und *verstärkende Verbindungen*.

Die Units innerhalb eines Layer sind mit hemmenden Verbindungen ausgestattet. Diese haben den Sinn, daß *richtige Hypothesen verstärkt* und *falsche abgeschwächt* werden. Da diese Gewichte negativ sind, bleibt nur jene Hypothese (Unit) aktiv, die sehr stark aktiviert war. Sie schickt zugleich ein stark hemmendes Signal aus, das die übrigen Units in diesem Layer abschwächt.

In der Darstellung sind auch rückwirkende Verbindungen eingezeichnet, die auf untere Layers in Form eines *Rückkopplungseffektes* wirken. Auf diese Art und Weise wird versucht, aus einem anfänglich inkonsistenten Zustand durch Erfüllen von Randbedingungen einen Zustand zu erreichen, in dem sich ein gewisses Gleichgewicht einstellt, oder in dem zumindest ein klarer Sieger (jene Unit im obersten Layer mit der höchsten Aktivierung) auftritt.

Praktisch sieht dies folgendermaßen aus: Man läßt im Netzwerk alle Units mehrere Male parallel ihre Aktivierung berechnen. Man nennt diese Berechnung aller Aktivierungen ein *Update* und versteht darunter, daß eine Unit aus den Werten an den Eingängen mit den dazugehörenden Gewichten über eine Funktion ein Ausgangssignal bildet. Zumeist wird jedes Eingangssignal mit dem entsprechenden Gewicht multipliziert, dann werden diese gewichteten Signale aufsummiert und diese Summe über eine Schwellwertfunktion zu einem Ausgangssignal transformiert.

Das Netzwerk ist imstande, auch Wörter, deren Buchstaben teilweise verunstaltet sind (siehe Abb. 1.1), zu erkennen. Man kann dem System sogar unbekannte Zeichenfolgen präsentieren, und es wird diejenigen Wort-Units am höchsten aktivieren, die den vorhandenen, bereits bekannten Wörtern *am ähnlichsten* sind.

Zieht man in Betracht, daß solche Netzwerke auch neue Muster erlernen können, so wird es offensichtlich, daß es sich hier um ein recht mächtiges Instrument handelt.

1.8.3   Inhaltsadressierter Speicherzugriff

Ein sehr großer Vorteil des menschlichen Gehirns liegt wohl darin, daß das Wissen nach Inhalt abgerufen werden kann und man nicht, wie bei herkömmlichen (von Neumann-) Rechnerarchitekturen die Adresse kennen muß, um auf eine bestimmte Information zugreifen zu können. Dem Menschen genügen oft ein paar wenige oder gar nur ein einziges Stichwort, um das Richtige zu assoziieren. Um mit verschiedenen Stichwörtern auf ein- und dieselbe Information zugreifen zu können, artet herkömmliche Programmierung zu extremem Zeit- oder Speicherverbrauch aus. Außerdem könnte man mit einem derartigen Programm nur Informationen abfragen, die auf den Buchstaben genau spezifiziert sind. Tritt ein (Rechtschreib-) Fehler im Stichwort auf, so wird das System entweder nicht das gewünschte Ergebnis liefern oder der Aufwand steigt neuerlich.

Stellt man sich hingegen vor, daß jede *Wissenseinheit* von einer *eigenen Unit* repräsentiert wird (*lokale Repräsentation*), die gegenseitig verstärkende Verbindungen zu denjenigen Units unterhält, die ebenfalls die Eigenschaften dieser Unit besitzen, so kann man damit inhaltsadressierten Speicherzugriff erzeugen (Rumelhart & Smolensky, 1986). Die Abfrage ist recht einfach zu realisieren: Wird irgendeine Unit (oder werden mehrere Units) aktiviert, so werden auch alle anderen Units, die mit dieser (diesen) positiv verbunden (assoziiert) sind, aktiv. Dann liefern die Units (Wissenseinheiten) mit den höchsten Aktivierungen die gesuchte Antwort. Auf diese Weise ist es möglich, auch *unscharfe Abfragen* zu stellen, und es werden mit hoher Wahrscheinlichkeit doch die richtigen Units aktiviert.

2 Aus den Anfängen Neuraler Netze

2.1 Im Anfang war die Kybernetik

Theoretische Erklärungen von Gehirn und Denkprozessen wurden schon von den alten Griechen, wie Plato (427-347 v. Chr.) und Aristoteles (384-322 v. Chr.), versucht. Die sogenannten kybernetischen Maschinen, zu denen die "neuralen Computer" gehören, zeigen eine weit längere Geschichte als allgemein angenommen.

2.1.1 Frühe Automaten – künstliche "Wesen"

Heron der Alexandrier baute um 100 v. Chr. einen hydraulischen Automaten. Eher mechanistische Ansichten zu mentalen Prozessen formulierten Descartes (1596-1650) und die Empiristen des 18. Jahrhunderts. Automaten, wie die mechanische Ente oder der Flötenspieler von Vaucanson, regten zu der Vermutung an, daß einestags ein sprechender Mensch nachgebaut werden könnte.

Die Automaten des 18. Jahrhunderts waren allerdings nicht in der Lage, sich an Änderungen irgendeiner Art anzupassen, was aber in den folgenden Jahrhunderten nachgeholt wurde. Am bekanntesten ist wahrscheinlich Watts Regler für Dampfmaschinen, der in weiterer Folge zum Konzept der negativen Rückkopplung und zu Untersuchungen über die Stabilität von Systemen führte. Zur selben Zeit etwa (1878) beobachtete Bernard, daß physiologische Prozesse oft zirkuläre Ketten von Ursache und Wirkung bilden und schloß, daß man man physiologischen Störungen durch Änderung von Blutdruck, Blutzucker und Körpertemperatur entgegenwirken konnte.

2.1.2 Biologie – Neurone

Das 19. Jahrhundert brachte einige Fortschritte in der Gehirnforschung. So fand man, daß die dorsalen (rückenseitigen) Leitungen des Rückenmarks eher sensorischer Natur sind, d.h. Informationen von Sensoren ins Köperinnere transportieren, die ventralen (bauchseitigen) eher motorischer, d.h. Information zur Muskelansteuerung transportieren. Dieses Prinzip wurde auf das Gehirn selbst erweitert: der hintere Teil des Gehirns diene vorwiegend Regionen zur Aufnahme von Seh-, Hör- oder Tasteindrücken, der Teil zur motorischen Ansteuerung sei im Vorderteil angesiedelt. Diese Lokalisierungen im zerebralen Cortex führten im 19. Jahrhundert zur neurologischen Doktrin des Konnektionismus, wo mentale Fähigkeiten als in verschiedenen Gehirnregionen lokalisiert gesehen werden. Neurologische Defekte konnten anhand dieses Modells mit Verletzungen von spezifischen Gehirnregionen oder von Verbindungen zwischen Regionen erklärt werden. Der "heutige" Konnektionismus kann auch schon bei der Psychologie von Alexander Bain (1868) gefunden werden, wenn er Assoziationen von Ideen durch die Stärke der Verbindung zwischen Neuronen, die für diese Ideen stehen, darstellt.

Erst vor weniger als 100 Jahren identifizierte Cajal (1908) Nervenzellen (Neurone) als Bausteine des Gehirns. Neurone sind auf Informationsaustausch spezialisierte Zellen, die dies via elektrisch geladener Teilchen (Ionen) bewerkstelligen. Wenn die einströmenden Ladungen einen Schwellwert überschreiten, schicken die Neurone sogenannte Aktionspotentiale (Stromimpulse) aus, um damit auf andere Zellen einzuwirken. Diese Aktionspotentiale wurden vor gut 70 Jahren von Adrian (1914) entdeckt. Mehr und mehr Einsichten in die Funktionsweise des Gehirns (Verbindungsstrukturen und –muster, Signalübertragung in den Synapsen, Neurotransmitter, Veränderung der Synapsen, Reorganisation und Regeneration von Verbindungen) von wirbellosen Tieren bis zu höheren Säugern sammelten sich vor allem in den letzten 30 Jahren. Verschiedene Betrachtungsebenen dieser neuralen Verschaltungen, von einzelnen Neuronen über kleinere Neuronengruppen (Ganglien, Nuclei) zu Gehirnregionen, bieten sich an.

Eine stark simplifizierte und weithin akzeptierte Sicht ist, daß Neurone zahlreiche Signale von anderen Neuronen empfangen, daraus ein neues Signal generieren und es aussenden. Frühe Modelle, die zu erklären versuchen, wie Neurone das anstellen, basieren auf Untersuchungen von relativ großen Axonen im Tintenfisch. Hodgkin & Huxley beschrieben (anhand der Beobachtung von Erzeugung und Aussendung von Aktionspotentialen im Tintenfisch) in Form von mathematischen Gleichungen den Ionenfluß, der diese Aktionspotentiale entstehen läßt, wofür sie 1963 den Nobelpreis erhielten. Diese Gleichungen sind zwar sehr komplex und mußten numerisch gelöst werden, lieferten aber eine exakte Beschreibung der Erzeugung und Verbreitung von Aktionspotentialen.

Den Vorgang der Signalausbreitung über Synapsen untersuchte Eccles (1964) genauer und beschrieb ihn in Form von elektronischen Schaltkreisen, indem er die Zellmembran als Schaltung mit Widerständen und Kondensatoren darstellte. Das bedeutet, in den Fünfziger-Jahren verstand man Aktionspotentiale und synaptische Signalübertragung zumindest auf phänomenologischer Ebene ganz gut. Die folgenden 20 Jahre waren vorwiegend der Untersuchung von Dendriten und ihrer räumlichen Lage relativ zum Zellkörper gewidmet. Neurone sind höchst komplexe elektrochemische Einheiten, die nur durch ein geeignetes räumlich-zeitliches Muster synaptischer Aktivierung stimuliert werden können.

2.1.3 Psychologie – Konditionierung

Pawlow zeigte die Modifizierbarkeit von Reflexen durch Konditionierung. Unter den zahlreichen Tiermodellen, die zur Demonstration von verlangensgesteuertem Verhalten unter veränderlichen Lebensbedingungen gebaut wurden, finden sich der "Protozoon" von Lux aus dem Jahre 1920, die "Hunde" von Philips aus 1920-1930, der "Homeostat" von Ashby aus 1948, die "Machina Speculatrix" und "Machina Docilis" von Walter aus 1950, das "Ladybird" von Szeged aus 1950, das "Eichhörnchen" von Squee aus 1951, die "Schildkröte" von Eichler aus 1956 und viele Varianten der "Maus im Labyrinth".

2.1.4 Mathematik – Berechenbarkeit

Von ganz anderer Seite, nämlich von der Mathematik, kamen weitere wichtige Beiträge. Gödel publizierte sein berühmtes Unvollständigkeitstheorem 1931, und zeigte damit – kurz – es gäbe also wahre Aussagen in bestimmten Kalkülen, die nicht bewiesen werden könnten – oder etwas länger – daß eine Theorie von dem Ansatz ausgehend, den Whitehead und Russell (1910-1913) in ihrer "Principa Mathematica" beschreiben, um konsistente Axiome für Arithmetik aufzustellen und davon durch logische Deduktion Theoreme zu beweisen, unvollständig sein muß.

Darauf aufbauend versuchten viele mathematische Logiker den Begriff einer effektiven Prozedur (also was machbar ist, wenn man einen Algorithmus oder eine Regelmenge explizit abarbeitet) zu formalisieren. Kleene entwickelte die Theorie der rekursiven Funktionen, Turing die universielle Turing-Maschine, Church den Lambda-Kalkül (der die Grundlage von McCarthys Listenprogrammiersprache LISP ist, die ja zu einem Favoriten unter den AI-Leuten avancierte) und Post stellte eine System zum Um- und Überschreiben von Symbolen oder Zeichenketten vor (von denen Chomskys Grammatiken Spezialfälle sind).

Glücklicherweise erwiesen sich alle diese Methoden als äquivalent. Was immer mit einer dieser Methoden berechnet werden konnte, gelang auch mit jeder anderen, wenn sie mit dem entsprechenden "Programm" ausgestattet wurde. Man kam schließlich zur Annahme (Church-Turing These): wenn eine Funktion auf irgendeiner Maschine berechnet werden kann, dann kann sie auch mit jeder dieser Methoden berechnet werden.

Turing fand einige Grenzen der Berechenbarkeit mit der nach ihm benannten Turing-Maschine (1936), einem Gerät, das auf einem unendlich langen Band operiert, sowie lesen, schreiben und sich über dieses Band bewegen kann. Das Band ist in Kästchen unterteilt, die jeweils ein Symbol aus einem endlichen Alphabet enthalten. Er konnte plausibel machen, daß jede effektive Berechnung, d.h. alles, was man mit Symbolmanipulation (indem man einer endlichen, vollständig definierten Regelmenge folgt) erreichen kann, mit dieser Maschine ausgeführt werden kann, wenn sie nur mit dem passenden Programm ausgestattet ist.

Während des zweiten Weltkriegs wurden eine Reihe von elektronischen Berechnungsmaschinen für zahlreiche militärische Anwendungen entwickelt, inklusive des Entwurfs der Atombombe. Ebenso entstand die Planungsmathematik als Analyse der Zuteilung von Resourcen.

2.1.5 Weitere grundlegende Ideen

Im Jahre 1943 publizierte Craik "The Nature of Explanation", wo er das Nervensystem als eine "Rechenmaschine" sah, "die externe Ereignisse modellieren oder nachbilden kann". Diese Betrachtung schließt aber auch mit ein, daß die Bildung eines "internen Modells", das der Welt gleichkommt, die grundlegende Eigenschaft von Denken und Erklärung ist.

Die Evidenz von Rückkopplungsmechanismen im menschlichen Nervensystem veranlaßte einige Wissenschaftler dazu, von der Sichtweise des Zentralnervensystems als Reflexeinrichtung, die sich nur als Reaktion auf sensorische Eingaben anpaßt, abzukommen. Vielmehr lieferte das Einsetzen von Rückkopplungssystemen (mit Referenzwerten) eine Basis für die Analyse des Gehirns als zielgerichtetes System, das in Form von zirkulären Prozessen (also vom Nervensystem zu dem Muskeln, zur Außenwelt und zurück über die Rezeptoren) erklärt werden kann.

2.2 Seit McCulloch & Pitts, 1943

Die ersten, die Grundlagen Neuraler Rechner konzipierten, waren McCulloch & Pitts 1943 mit ihrem Formalmodell des Neurons. Der Hauptimpuls ihrer Arbeit war die Turing-Maschine. Sie stellten sozusagen die "Physiologie des Berechenbaren" zur Verfügung, indem sie zeigten, daß jedes Programm einer Turing-Maschine in einem endlichen Netzwerk, bestehend aus ihren Neuronen (mit Rückverbindungen), implementiert werden kann. Als man gegen Ende des zweiten Weltkriegs elektronische Computer baute, war klar, daß alles, was dort gemacht, auch mit einem Netzwerk aus Neuronen erreicht werden konnte.

Die grundlegende Idee in der Arbeit von McCulloch & Pitts war, daß die Aktivierung eines Neurons im Gehirn für die *tatsächliche Wahrheit einer Vorstellung* von der Außenwelt steht. *Elementare* Vorstellungen von der Aussenwelt werden mittels *Sensoren* verifiziert. Die mit diesen Sensoren verbundenen Neurone können selbst kompliziertere Kombinationen dieser Vorstellungen darstellen.

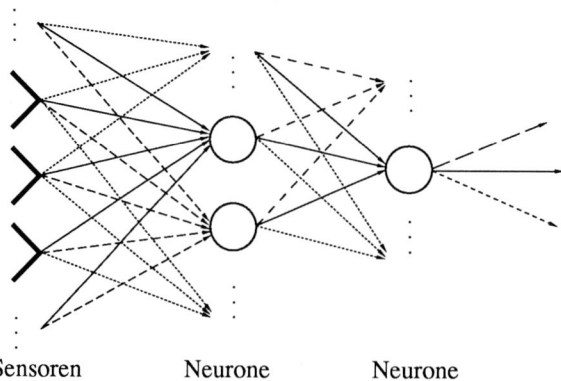

Sensoren   Neurone   Neurone

Abb. 2.2.1: Ausschnitt aus einem McCulloch & Pitts-Netz. Über Sensoren werden Vorstellungen von der Wirklichkeit aufgenommen und in den Neuronen zu beliebigen endlichen Kombinationen verknüpft. Die Verbindungen sind (in diesem Fall) gerichtet, von den Sensoren wegführend. Für den Aufbau dieser Netze gibt es nur die Einschränkung, daß sie endlich sein müssen.

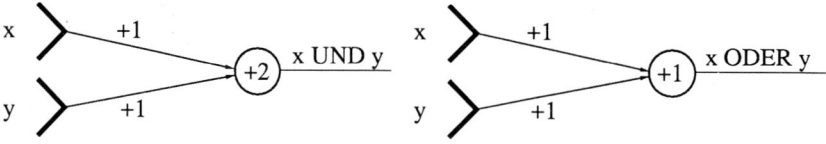

Abb. 2.2.2: Implementierung der Schaltungen UND und ODER mit McCulloch & Pitts-Neuronen. Die Zahlen über den Verbindungen geben deren Gewichtungen an, die Zahl im Neuron dessen Schwellwert. Sowohl Eingangs- als auch Ausgangssignale sind binär. Die Neurone werden aktiviert (senden Signal 1 aus), genau dann, wenn die Summe der Eingangssignale den internen Schwellwert (2 respektive 1) erreicht.

Da es möglich ist, logische Verknüpfungen wie NICHT, UND und ODER mittels neuraler Verbindungen und geeigneten (Schwellwen-) Funktionen im Neuron zu implementieren, kann man jede beliebige endliche logische Kombination dieser elementaren Vorstellungen in einem Neuralen Netz darstellen.

Diese Idee der Darstellung relevanter Vorstellungen von der Außenwelt in einzelnen Neuronen war Grundlage für die führenden, experimentellen Arbeiten der Neurophysiologie von 1950 bis heute. Ausgehend von den Arbeiten von Lettvin (1959) führte es bis zum Durchbruch von Hubel & Wiesel (1962) und deren Konzept der *rezeptiven Felder* (s. Kap. 3).

Diese Darstellung jeder beliebigen *endlichen logischen Kombination* von elementaren sensorischen Vorstellungen, wie sie McCulloch & Pitts vorschwebte, ist schon in *hierarchischen Neuralen Netzen ohne Rückkopplung* möglich, wo Neurone höchstens zwei Stufen von der Eingangsschicht (Input-Layer) entfernt sind. Daher beschäftigt sich der Großteil ihrer Abhandlung mit jenen *unendlichen* Kombinationen elementarer Vorstellungen, die in einzelnen Neuronen eines Netzwerkes *mit Rückkopplung* dargestellt werden können, und solchen, die nicht darstellbar sind.

Obwohl diese Abhandlung nicht gerade leicht verständlich ist, hat sich allein die Frage nach der Darstellbarkeit logischer Kombinationen in Neuralen Netzen als fruchtbar herausgestellt, und viele wichtige Untersuchungen auf dem Gebiet der Automatentheorie, besonders Kleene (1956), waren der genauen Charakterisierung jener Klassen von Vorstellungen (Kombinationen von sensorischen Eindrücken) gewidmet, die in bestimmten Netzwerktypen oder Automaten dargestellt werden können. Die genaue Definition neuraler Netzwerke, die für die logische Formulierung (Formalisierung) in dieser Abhandlung notwendig war, führte zu vielen mathematischen Studien über Netzwerke mit neuralen Eigenschaften.

Diese Arbeit war also auslösendes Moment für eingehende mathematische Betrachtungen zum Thema Neurale Netze. Modelle für adaptive Stimulus-Respons-Relationen in Netzwerken entstanden bei Farley und Clark (1954). Diese Theorien wurden von Rosenblatt (1958), Widrow & Hoff (1960), Caianiello (1961) und Steinbuch (1961) weiter ausgearbeitet.

Die erste Idee, die Schwung brachte, war Donald Hebbs "Organization of Behavior" (1949). Zwar glaubte man, daß in den damaligen Modellen noch einige grundlegende physikalische Änderungen notwendig wären, um Lernen zu ermöglichen, aber was genau, wußte man nicht. Hebb schlug in seinem Buch vor, daß sich die Verbindungsstruktur des Gehirns während des Lernens diverser Aufgaben ständig ändere und daß durch derartige Änderungen

Zellverbände entstünden. Hebb folgte einem Vorschlag Cajal's und postulierte, daß wiederholte Aktivierung eines Neurons durch ein anderes deren verbindende Synapse stärker leitfähig mache.

Diese Essenz des Lernparadigmas von Hebb, die *Verbindungen* zwischen den Neuronen *in Abhängigkeit der Erregung* der beteiligten Neurone zu stärken, ist heute noch in vielen Lernstrategien erhalten geblieben. Die Art und Weise der Gewichtsveränderung mag sich wohl geändert haben, aber der grundlegende Begriff von der *Stärke der Verbindungen* zwischen den Neuronen in Abhängigkeit der (verbundenen) Neurone dominiert auch die heutigen Lernmodelle.

Hebbs Ideen blieben zunächst reine Spekulation, da es noch nicht möglich war, Neurale Netze physikalisch zu realisieren (zu bauen) und Lerntheorien praktisch zu testen. Den wahrscheinlich ersten praktischen Versuch unternahmen Edmonds und Minsky (1951), als sie ihre Lernmaschine entwickelten. Uttley (1954) zeigte, daß Neurale Netze mit modifizierbaren Verbindungen nach Hebb die Klassifizierung einfacher binärer Muster (111010100, 101110101, ...) in Äquivalenzklassen (z.B. Muster, die mit 101 beginnen) gelernt werden konnten.

Die Klassifizierung von Mustern oder Mustererkennung ist ein grundlegendes Problem jeder Theorie über intelligentes Verhalten, sowohl in Tieren als auch in Maschinen. McCulloch & Pitts (1947) betonten, daß Lebewesen viele verschiedene Versionen des selben Musters erkennen können müssen. Sie entwarfen zwei Netze, die je eine Teilaufgabe lösten. Ein Netz sollte charakteristische Eigenschaften eines Muster bestimmen, d.h. Gemeinsamkeiten in den Varianten finden. Das zweite transformierte eine präsentierte Variante zum Standardmuster.

Minsky war wohl der erste in der Szene, aber den echten Beginn einer neuronenähnlichen Lernmaschine vollzog Rosenblatt (1958), ein Mitschüler Minskys, mit seinen Perceptrons (s. Abschnitt 2.3.1.). Die Perceptrons wurden im gleichnamigen Buch von Minsky und Papert (1969) ausführlich studiert und kritisiert. Die dort angeführten Mängel der Perceptrons waren alles andere als konstruktive Kritik. Das Buch hatte einen nahezu vernichtenden Einfluß auf die weitere Forschungsarbeit in dieser Richtung, vor allem in den USA.

Was in den darauffolgenden 25 Jahren bezüglich neuraler Modellierung passierte, ist schwer zu beschreiben. Viele Wissenschaftler verfaßten Werke über die Biophysik der Nervennetze und psychophysiologische Untersuchungen des sensorischen Systems. Nach Schätzungen überschreitet die Anzahl der

Publikationen über künstliche visuelle Wahrnehmung alleine schon die 10,000. Die Anzahl der Arbeiten über allgemeine neurale Modellierung liegt bei ein paar Tausenden.

2.3 Frühe Lernsysteme

Die Anfänge der klassischen Lernsysteme sind weit gestreut und nicht nur auf die zwei herausragenden Pioniere Rosenblatt und Minsky beschränkt. Viele Implementierungen von "Neuralen Computern" wurden in den Sechziger-Jahren realisiert. Die klassischen Lernsysteme sind ähnlich den biologischen Neuronen Übertragungssysteme von Signalen (Mustern), deren Parameter, wie die Leitfähigkeit der Synapsen, durch die eintreffenden Signale verändert werden können. Diese Systeme werden auch *Filter* genannt. Sie haben die Eigenschaft, sich angleichen zu können (*adaptive* Systeme), d.h. sich selbst so zu justieren, daß Signale optimal ausgewählt bzw. erzeugt werden.

Auf *mathematischem* Weg können solche Lernsysteme mit *Algorithmen* beschrieben werden, wie z.B. der Kalman-Filter (Radarerkennung, Raumflüge, Kontrollmechanismen in der Industrie). Diese Lernsysteme sind gut geeignet, auf Rechnern zu laufen.

Physikalische Lernsysteme waren in erster Linie nicht für die Computerverarbeitung gedacht, sondern sollten auf höchst verteilten und parallelen, ganz einfachen physikalischen Komponenten ablaufen. Die bekanntesten Ansätze in dieser Richtung sind die *Perceptrons* (s. 2.3.1.), das *Adaline* (s. 2.3.2.) und die *Lernmatrix* (s. 2.3.3.).

2.3.1 Perceptrons

Etwa 10 Jahre nach McCulloch & Pitts stellte Rosenblatt (1958) einen neuen Ansatz zur Mustererkennung vor. Aus Neuronen (MP-Units), wie sie McCulloch & Pitts definierten, entwarf er ein Netz mit veränderbaren Verbindungen, das bestimmte Mustermengen als ähnlich bzw. verschieden klassifizieren konnte. Er nannte solche Netze Perceptrons und definierte sie wie folgt:

Aufbau eines Perceptrons

Ein Perceptron ist ein Netzwerk und besteht aus drei verschiedenen Unit-Typen: Sensor-Units (S-Units), Assoziations-Units (A-Units) und Respons-Units (R-Units). Über eine Verbindung wird ein Signal von einer Unit zu einer anderen Unit übertragen und dabei abhängig vom Kopplungskoeffizienten der Verbindung verändert. Diese Koeffizienten können fix oder veränderlich sein und fungieren als Speicher.

Eine *S-Unit* nimmt physikalische Energie (wie etwa Licht, Schall, Druck, Wärme) aus der Umgebung auf und sendet ein davon abhängiges Signal aus. Eine *einfache* S-Unit liefert den Wert 1, wenn das von der Umgebung einwirkende Signal einen Schwellwert übersteigt, 0 sonst.

Eine *A-Unit* (typischerweise ein logisches Entscheidungselement) hat Ein- und Ausgänge, über die Signale in die Unit respektive von der Unit weitergegeben werden. Eine *einfache* A-Unit generiert das Ausgangssignal 1, wenn die Summe der Eingänge einen Schwellwert übersteigt (und ist damit *aktiv*), 0 sonst.

Eine *R-Unit* hat Eingänge und sendet das von ihr generierte Signal an die Umgebung aus. Eine *einfache* R-Unit sendet das Signal +1 aus, wenn die Summe der eingehenden Signale größer als 0 ist, −1, wenn die Summe kleiner als 0 ist, und einen Zwischenzustand (0), wenn die Summe 0 ist.

Ein *einfaches Perceptron* hat nur eine R-Unit, die mit allen A-Units verbunden ist. Verbindungen bestehen nur von S-Units zu A-Units und von A-Units zur R-Unit. Alle Verbindungen von den Sensoren (S-Units) zu den Entscheidungselementen (A-Units) haben fixe Werte – es sind also nur die Verbindungen von den A-Units zur R-Unit veränderlich. Die Funktion zur Generierung der Signale in den Units hängt nur von der Summe der Eingangssignale in der entsprechenden Unit ab.

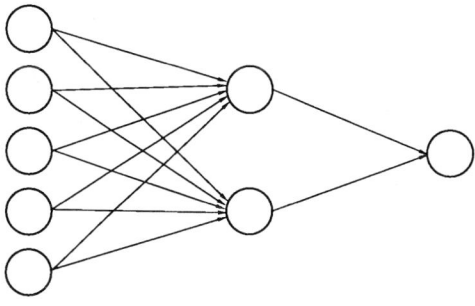

Sensor-Units   Assoziations-Units   Respons-Units

Abb. 2.3.1: Ein einfaches Perceptron, bestehend aus einfachen A-Units und einer einfachen R-Unit. Verbindungen bestehen nur von den Sensoren zu den A-Units (fix) und von allen A-Units zur einzigen R-Unit (veränderlich).

Ein *elementares* Perceptron ist ein einfaches Perceptron mit einfachen A-

und R-Units. Die Verbindungen übertragen das Signal derart von einer Unit zu einer anderen, daß es mit dem Kopplungskoeffizienten multipliziert (gewichtet) wird.

Da einige der Verbindungen in den Perceptrons veränderlich sind, muß auch ein Mechanismus definiert werden, wie diese zu ändern sind. Die variablen Gewichtungen der Verbindungen sind anfänglich mit Zufallszahlen belegt, wodurch das Netz auf ein Reizmuster mit einer beliebigen Antwort reagiert. Um erwünschte Antworten zu erhalten, muß das Netz trainiert werden.

Eine der von Rosenblatt vorgestellten Lernstrategien ist das *fehlerkorrigierende* Lernverfahren: Wenn die Antwort einer R-Unit der gewünschten entspricht, so werden die Gewichte nicht verändert. Entspricht die Antwort nicht der gewünschten, so werden die Gewichte der zu dieser R-Unit führenden Verbindungen erhöht, wenn der Fehler (die Differenz zwischen der gewünschten und der tatsächlichen Antwort) positiv ist, sonst erniedrigt. Wendet man diese Lernprozedur für alle zu erlernenden Musterpaare wiederholt an, so stellen sich die Gewichte in endlicher Zeit entsprechend ein.

Fensterperceptrons

Ein Fensterperceptron besteht aus einer endlichen, gitterartigen Schicht (Netzhaut) aus lichtempfindlichen Zellen (Sensoren, S-Units), die aktiviert (ON, 1) oder deaktiviert (OFF, 0) sein können (s. Abb. 2.3.2). Das auf dieser Netzhaut entstehende Bild besteht also aus weißen und schwarzen Rasterelementen.

In einer weiteren Schicht enthält das Perceptron eine Reihe lokaler Entscheidungselemente (A-Units), die Informationen aus Netzhautausschnitten bearbeiten. Jedes lokale Entscheidungselement ist mit einigen Zellen der Netzhaut verbunden, und zwar mit jeweils $2*2$ benachbarten S-Units, seinem "Fenster". Die Netzhaut ist gänzlich mit derartigen, einander überlappenden Fenstern abgedeckt. Für eine Netzhaut der Größe $n*n$ benötigt man daher $(n-1)^2$ A-Units.

Die dritte und letzte Schicht bildet eine einzige R-Unit (der "Oberdämon"). Ihm teilen die lokalen Entscheidungselemente das Ergebnis ihrer Netzhautuntersuchung mit. Der Oberdämon entscheidet anhand dieser Informationen, welches Bild (Muster) sich auf der Netzhaut befindet.

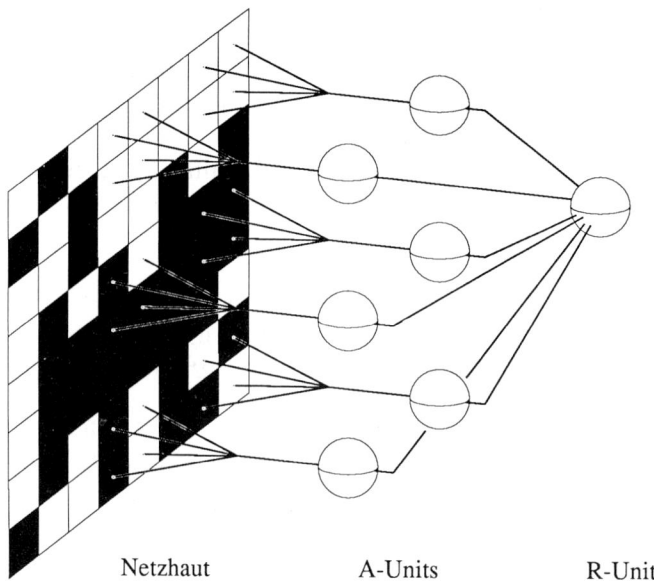

Netzhaut   A-Units   R-Unit

Abb. 2.3.2: Ein Fensterperceptron. Jede A-Unit (lokale Entscheidungseinheit) ist mit genau 2*2 benachbarten S-Units der Netzhaut verbunden. Diese Verbindungen zwischen Netzhaut und A-Units sind fix. Nur die Verbindungen von den A-Units zur R-Unit, dem Oberdämon, sind veränderlich.

Jedes *lokale Entscheidungselement* vergleicht sein Netzhautareal (das 2*2 Elemente große Fenster) mit einer Menge von Mustern, die ihm vorgegeben sind. Findet es das Netzhautmuster in seiner Mustermenge, so war seine Untersuchung positiv. Das teilt es dem Oberdämon mit.

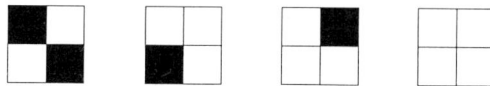

Abb. 2.3.3: Beispiel eines Merkzettels für ein lokales Entscheidungselement.

Die Verbindungen zwischen lokalen Entscheidungselementen und *Oberdämon* sind nicht gleichwertig. Die Signale, die über diese Verbindungen an den Oberdämon gesendet werden, werden jeweils mit einem eigenen (positiven oder negativen) Faktor multipliziert (gewichtet). Der Oberdämon summiert diese gewichteten Signale auf und entscheidet auf "ja" (das gefragte Muster ist vorhanden), wenn diese Summe seinen Schwellwert übersteigt, ansonsten auf "nein".

Jedes lokale Entscheidungselement fungiert als Indiz für ein zu erkennendes Muster. Die Stärke der Verbindung zum Oberdämon gibt die Wichtigkeit dieses Indizes an.

Setzt man alle Verbindungen der A-Units zur R-Unit auf dem Wert 1 und den Schwellwert des Oberdämons auf die Anzahl der A-Units (für eine n∗n Netzhaut also auf $(n-1)^2$), so erhält man eine spezielle Klasse von Fensterperceptrons. Diese unterschieden sich nur mehr in den Mustermengen der A-Units. Schränkt man noch ein, daß allen A-Units die selbe Mustermenge vorgegeben ist, so kann man ebensoviele Perceptrons wie unterschiedliche Mustermengen bilden.

Jede Position im 2∗2 Fenster kann 2 Zuständen (ON, OFF) annehmen, d.h. ein Fenster kann 16 unterschiedliche Muster enthalten. Um den Merkzettel der A-Units zu bestimmen, trifft man eine Auswahl aus diesen 16 Mustern. Da 2^{16} verschiedene Auswahlen getroffen werden können, kann man ebensoviele Fensterperceptrons entwerfen.

Die folgende Auswahl erlaubt, ein Schachbrett entsprechender Größe zu erkennen.

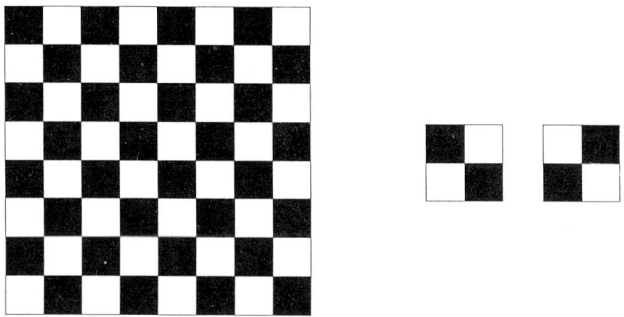

Abb. 2.3.4: Netzhaut mit Schachbrett-Muster und entsprechender Mustermenge für die A-Units.

Doch nicht alle möglichen Fensterperceptrons erkennen auch etwas. Es gibt eine beachtliche Anzahl an Auswahlen, sodaß kein Muster gefunden werden kann, auf das der Oberdämon mit "ja" reagiert. Die gewählten Einschränkungen (Verbindungswerte und Schwellwert des Oberdämons, sowie gleiche Mustermenge für alle A-Units) bewirken, daß jeder 2∗2-Ausschnitt der Netzhaut genau eines der Muster aus dem Merkzettel enthalten muß. Manche Merkzettel sind allerdings widersprüchlich, d.h. sie verlangen Unmögliches, wie beispielsweise der folgende:

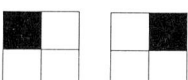

Abb. 2.3.5: "Unmögliche" Mustermenge. Es kann kein Netzhautmuster gefunden werden, auf das der Oberdämon mit "ja" antwortet.

Um die "guten" Mustermengen zu finden, könnte man folgendermaßen vorgehen: Zuerst untersucht man alle Mustermengen, die nur 1 Muster enthalten. Dazu betrachtet man die A-Unit, die für das linke obere Fenster zuständig ist, und schränkt die Menge der möglichen Netzhautmuster entsprechend ein. Danach verschiebt man das Fenster jeweils um ein Element, wobei die Netzhautmuster weiter eingeschränkt werden. Hat man das gesamte Netzhautareal untersucht und es bleiben noch Möglichkeiten für Netzhautmuster offen, so sind dies die Muster, die das Perceptron erkennt und man hat eine "gute" Mustermenge, nämlich die gerade untersuchte, gefunden. Analog verfährt man mit Mustermengen, die mehr als ein Muster enthalten.

Stolpersteine der Perceptrons

Lockert man die Einschränkungen für Fensterperceptrons auf und läßt größere Fenster zu, sowie unterschiedliche Verbindungsstärken und einen beliebigen Schwellwert für den Oberdämon, so ergeben sich zahlreiche neue Möglichkeiten. Genau dort setzt auch die Kritik von Minsky & Papert an. Sie zeigten anhand der in Abbildung 2.3.6 dargestellten Muster, daß es für ein Perceptron mit endlich großen Fenstern (kleiner als die gesamte Netzhaut) bestimmte Muster gibt, die es nie erkennen kann, nämlich ob ein Muster, das größer als ein Fenster ist, zusammenhängend ist.

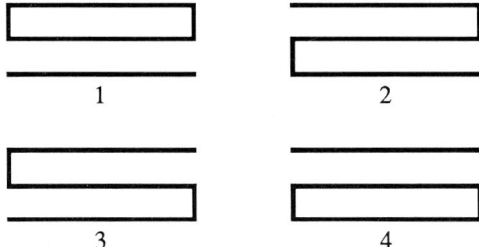

Abb. 2.3.6: Zusammenhängende Figuren, die ein Perceptron mit limitierter Fenstergröße nicht richtig erkennen kann.

Die lokalen Entscheidungselemente des Perceptron werden in drei Gruppen geteilt, je nachdem welchen Netzhautausschnitt sie bearbeiten. Eine dieser Gruppen "sieht" jeweils den linken Rand der Muster. Ihr Beitrag an den Oberdämon sei mit L bezeichnet. Eine andere Gruppe "sieht" jeweils den rechten Rand der Muster. Deren Beitrag sei mit R bezeichnet. Die dritte Gruppe lokaler Entscheidungselemente bearbeitet den verbleibenden Teil des Musters (die Mitte), ihr Anteil an der Entscheidung des Oberdämons sei A.

Bei Präsentation des Musters 1 muß der Oberdämon mit "nein" antworten (das Muster ist nicht zusammenhängend), wenn das Perceptron den Test bestehen soll. Daraus kann man schließen

L + A + R < Schwellwert des Oberdämons

Bei Präsentation des Musters 2 ändert sich der Anteil L (der "linken" Entscheidungselemente) auf L', der rechte Rand und die Mitte bleiben unverändert. Bei Präsentation des Musters 3 ändert sich der Anteil R (der "rechten"
Entscheidungselemente) auf R', der linke Rand und die Mitte bleiben unverändert. Auf beide Muster muß das Perceptron mit "ja" antworten, wenn es
den Test bestehen soll, d.h.

L' + A + R ≥ Schwellwert des Oberdämons
L + A + R' ≥ Schwellwert des Oberdämons

Aus diesen drei Ungleichungen folgt: L' > L und R' > R

Bei Präsentation des vierten Musters ändert sich gegenüber Muster 1 der linke Rand wie bei Muster 2, also der Beitrag L auf L', und der rechte Rand wie
bei Muster 3, also der Beitrag R auf R'. Damit ist der Gesamtbeitrag der lokalen Entscheidungselemente bei Muster 4

L' + A + R' > L' + A + R ≥ Schwellwert des Oberdämons, da R' > R
L' + A + R' > L + A + R' ≥ Schwellwert des Oberdämons, da L' > L

größer als der Schwellwert des Oberdämons, d.h. dieser antwortet mit "ja",
obwohl Muster 4 nicht zusammenhängend ist. Damit ist gezeigt, daß derart
konstruierte Perceptrons nicht in der Lage sind, beliebige Muster zu erkennen, wie ihr Entwerfer Rosenblatt gehofft hat. Diese Feststellung regte allerdings nicht dazu an, nachzudenken, wie das Problem der zusammenhängen-
den Muster zu lösen wäre (etwa durch die Erweiterung der Perceptrons um
eine zusätzliche A-Schicht), sondern entmutigte die meisten. Damit war 1969
das Interesse an Neuralen Netzen auf einen Tiefpunkt gesunken.

2.3.2 Adaline (Adaptive Linear Element)

Adaline bedeutet *lineares Anpassungselement*. Es wurde von Widrow &
Hoff (1960) vorgestellt. Das Adaline besteht aus einfachen physikalischen
Bestandteilen und realisiert einerseits die Summierung gewichteter Eingangssignale, kann aber andererseits auch ein Signal, das Lernsignal, erlernen, indem es seine Gewichte (Widerstände) iterativ verändert. Es hat folgenden Aufbau:

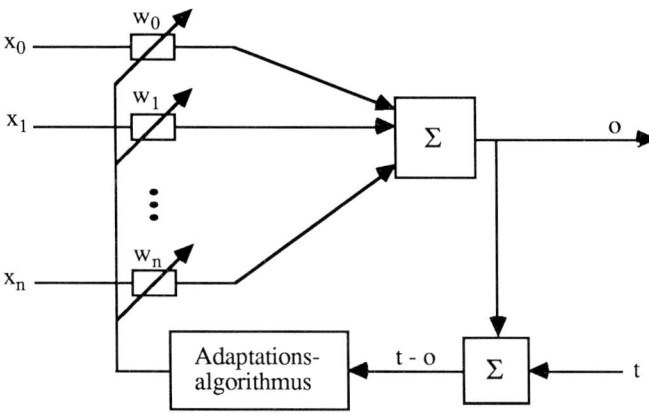

Abb. 2.3.7: Adaline.

x_i ist der i-te Eingang (das i-te *Eingangssignal*) des Systems

w_i ist der i-te einstellbarer Widerstand am entsprechenden Eingang

t   ist ein zusätzlicher Eingang, das sogenannte *Lernsignal* (target)

o   ist das Ausgangssignal (output) des Systems.

Das System bildet aufgrund der Anfangswerte der einstellbaren Widerstände und der angelegten Eingänge Signale, die in der Summierschaltung aufsummiert werden. Der vom Summierer berechnete Wert ist also das Ausgangssignal o. Dieses Signal o wird vom Lernsignal t subtrahiert und zu den einstellbaren Widerständen zurückgesendet. Ist die *Differenz* (t − o) *nicht null*, d.h. das Ausgangssignal entspricht noch nicht dem gewünschten Lernsignal, so werden die *Widerstände* nach einer bestimmten Funktion *verstellt*.

Dann wird abermals aufsummiert, die Differenz zwischen Ausgangssignal und Lernsignal bestimmt und, wenn nötig, werden die Widerstände verändert. Wird die Differenz zwischen Lernsignal und Ausgangssignal Null, so ist das Lernziel erreicht, das System kann das Signal selbst erzeugen, es kann am Ausgang abgenommen werden.

Die Übertragungsfunktion des Systems zur Bestimmung des Ausgangssignals o kann wie folgt beschrieben werden:

$$o = \Sigma_i \, w_i \, x_i$$

d.h. das Ausgangssignal o berechnet sich, wie schon gewohnt, als Summe der gewichteten (w_i) Eingangssignale (x_i). Die Funktion zur Veränderung der Widerstände ist:

$$w_{i,\,k+1} = w_{i,\,k} + \alpha_k\,(t - o)\,x_{i,\,k}$$

$w_{i,\,k}$ der i-te Widerstand des Systems, zum Zeitpunkt k,
$x_{i,\,k}$ das i-te Eingangssignal des Systems zum Zeitpunkt k,
t   das Lernsignal,
o   das Ausgangssignal,
α_k ein kleiner positiver Skalarwert

Das System und seine Parameter werde dabei zu den Zeitpunkten k = 1,2,3,... betrachtet. Liegen diese Zeitpunkte gleich weit auseinander, so ist der kleine positive Skalarwert α_k konstant und kann als α geschrieben werden. Die Funktion garantiert, daß sich das Ausgangssignal des System wirklich dem Lernsignal nähert.

Das wesentliche Problem beim Adaline ist, daß auch negative Lernsignale angelegt werden könnten oder negative Gewichte erwünscht wären. Dies führt aber zu technischen Problemen bei der Schaltung, da Widerstände nur positive Werte annehmen können. Eine Lösungsmöglichkeit wäre, die Lernsignale zu verschieben, so daß w_i und x_i nie negativ werden, indem man den Wertebereich von (–m, n) auf (0, m+n) transformiert. Eine weitere Lösungsmöglichkeit ist die antagonistische Kodierung der Signale (siehe Lernmatrix).

2.3.3 Lernmatrix

Dieses System wurde von Steinbuch (1961) realisiert, um die *klassische Konditionierung* der Psychologie zu imitieren. Die klassische Konditionierung kann sehr gut durch das Beispiel mit dem Pawlowschen Hund erklärt werden. Dabei wurde, bevor man einem Hund zu fressen gab, mit einer Glocke geläutet. Der Hund hatte durch das Erkennen des Futters erhöhte Speichelbildung. Nach einigen Wiederholungen zeigte sich beim Hund auf das Läuten der Glocke hin, ohne daß ihm Futter präsentiert wurde, schon Speichelbildung. Der Hund hatte das Glockenläuten mit dem Futter verbunden.

Die Lernmatrix funktioniert ähnlich: In der *Lernphase* wird das Reizmuster an die e–Leitungen (Eigenschaften) gelegt, die *zu erlernende* Antwort an die b–Leitungen (Bedeutung). Dadurch wird dem System die Verbindung zwischen Reizmuster und Antwortmuster aufgeprägt. In der *Abrufphase* wird das Reizmuster an die e–Leitungen gelegt, worauf das *erlernte* Antwortmuster auf den b–Leitungen ausgegeben werden soll.

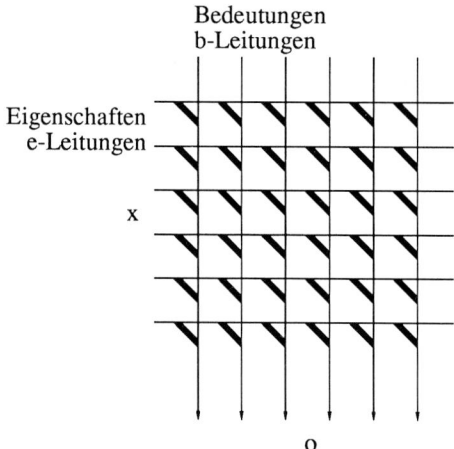

Abb. 2.3.8: Lernmatrix.
e–Leitungen, Eigenschaften: stellen das Reizmuster (Eingangssignal) dar
b–Leitungen, Bedeutungen: stellen das Antwortsignal (output) dar
╲ adaptive Verbindungen

Die Lernmatrix ist ein System einander kreuzender Leitungen mit adaptiven Verbindungen an den Kreuzungspunkten. Jede *vertikale Leitung* kann als funktionelle Einheit betrachtet werden, die die *Summe der Signale* bildet, die auf die Leitung über die Kreuzungsverbindungen gelegt werden. Der prinzipielle Unterschied zu den vorhergehenden Modellen ist, daß hier *keine Differenzbildung zum zu erlernenden Muster* stattfindet.

Strategien zur Veränderung der variablen Verbindungen sollten in ihrer ursprünglichen Form klassische Konditionierung simulieren. Daher sollten die Signale an den b- und e-Leitungen binär sein, die Verbindungen w_{ij} sowie die Ausgangssignale nehmen kontinuierliche Werte an. Für die Lernmatrix wurden zwei Lernstrategien vorgestellt, um die Verbindungen zu verändern: die Verstärkungsregel und die Verbindungsregel.

• Verstärkungsregel

Die Verbindungen werden nur geändert, wenn das entsprechende Eingangssignal aktiv (1) ist. Der Wert des Ausgangssignals entscheidet dann über Verstärkung oder Abschwächung.

Eingangssignal

		0	1
Ausgangs-signal	0	-	Verbindung abschwächen
	1	-	Verbindung verstärken

Abb. 2.3.9: Tafel zur Änderung der Verbindungsstärken nach der Verstärkungsregel.

Die Änderungen sind gleichmäßig und klein. Nach ausreichendem Lernen wird die Verbindung dem zu assoziierenden Signal der b-Leitung entsprechen.

- Verbindungsregel

Da eine Abschwächung der Verbindungsstärken zu technischen Problemen führte, verwendete man eine einfachere Lernregel, wo die Gewichtungen ausschließlich verstärkt werden können.

Eingangssignal

		0	1
Ausgangs-signal	0	-	-
	1	-	Verbindung verstärken

Abb. 2.3.10: Tafel zur Änderung der Verbindungsstärken nach der Verbindungsregel.

Problematisch wird die Verwendung negativer Gewichte, da Widerstände nur positive Werte repräsentieren können. Eine Lösung bietet die antagonistische Kodierung der Eingangssignale, d.h. jedes Eingangssignal liegt sowohl in positiver als auch in negativer Form vor (siehe Abb. 2.3.11). Ein negatives Vorzeichen des Gewichtes wird durch Verwendung des jeweils anderen Eingangssignal realisiert. D.h. ist das Eingangssignal positiv und ein negatives Gewicht erwünscht, so ist die negative Version des Eingangssignals zu wählen, da der das Gewicht darstellende Widerstand positiv sein muß. Ist das Eingangssignal negativ und ein negatives Gewicht erwünscht, so verwendet man beide in positiver Form.

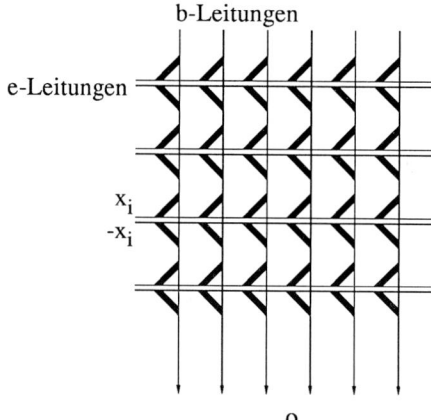

Abb. 2.3.11: Lernmatrix mit antagonistischer Kodierung der Signale. Jedes Eingangssignal existiert doppelt, nämlich als x_i und $-x_i$. Je nach Vorzeichen des Widerstands wird das entsprechende Signal verwendet, da Widerstände keine negativen Werte annehmen können.

3 Neurophysiologische Grundlagen

Um es gleich vorwegzunehmen: Dieses Kapitel soll keinen Schnellehrgang komplizierter neurologischer Zusammenhänge darstellen, vielmehr kann es als Ausflug in die Biologie aufgefaßt werden, die ja bei Neuralen Netzwerken gewissermaßen als Ideenquelle dient. Sie soll helfen, komplexe Problemstellungen zu vereinfachen, bzw. zu lösen. Hier sind die Techniker auf die medizinische Forschung angewiesen, doch leider können nicht alle präzisen Fragen des Informatikers ausreichend beantwortet werden, da manche Zusammenhänge noch nicht klar erforscht sind. In der Gehirnforschung muß man Schritt für Schritt aus kleineren Einzelerkenntnissen einen Gesamtzusammenhang aufbauen, was etwa mit dem Zusammensetzen eines Puzzles verglichen werden kann, nur, daß diese Sachverhalte oftmals gänzlich verschieden interpretiert werden.

3.1 Aufbau und Funktionsweise von Neuronen

Der erste Abschnitt dieses Kapitels führt in das Gebiet der Neurophysiologie ein. Es werden unter anderem die Vorgänge der Informationsverarbeitung im Organismus erläutert. So werden beispielsweise der Aufbau eines Neurons (einer Nervenzelle) als neurophysiologische Grundeinheit erklärt, und weiters die Vorgänge bei der Datenübertragung, die für den Informatiker eher im Vordergrund des Interesses stehen.

Der nächste Teil befaßt sich mit einfachen, immer wiederkehrenden Verschaltungsmustern. (Bereits bei Neuronen treten Verschaltungen auf, wie sie teilweise in der Technik wiedergefunden werden können. So zum Beispiel welche, die an den Transistor erinnern oder wie man sie aus der Regelungstechnik kennt.) Durch diesen Ausflug in die Neurophysiologie sollen neuronale Verschaltungsmuster klarer werden und dadurch neue Ideen für die Umsetzung in die Technik bringen. Neue Wege in der Zusammenarbeit zwischen Naturwissenschaftlern und Technikern tun sich auf.

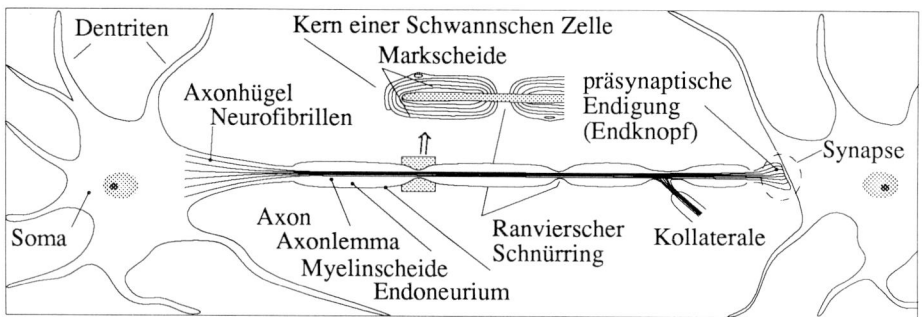

Abb. 3.1: Neuron und Synapse (schematische Darstellung).

3.1.1 Die Grundbausteine: Neurone, Synapsen – Kommunikation

Das Neuron (Abb. 3.1), als kleinstes Bauelement in einem neuronalen Gefüge, ist im Grunde genommen eine Zelle mit ganz spezieller Funktion. Sie besteht aus einem Zelleib und einem mehr oder weniger langen Ausläufer, dem sogenannten Axon, dem Leitungskabel. Wie jede andere Zelle auch, ist sie rundum von einer Membran, der sogenannten Plasmamembran, umgeben. Diese kann man sich allerdings nicht wie eine umhüllende Plastikhaut vorstellen, sondern sie erfüllt durch eigens entwickelte Strukturen besondere Aufgaben. So zum Beispiel den Stoffaustausch mit der Umgebung, die Ernährung der Zelle und einige andere Funktionen. Durch eine "Ionenpumpe" hält sie das sogenannte Membranpotential, die Potentialdifferenz zwischen Zellinnerem und Zelläußerem, während der Ruhephase des Neurons aufrecht. Dies stellt die Grundlage für eine anschließende Aktivierung des Neurons dar, doch dazu später. In dieser Zelle findet man unter anderem auch einen Zellkern, Mitochondrien (das Kraftwerk zur Energiebereitstellung), diverse andere Zellorganellen, die entweder aufgenommene Substanzen aufschließen, oder auch selbst welche bilden, weiters "Förderbänder" für den zelleigenen Stofftransport, sogar ein eigenes Cyto(Zell-)skelett. Zwischen all diesen Strukturen befindet sich das Cytosol, eine eiweißreiche Flüssigkeit, in der kleine Moleküle gelöst sind, darunter anorganische und organische Ionen. Diese stehen im Austausch mit extrazellulären Ionen, also solchen, die sich außerhalb der Zelle befinden, da die Membran für manche dieser Ionen permeabel (durchlässig) ist. Für ein korrektes Funktionieren einer Nervenzelle ist es aber notwendig, durch verschiedene Mechanismen (zum Teil sind diese sogar energieverzehrend) ein Konzentrationsungleichgewicht herzustellen. Das heißt, daß sich manche Ionen eher im Zelläußeren aufhalten, andere wiederum im Zellinneren. Durch diese Ordnung entsteht allerdings auch eine eigene Verteilung der elektrischen Ladung – das Ruhemembranpotential. Somit besteht im Ruhezustand eine Ladungsdifferenz zwischen innen und außen, die es zu erhalten gilt.

Eine weitere Struktur von Nervenzellen sind die sogenannten Synapsen, kleine knotenförmige Auftreibungen, im Aussehen ähnlich einem Saugnapf (Abb. 3.2). So zumindest "haftet" er sich scheinbar entweder an nachgeschaltete Neurone oder aber auch an Muskelzellen.

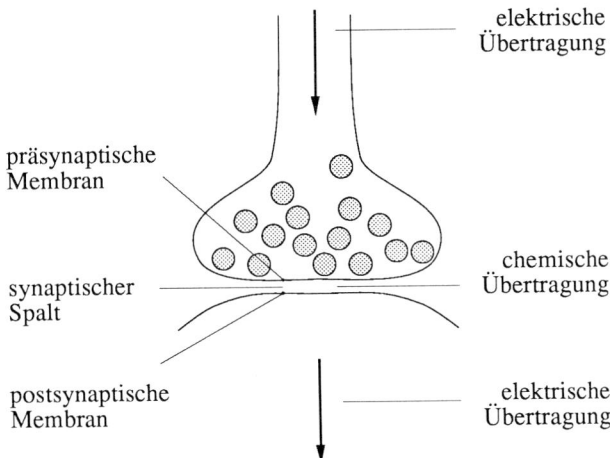

Abb. 3.2: Synapse.

Über diese Synapsen erfolgt dann die eigentliche Nachrichtenübermittlung von Zelle zu Zelle. Dabei steht aber ein Neuron nicht lediglich mit einem zweiten in Kontakt, sondern vielmehr mit tausenden. An dieser Stelle sei erwähnt, daß sich im menschlichen Zentralnervensystem (ZNS) in etwa 25 Milliarden Neurone befinden, in der Peripherie jedoch nur mehr ungefähr 25 Millionen. Jede Menge Kommunikationspunkte bestehen und sogar eigene Neuronen, die zwischen anderen Gruppen vermitteln. Um aber Grundzüge von einfachen Schaltkreisen verstehen zu können, müssen vorweg noch der Begriff *Aktionspotential* und die eigentliche Funktionsweise der *Synapsen* erklärt werden.

Wie bereits vorhin kurz erwähnt, besteht in einer Nervenzelle im Ruhezustand ein sogenanntes Ruhemembranpotential. Dieses wird zum Teil durch aufwendige Mechanismen aufrechterhalten. Treffen jetzt aber von einer anderen Zelle (entweder von einem vorgeschalteten Neuron oder auch einem Rezeptor) über eine Synapse Informationen ein, die einen bestimmten Schwellwert übersteigen, kommt es zu einer sprunghaften Potentialänderung. Die Zelle feuert, sie "antwortet": Die Ionenordnung aus dem Ruhezustand kann durch das Öffnen von Toren, durch welche sie ungehindert passieren können, nicht mehr aufrecht erhalten werden. Ein Gleichgewichtspotential möchte sich einstellen. Das Potential, welches im Ruhezustand (abhängig vom Zelltyp) ca. –90 mV beträgt, erreicht plötzlich einen positiveren Wert, erreicht die Nullmarke und schießt letztlich sogar über diese hinaus (ca. +20 mV; Abb. 3.3). Auf diese sehr steile Anstiegsphase folgt eine etwas langsamere Repolarisationsphase, in der u. a. die Ionen wieder zurückgebracht werden müssen. Daher nennt man diese Zeitspanne auch Erholungsphase.

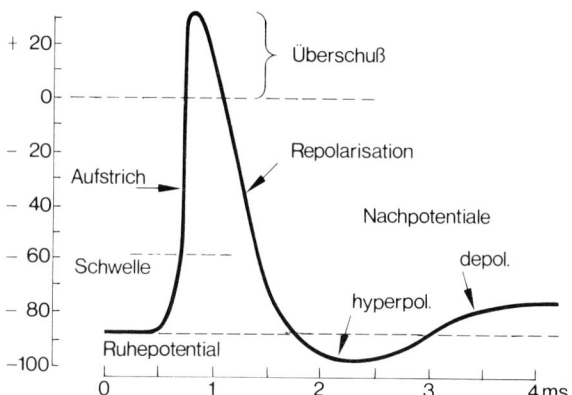

Abb. 3.3: Phasen des Aktionspotentials (aus Schmidt / Thews (Hrsg.), 1987). Erklärungen siehe Text.

Das Potential erreicht vorerst "im Vorbeigehen" den Ruhewert, wird dann manchmal noch negativer (hyperpolarisierendes Nachpotential) und kehrt danach endgültig wieder zum Ausgangswert zurück. Diesen gesamten Ablauf, der in Sekundenbruchteilen passiert, nennt man ein Aktionspotential. Ein Reiz, eine Information wurde auf ein nachfolgendes Neuron übertragen. Nun wird sie hier in einer Art Kabel, dem Axon, weitergeleitet. Diese Bezeichnung darf man aber bitte nicht allzu wörtlich nehmen, da sich zum Unterschied von diesem die Information nicht ausschließlich elektronisch ausbreitet, sondern größtenteils durch einen Ionenaustauschprozeß, durch die Membran hindurch, auf den hier aber nicht näher eingegangen werden soll. (Durch ein Kabel fließt bei angelegter Spannung Strom, da der Metalldraht von Haus aus einen geringen Eigenwiderstand hat. Dadurch kann ein elektrischer Impuls über solche Kabel auch recht weit fortgeleitet werden. Die Nervenfaser allerdings hat einen sehr hohen Widerstand, die kabelartige Fortleitung versiegt hier sehr bald. So muß durch den eben erwähnten Prozeß des Ionenaustausches das Signal auch ständig wieder aufgefrischt werden.)

Grundsätzlich unterscheidet man zwei Klassen von Nerven: *markhaltige* und *marklose Neurone.* Erstere haben eine speziell ausgebildete Isolationsschicht, die in regelmäßigen Abständen unterbrochen ist (siehe Abb. 3.1). Der notwendige Ionenaustausch zwischen Extracellulärraum (ECR) und Intracellulärraum (ICR) kann hier aber nurmehr an diesen unterbrochenen Stücken, die man *Ranvier'sche Schnürringe* nennt, stattfinden (*Saltatorische Erregungsleitung*). Der Zweck dieses etwas aufwendig erscheinenden Prinzips besteht darin, daß das Signal wesentlich schneller fortgeleitet werden kann als in Nerven ohne eine solche Isolationsschicht, da die Information förmlich von Schnürring zu Schnürring springt (Abb. 3.4).

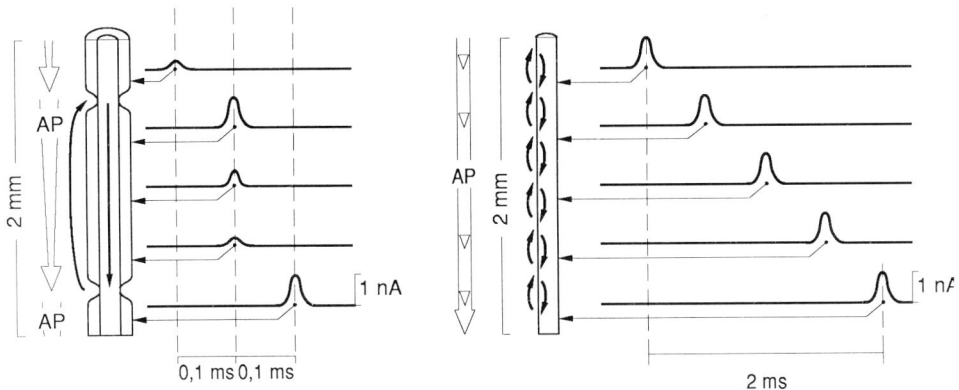

Abb. 3.4: Unterschied der Impulsausbreitung an markhaltigen und marklosen Nervenfasern.

So erreichen solche markhaltigen Nervenfasern Leitungsgeschwindigkeiten von bis zu 120 m/s. Man findet sie speziell dort, wo es gilt, Daten sehr schnell an das Erfolgsorgan zu übermitteln (z.B. Skelettmuskelinnervation). Die zweite Gruppe, die marklosen Nerven, verfügen nicht über diesen aufwendigen Isolator, sind auch dünner und werden speziell dort eingesetzt, wo es weniger auf die Übertragungsgeschwindigkeit ankommt. Beide Typen haben gemeinsam, daß sie, wenn sie soeben "gefeuert" haben, kurze Zeit absolut und anschließend noch relativ refraktär auf neuerliche Reizung reagieren. Während der absoluten Refraktärperiode kann, egal wie groß der Reiz ist, überhaupt kein Aktionspotential ausgelöst werden, während der relativen Refraktärperiode, bei noch stark erhöhtem Schwellwert, ein Aktionspotential geringerer Amplitude. Durch die Refraktärperioden wird die Maximalfrequenz limitiert.

Als wir vorhin die Entstehung eines Aktionspotentials mitverfolgt haben, wurde der Reiz einer Zelle mittels einer Synapse auf ein nachfolgendes Neuron übertragen. Doch was sind Synapsen und wie funktionieren sie ?

Als Bindeglied zwischen den Neuronen unterscheidet man chemische und elektrische, sowie erregende und hemmende Synapsen. Hier werden die elektrischen vernachlässigt, da sie nur eine recht kleine Minderheit darstellen. Die Aufgabe von Synapsen besteht darin, den Reiz auf eine bestimmte andere Nervenzelle (oder auch auf die Muskulatur) weiterzugeben. Die Zellen sind allerdings nicht, wie man annehmen könnte, direkt miteinander verbunden, sondern es liegt zwischen ihnen ein kleiner Spaltraum von ca. 20 nm (Abb. 3.2). Um aber die Nachricht übermitteln zu können, bedient sich die Natur eines "Botendienstes":

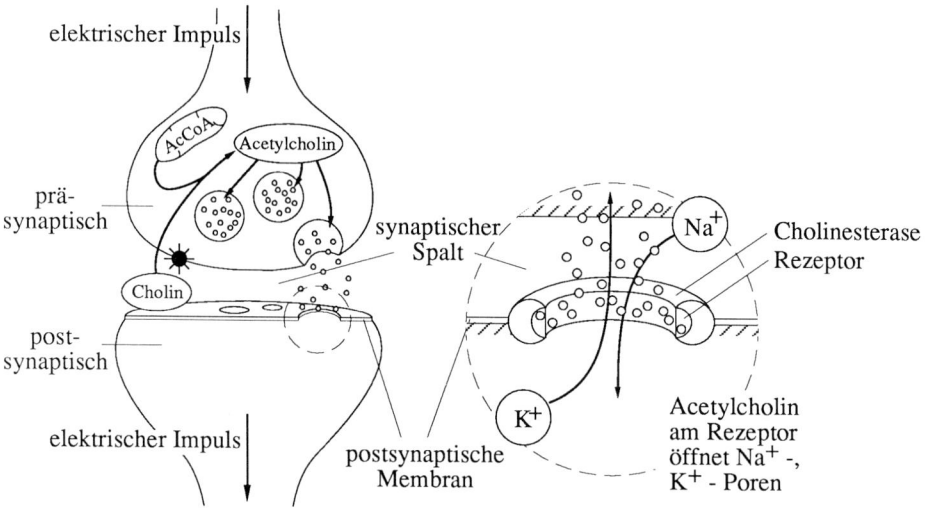

Abb. 3.5: Beispiel für eine Signalübertragung an einer Synapse.

In der sogenannten *präsynaptischen Endigung* der erregenden Zelle, die wie eine Auftreibung am Ende des Axons aussieht, befinden sich Vesikel, kleine Bläschen, gefüllt mit einem Botenstoff. Dieser verläßt die Zelle bei entsprechender Reizaktivität in Quanten, die je nach Stärke der eintreffenden Erregung in unterschiedlicher Menge abgegeben werden, wird in den *synaptischen Spalt* entsendet und wartet auf Verwendung an der Erfolgszelle (Abb. 3.5). Dabei wird er allerdings nicht aufgenommen, sondern an einen membranständigen Rezeptor an der *postsynaptischen Membran* gebunden. Erst wenn er durch dieses Schlüssel-Schloß-Prinzip identifiziert wurde und sich als kompetent ausgewiesen hat, öffnen sich spezielle Tore an der Membran, die wiederum einen Ionenaustausch ermöglichen – die Voraussetzungen für ein neues Aktionspotential, diesmal an der nachgeschalteten Zelle, sind gegeben. Selbstverständlich wird dieser Schlüssel wieder aus dem Schloß gezogen, da es sonst zu einer Dauererregung kommen würde – der Botenstoff wird z.B. durch entsprechende Enzyme im synaptischen Spalt in inaktive Teile gespalten, die dann wieder von der präsynaptischen Endigung, zwecks Recycling, aufgenommen und zusammengesetzt werden.

Als angenehmer Nebeneffekt erweist sich die durch diesen Mechanismus verursachte Ventilfunktion. Die Synapse fungiert wie eine Diode als Gleichrichter und verhindert, daß die Erregung wieder auf die Ursprungszelle zurück übergreifen kann.

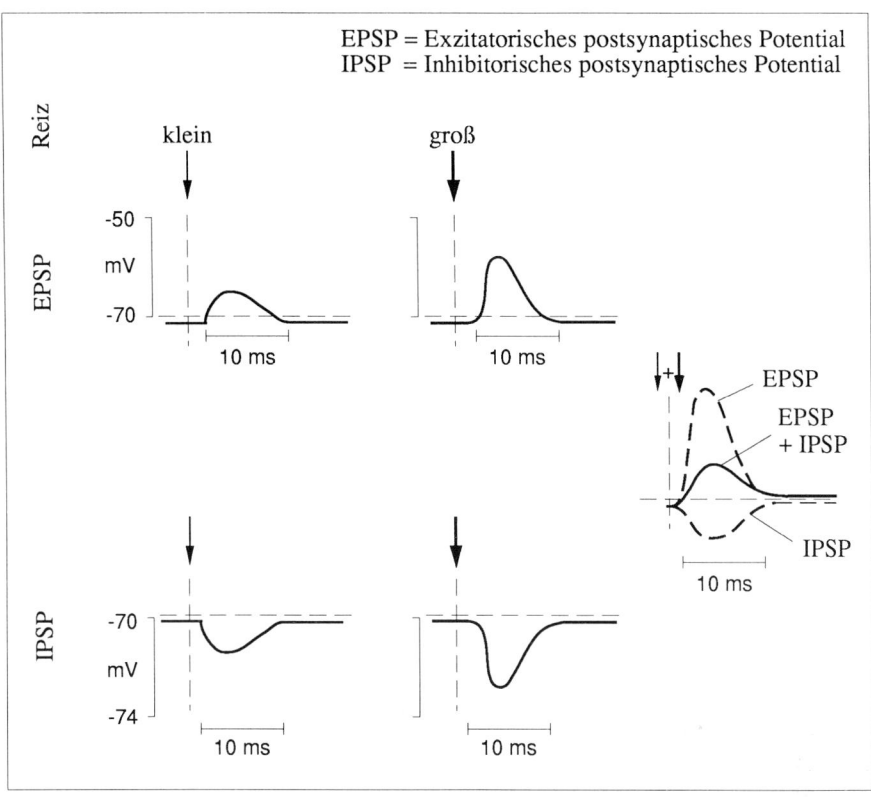

Abb. 3.6: EPSP und IPSP in Abhängigkeit von der Reizstärke.

Jedoch ist es nicht so, daß eine Zelle durch Eintreffen eines einzigen Aktionspotentials eines übergeordneten Neurons in Erregung versetzt wird: Viele Neurone konvergieren zu diesem einen Neuron. Der Reiz eines einzelnen Aktionspotentials einer vorgeschalteten Zelle reicht in den meisten Fällen nicht aus, um den Schwellwert am postsynaptischen Neuron zu überschreiten, jedoch durch Summation der einzelnen eintreffenden Informationen entsteht ein sogenanntes *Exzitatorisches (erregendes) Postsynaptisches Potential* (EPSP) welches zunehmend größer wird, bis der Schwellwert, bei dem diese Zelle ihrerseits wieder feuert, erreicht wird (Abb. 3.6). (Die Anstiegsphase eines EPSP dauert etwa 2 ms, der Abfall 10-15 ms. Der Zeitverlauf ist unabhängig von der Amplitude des EPSP. Dies bedeutet, daß sich die an verschiedenen Synapsen gleichzeitig ausgelösten EPSP in der Amplitude addieren.) Jedes eintreffende Signal wird quasi auf ein Sparbuch gelegt und erst bei einem entsprechend hohen Guthaben kann sich die Zelle ein Aktionspotential "kaufen". Doch wie bei einem Sparbuch gibt es nicht nur Faktoren, die den Kontostand wachsen lassen, sondern auch solche, die ihn ins Minus bringen. Auf das Neuron übertragen bedeutet das, daß sich das EPSP wieder weiter vom zündenden Schwellwert wegbewegt. Dies wird durch einlaufende Informationen hemmender Synapsen verursacht, die mittels eines anderen Überträgerstoffes das nachgeschaltete Neuron zu hemmen versuchen. Dieser hemmende Einfluß wird analog *Inhibitorisches (hemmendes) Postsynaptisches Potential* (IPSP) genannt und entspricht einer Hyperpolarisation. Erst die Summe aus EPSP und IPSP entscheidet, ob in dem Neuron ein Aktionspotential ausgelöst wird oder nicht.

Die Membran des Axonhügels (das ist der Abgang des Axons aus dem Zellleib) hat eine deutlich niedrigere Erregbarkeitsschwelle als die des Zelleibes und der Dendriten (s. Abb. 3.1). Daher entstehen fortgeleitete Aktionspotentiale in Motoneuronen (das sind solche, die die Muskulatur innervieren) und wahrscheinlich auch in anderen, wenn auch nicht in allen Nervenzellen, am Axonhügel, der damit den Wirkort aller Synapsen darstellt. Durch den direkten Übergang des Axonhügels in das Axon ist die Fortpflanzung in die Peripherie eines einmal entstandenen Aktionspotentials gewährleistet. Synapsen, die nahe dem Axonhügel ansetzen, beeinflussen die Erregbarkeit eines Neurons mehr als entfernter liegende dendritische Synapsen. Dieser Nachteil wird allerdings teilweise durch den Umstand kompensiert, daß an den Dendriten besonders große EPSP auftreten, was wahrscheinlich in den Kabeleigenschaften der Dendriten begründet liegen dürfte.

Was Zellgröße und Erregbarkeit betrifft, so ist festzustellen, daß die Erregbarkeit eines Motoneurons umso größer ist, je kleiner die Zelle ist, umgekehrt gilt aber, daß die Hemmbarkeit umso größer ist, je kleiner die Zelle ist. Dies trifft wahrscheinlich auch für andere Neurone zu, konnte aber erst bei Motoneuronen bestätigt werden. Die Informationsverarbeitung hängt also auch in gewissem Maße von der Hardwarebeschaffenheit der Neurone ab. Große Neurone haben auch Axone größeren Durchmessers und können dadurch ihre Informationen entsprechend schneller weitergeben. Am Rande sei noch erwähnt, daß bei peripheren sympathischen Ganglienzellen erstaunlich langandauernde EPSP gefunden wurden (Sekunden bis Minuten). Der Zweck dieser langen EPSP dürfte wohl der sein, daß dadurch die Erregbarkeit für lange Zeit verstellt werden kann, was möglicherweise Bedeutung bei Lernprozessen hat.

Als Transmitter- oder Botenstoffe werden im Organismus unter anderem Acetylcholin, Adrenalin, Noradrenalin, Dopamin, Serotonin, Aminosäuren z.B. Gammaaminobuttersäure (GABA) gefunden. Zwischen hemmenden und erregenden Synapsen können an sich keine morphologischen Unterschiede gefunden werden. Der Mechanismus der Transmitterfreisetzung ist bei beiden sehr ähnlich, lediglich die Wirkung des Transmitters ist eine andere. Die hemmende Überträgersubstanz an Motoneuronen und vielen anderen Synapsen ist Glycin, eine Aminosäure. Durch die Art des Rezeptors bzw. das Zusammenspiel zwischen Transmitter und Rezeptor wird entschieden, ob es sich um eine erregende oder hemmende Synapse handelt. Wenn man beispielsweise eine *hemmende* Synapse eines Motoneurons durch Gabe von Strychnin *blockiert*, so kommt es bei der Muskulatur, wie man sich leicht vorstellen kann, zu einem Überwiegen der Aktivität, ja sogar zu einer Daueraktivität, was sich in Form eines Krampfes äußert (Strychnin verdrängt kompetitiv die hemmende Überträgersubstanz).

3.1.2 Physiologie kleiner Neuronenverbände, Reflexe

Die Hemmung der synaptischen Übertragung kann vor dem synaptischen Spalt erfolgen (*präsynaptische Hemmung*) oder durch Einflüsse auf die postsynaptische Zelle an anderer Stelle (*postsynaptische Hemmung, s. Abb. 3.7*).

Bei der präsynaptischen Hemmung wird das Ausmaß der Entstehung eines EPSP verringert, indem durch ein zusätzliches Neuron die Transmitterfreisetzung, einer an sich erregenden Zelle, an der präsynaptischen Endigung vermindert wird. Dieses weitere Neuron erregt das Ende des präsynaptischen Neurons und durch diese Depolarisation wird die Amplitude der einlaufenden Aktionspotentiale verringert und weniger erregender Überträgerstoff abgegeben. Dadurch wird das postsynaptische Neuron weniger depolarisiert, und damit wird die Chance, den notwendigen Schwellwert zu erreichen, um ein Aktionspotential auszulösen, verringert. Der Vorteil der präsynaptischen Hemmung liegt darin, daß durch sie, im Gegensatz zur postsynaptischen Hemmung, einzelne Zuflüsse zu einem Neuron selektiv gehemmt werden können.

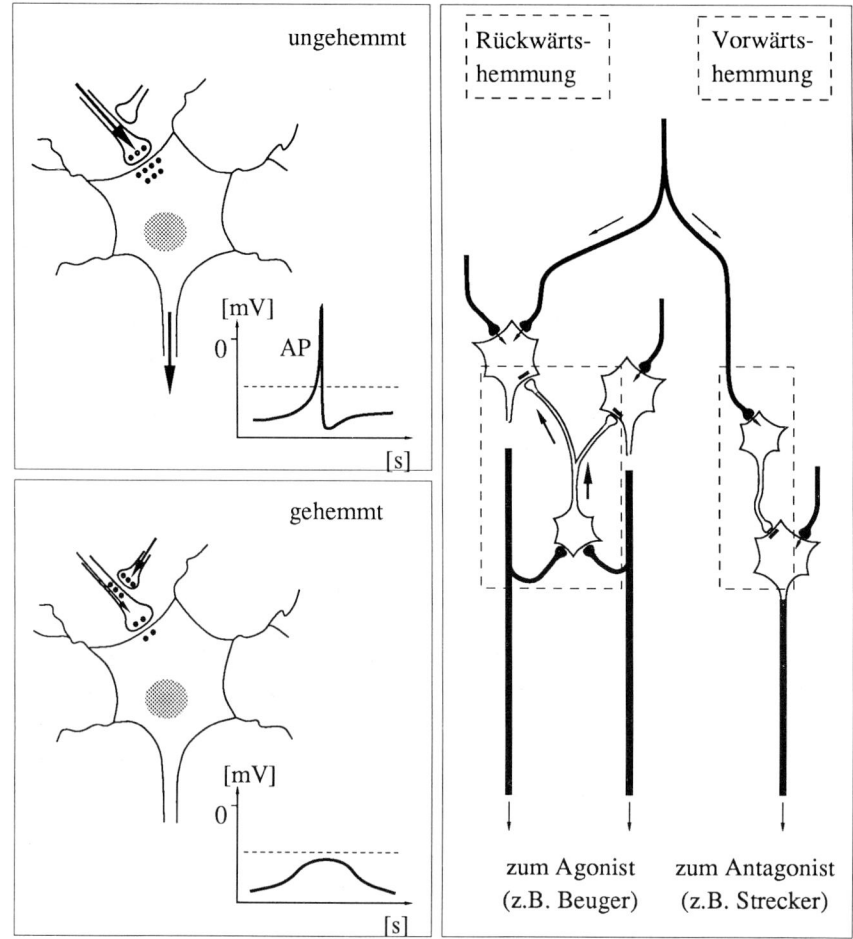

Abb. 3.7: Präsynaptische und postsynaptische Hemmung.

Bei der postsynaptischen Hemmung führt ein hemmendes Zwischenneuron zu einer Hyperpolarisation des postsynaptischen Neurons. Dieses hemmende Interneuron kann einerseits durch eine rückläufige Kollaterale der zu hemmenden Nervenzelle selbst aktiviert werden (Rückwärts- oder Feedback-Hemmung) oder direkt von dem Neuron, das die Nachrichten heranbringt (Vorwärts- oder Feed-Forward-Hemmung, s. Abb. 3.7)

Ein Beispiel soll den Sinn dieser nebeneinander vorkommenden Verschaltungen vor Augen führen: Wenn wir beispielsweise den Bizeps, unseren Armbeuger, aktivieren, so hätte es keinen Sinn, wenn gleichzeitig der entsprechende Strecker betätigt würde, denn der Arm würde sich durch diese antagonistisch oder gegeneinander arbeitende Muskulatur kein bißchen bewegen, weil die Wirkung des einen Muskels gerade nur die Wirkung des anderen aufheben würde. Dies wäre auch nicht gerade sinnvoll, was den körpereigenen Umgang mit Energie betrifft. So bedient sich die Natur einer speziellen Verschaltung, die automatisch die gleichzeitige Erregung antagonistisch arbeitender Muskulatur verhindert. Das Axon des den Beuger aktivierenden Neurons entsendet noch eine Kollaterale, welche zu einem hemmenden Interneuron führt. Wird jetzt der Beuger aktiviert, wird gleichzeitig dieses hemmende Zwischenneuron erregt und hyperpolarisiert das den Strecker aktivierende Motoneuron. Gleichzeitig wird aber kurz das den Beuger innervierende Neuron über eine spezielle Kollaterale und ein Interneuron am Dauerfeuer gehindert, um dem Muskel vor einer neuerlichen Kontraktion kurz Zeit zu geben sich zu erholen. (Natürlich können wir *willkürlich*, um beispielsweise stolz unseren prächtig entwickelten Bizeps der staunenden Umwelt zu präsentieren, gleichzeitig die Beuger- und Streckermuskulatur anspannen, wenn dieses Motoneuron entsprechend stark mit EPSP's der einlaufenden, erregenden Neurone depolarisiert wird, bis schließlich die Wirkung des EPSP die des IPSP überschreitet und den Schwellwert, um ein Aktionspotential auszulösen, erreicht. Die Natur wollte uns scheinbar mittels dieser Verschaltung vor solchen energieraubenden Sinnlosigkeiten bewahren.)

Man kann bei *neuronalen Grundschaltungen* immer wieder Divergenz und Konvergenz feststellen. Beispielsweise splittern sich die afferenten, zum Gehirn führenden, Fasern peripherer Rezeptoren in zahlreiche Kollateralen auf, um diese afferente Innervation verschiedenen Abschnitten des Zentralnervensystems zugänglich zu machen. Dies sei aber nur ein Beispiel für die in allen Bereichen des ZNS vorkommende Divergenz. Konvergenz kann man beispielsweise bei Motoneuronen beobachten, die von tausenden Axonkollateralen ihre Informationen erhalten, lediglich von der Summe und Richtung der zu einem Zeitpunkt wirksamen synaptischen Prozesse hängt es ab, ob ein fortgeleitetes Aktionspotential ausgesandt wird. So leistet in diesem Falle das Motoneuron Integrationsarbeit und verarbeitet damit die eintreffende Information. Es verrechnet förmlich alle erregenden und hemmenden Einflüsse.

An einem Neuron kurz hintereinander ausgelöste EPSP addieren einander wegen ihres relativ langsamen Potentialabfalles und können durch *zeitliche Summation* überschwellig werden. Wenn andererseits zwei Neurone durch eine Einzelreizung keine Erregung in einem gemeinsamen nachgeschalteten Neuron auslösen können, aber es bei gleichzeitiger Reizung sehr wohl zu einem Aktionspotential kommt, so spricht man von *räumlicher Summation*. Allgemein gesprochen liegt *Bahnung*, zeitlich oder räumlich, vor, wenn mehr fortgeleitete Erregungen vorliegen, als der Summe der Einzelreizungen entsprechen. (Ist der Reizerfolg kleiner als der der Summe der Einzelreize, so nennt man dies *Occlusion*).

Um einen einfacheren Ablauf an einer Schaltung darzustellen bzw. ihn zu verstehen, bietet sich der Beugereflex an (s. Abb. 3.8), ein Reflex, der unseren Körper schützen soll: Man stelle sich vor, jemand tritt mit dem rechten Fuß auf einen Reißnagel. Diese Person zieht natürlich unter lautem Klagen ihr Bein weg, muß aber, um es überhaupt in "Sicherheit" bringen zu können, zuvor das gesamte Gewicht auf das andere Bein verlagern. Dieser gesamte Reflexablauf geschieht eigentlich ohne Beteiligung des Gehirns lediglich im Rückenmark. Der Weg über das Gehirn wäre weg- und damit auch zeitmäßig zu lang. Der Schmerz, der uns so fürchterlich quält, wird allerdings schon, über etwas langsamere Nervenfasern, eine Instanz höher, ins Gehirn, gebracht.

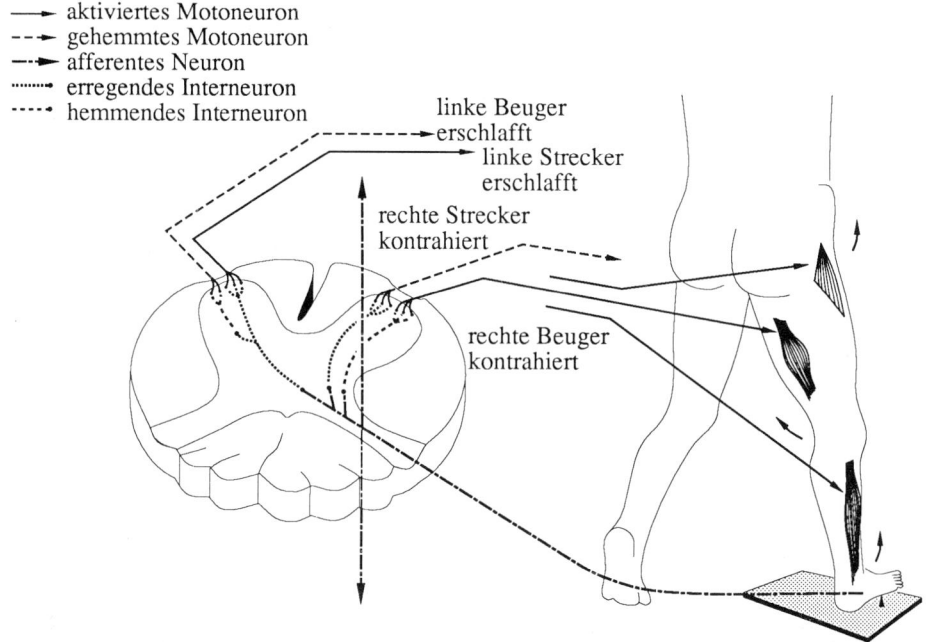

Abb. 3.8: Beugereflex.

Zum eigentlichen Ablauf: Das afferente (in Richtung ZNS gehende) Neuron, das direkt vom Schmerzrezeptor kommt, teilt sich im Rückenmark in mehrere Teile. Ein Teil, wie gerade erwähnt, zieht zum Gehirn und macht uns den Schmerz bewußt (aber nicht erst durch das Bewußtwerden des Schmerzes wird die Gegenbewegung eingeleitet), ein anderer Teil geht über ein erregendes Interneuron zur Körpergegenseite des Rückenmarkes und aktiviert dort die Neurone, die die linken Strecker kontrahieren (gleichzeitig über ein hemmendes Interneuron logische Inaktivation der linken Beuger). Dadurch wäre die Standfestigkeit sichergestellt. Analog dazu erregt der letzte Teil dieses

Neurons, wieder über ein Interneuron, das Motoneuron des rechten Beugers und läßt den rechten Strecker erschlaffen. Das alles muß natürlich in Bruchteilen von Sekunden ablaufen.

Durch andere Arten der Verschaltung besteht die Möglichkeit, Signale zu verstärken, oder zu starke Aktivität zu dämpfen. Kontraste können betont, Rhythmen in Gang gehalten werden. Bei einer Form der Verschaltung, der *lateralen Hemmung* (oder auch Umfeldhemmung), kann der Kontrast rezeptiver Felder verstärkt werden (Abb. 3.9). Diese Kontrastierung geschieht während der Weiterleitung des Reizes praktisch ohne Zeitverlust, aber mit großem Gewinn an "Schärfe" des Signals. Dieses Verschaltungsmuster findet man beispielsweise beim visuellen System, bei dem von der Retina (Netzhaut) kommende Signale zu sogenannten rezeptiven Feldern zusammengeschaltet werden, die das Muster, das auf der Netzhaut abgebildet wird, in seinem Kontrast verstärken. Doch darüber mehr im nächsten Kapitel. Die prinzipielle Idee der lateralen Hemmung ist also, daß benachbarte Erregungen abgeschwächt und die stärkste Erregung (teilweise noch verstärkt) weitergeleitet werden.

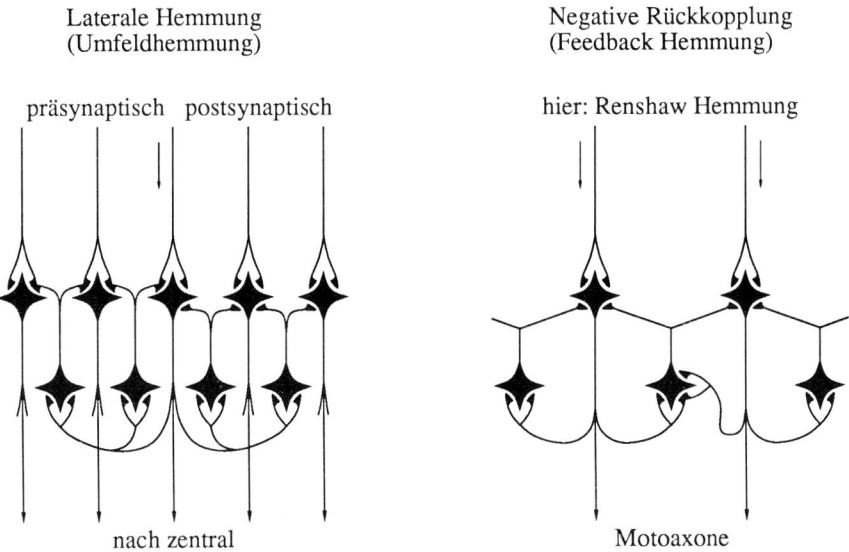

Abb. 3.9: Typische hemmende Schaltkreise am Beispiel der lateralen Hemmung (links) und der negativen Rückkopplung (rechts).

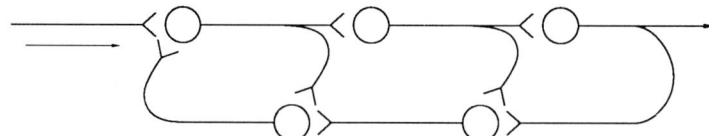

Abb. 3.10: Neuronenverschaltung einer erregenden Rückkopplung. Diese hypothetische Verschaltung könnte bei entsprechender Dimensionierung zu einem Kreisen von Erregung führen.

Besondere Bedeutung kommt einer Schaltung zu, bei der es durch Rückkopplung von Erregung auf bereits erregte Zellen zu einem Kreisen der Erregung kommt (Abb. 3.10). Sie könnte dazu dienen, eine einmal induzierte Aktivität für einige Dauer beizubehalten. Von mehreren Seiten wird angenommen, daß sich das Kurzzeitgedächtnis auf solche "Kreisschaltungen" stützen könnte. Was Lernprozesse angeht, erscheint es auch interessant, daß es nach wiederholter Benutzung einer Synapse oft zu einer beträchtlichen Vergrößerung der synaptischen Potentiale kommt. Funktionell entspricht dies etwa einem Lernvorgang und wird in der Neurophysiologie *synaptische Potenzierung* genannt.

3.2 Das visuelle System

Nach dem vorangegangenen Ausflug in die Neurophysiologie folgt ein kurzer Abschnitt über das visuelle System. Es sollen die Zusammenhänge erklärt werden, die es uns ermöglichen, sehen und Muster erkennen zu können. Es soll der Weg vom Einfall des Lichtes durch die Hornhaut des Auges, weiter durch Linse zur Netzhaut, die Weitergabe der Information an die Grundschaltungen der Retina, der weitere Weg über Sehnerv, Sehbahn bis hin zum sogenannten visuellen Cortex, verfolgt werden.

Elektromagnetische Strahlung in einem Bereich zwischen 400 und 750 nm nehmen wir als Licht wahr. Dabei läßt sich das weiß erscheinende Tageslicht, in sein Spektrum zerlegen: der langwellige Teil des Lichts erscheint uns rot, der kurzwellige violett.

3.2.1 Der Aufbau des Auges

Das Auge selbst kann mit einer Kamera verglichen werden. Das Licht dringt über die Cornea (Hornhaut) in das Auge ein und wird dann über ein einfaches Linsensystem auf die Retina (Netzhaut) als umgekehrtes, verkleinertes Bild projiziert (Abb. 3.11). Dabei geht das Licht genaugenommen folgenden

Weg: Über Cornea, vordere Augenkammer zur Iris, wo das Licht einge-
blendet wird, geht es weiter zur hinteren Augenkammer (beide Kammern
sind durch das sogenannte Kammerwasser erfüllt). Anschließend tritt das
Licht durch die Linse, wo es je nach eingestelltem Krümmungsradius, mehr
oder minder stark gebrochen wird. Danach passiert es noch den Glaskörper
bevor es letztendlich die lichtempfindliche Netzhaut erreicht.

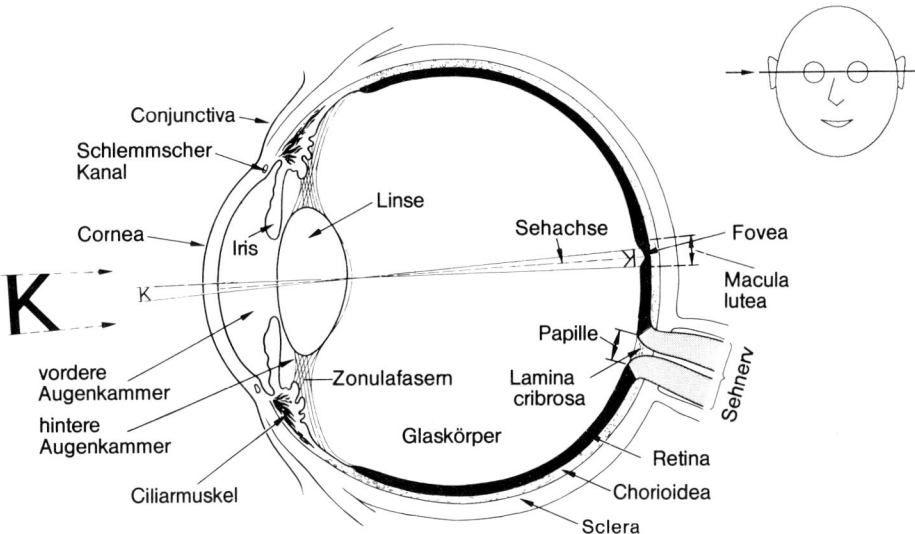

Abb. 3.11: Horizontalschnitt durch das rechte Auge (schematisiert) (aus Schmidt / Thews
(Hrsg.), 1987).

Wie bereits erwähnt, dient die Iris als Blende. Sie kann einerseits die eintre-
tende Lichtmenge regulieren (je weiter sie durch ringförmige und radiäre
Muskelfasern verengt wird, desto weniger Licht kann schließlich zur Retina
gelangen). Durch die Stellung der Iris wird weiters auch die Tiefenschärfe
bestimmt. Wie bei einem Fotoapparat gilt auch hier: je weiter die Blende geschlossen ist, desto größer ist der Bereich, in dem noch scharf gesehen werden kann, also die Tiefenschärfe.

Die Linse ist durch sogenannte Zonulafasern, die am Ciliarmuskel befestigt
sind im Auge aufgehängt. Im menschlichen Auge erfolgt die Anpassung der
Linsenbrechkraft an verschiedene Entfernungen durch eine Änderung der
Krümmung der Linse (Akkommodation). Durch den Einfluß des Augen-
druckes, der Spannung der Sklera und andere Faktoren wird die Linse, die ja
elastisch ist, normalerweise maximal gespannt. In diesem Zustand werden
Gegenstände, die "unendlich" weit entfernt sind scharf auf der Netzhaut abgebildet (Fernakkommodation). Wird nun aber der Ciliarmuskel angespannt,
so werden die über die Zonulafasern auf die Linse einwirkenden elastischen,
spannenden Kräfte zum Teil aufgehoben, und die Linse nimmt ihre Vorzugs-

stellung ein, sie kann sich speziell an ihrer Vorderfläche stärker krümmen und erreicht größere Brechkraft (Nahakkommodation). Während der Naheinstellung werden die beiden Sehachsen, in Abhängigkeit der Objektentfernung, in der Regel konvergieren. Gleichzeitig mit der Linse verändert aber auch die Iris ihre Weite: bei Nahakkommodation wird sie durch Muskelwirkung verengt, bei Fernakkomodation durch einen Muskel erweitert. Die Einstellung der Irisöffnung entspricht einer konsensuellen Lichtreaktion, da sich bei einseitiger Lichtapplikation gleichzeitig beide Pupillen verengen.

Die Akkommodationsbreite der Linse, die in Dioptrien (dpt) gemessen wird, beträgt 10 dpt. Das heißt die Linse kann ihre Brechkraft um insgesamt 10 dpt verändern. Die Gesamtbrechkraft des Auges beträgt normalerweise bei Fernakkommodation 58,6 dpt, davon entfällt auf die Linse 15 dpt. Die restliche Brechkraft wird durch die Brechung des Lichtes an den anderen Grenzflächen (Luft – Cornea; Cornea – vordere Augenkammer, ...) erreicht. Bei krankhaft verlängertem Augapfel können ferne Objekte nicht mehr scharf auf der Netzhaut abgebildet werden, da die Bildebene vor der Retina liegt (Kurzsichtigkeit). Entsprechend liegt die Bildebene bei der Weitsichtigkeit hinter der Netzhaut und es kann auch hier kein scharfes Bild erzeugt werden. Demnach muß der Kurzsichtige Brillen mit Zerstreuungslinsen, der Weitsichtige welche mit Sammellinsen tragen.

Bevor das Licht die Netzhaut erreicht, muß es noch den Glaskörper, der aus einer gallertigen Masse besteht, passieren. Auf der Netzhaut, dem "Film" des Auges kann man zwei Typen lichtempfindlicher Zellen unterscheiden: die für das Farbsehen zuständigen Zapfen und die für das Dämmerungssehen verantwortlichen Stäbchen. Die Zapfen können allerdings nur bei guter Beleuchtung sehen, dafür mit großem Auflösungsvermögen, die Stäbchen können weit unter dieser erforderlichen Beleuchtung noch schwarz/weiß sehen, jedoch muß ein gewisser Sehschärfeverlust in Kauf genommen werden. In beiden sind sogenannte Sehfarbstoffe enthalten, die faktisch als Mittler bei der Umwandlung von Licht in elektrische Erregung fungieren.

Insgesamt kann man drei verschiedene Typen von Zapfen unterscheiden: jeder von ihnen hat einen bestimmten Wellenlängenbereich, dessen Licht er maximal absorbiert und von deren Farbe er also maximal erregt wird. Grob gesprochen gibt es Zapfen mit der Präferenz für rot, welche für grün, und welche für blau. Sie haben alle unterschiedliche Sehfarbstoffe und dadurch unterschiedliche spektrale Extinktionskurven. Mit diesen drei Arten von Zapfen, die ihrerseits wieder ihre Grundfarbe absorbieren, können in der Netzhaut durch Mischung die verschiedenen Farben erkannt werden (Helmholtz´sche Farbentheorie). Die Stäbchen haben natürlich auch eine bestimmte Wellenlänge, durch die sie am meisten erregt werden können, diese liegt in etwa bei 500 nm.

Auf der Retina gibt es eine Stelle des besten Sehens, die Fovea centralis. Dies ist der Ort der höchsten Rezeptordichte und außerdem gibt es hier nur Zapfen.

Mit zunehmender Entfernung von der Fovea nimmt die Zapfendichte allerdings sehr rasch wieder ab, hier findet man gehäuft Stäbchen, doch je weiter man in die Peripherie vordringt desto geringer wird auch hier wieder die Dichte der Stäbchen (Abb. 3.12).

Das besonders gute Sehvermögen im Bereich der Fovea (bei ausreichender Beleuchtung) ist ausschlaggebend dafür, daß wir unsere Augen genau so einstellen, daß das Licht von Objekten, die momentan im Mittelpunkt unseres Interesses stehen, genau dort einfällt.

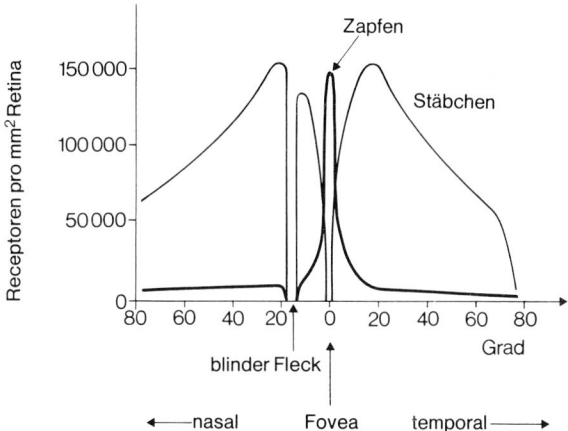

Abb. 3.12: Verteilung der Zapfen und Stäbchen an verschiedenen Stellen der Netzhaut. Auf der Ordinate ist die Rezeptordichte (Anzahl der Rezeptoren pro mm² Retinafläche), auf der Abszisse die Distanz von der Fovea centralis in Richtung zum Ohr (temporal) und zur Nase (nasal) in Winkelgraden angegeben (aus Schmidt / Thews (Hrsg.), 1987).

Am blinden Fleck befinden sich überhaupt keine Photorezeptoren, da hier der Sehnerv einmündet, der die gesamte visuelle Information an das Gehirn weiterleitet (blinder Fleck in Abb.3.11 als Papille bezeichnet). Experimentell kann dieser blinde Fleck leicht nachgewiesen werden, jedoch fällt er uns nicht in unserem Blickfeld auf.

Abbildung 3.13 zeigt den genaueren, histologischen Aufbau der Netzhaut: Das Licht muß erst einige Schichten von Zellen passieren, bis es letztendlich die lichtempfindlichen Zellen erreicht. In der ersten Schicht (im Bild unten) muß es vorbei an Ganglienzellen, dann an amakrinen Zellen, Bipolarzellen und Horizontalzellen. Erst dann erreicht es die Zapfen und Stäbchen, die zur

Vermeidung von störenden Reflexen, in ganz dunklen Pigmentzellen eingebettet sind. Diese hüllen sie von hinten her ein, isolieren sie voneinander und
beeinflussen auch den Stoffwechsel der Rezeptorzellen, aufgrund ihrer Nähe
zu ernährenden Blutgefäßen. Zwischen den verschiedenen vorher erwähnten
Zellen liegt noch eine weitere Zellart, sog. Müller'sche Gliazellen, die einerseits die Zwischenräume ausfüllen und andererseits Stützfunktion haben.

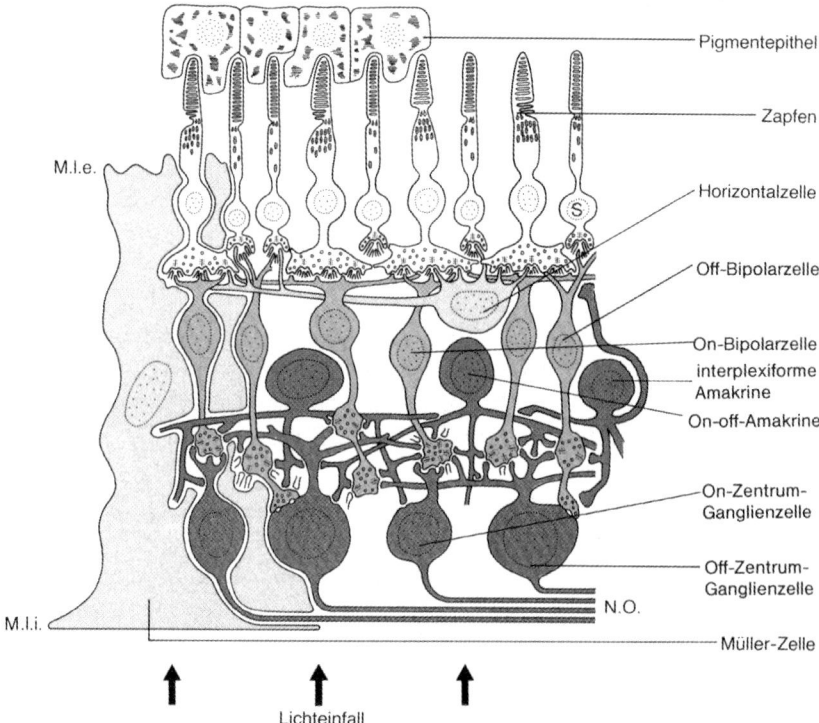

Abb. 3.13: Aufbau der Netzhaut (aus Schmidt / Thews (Hrsg.), 1987).

In der Retina findet auch die erste Signalvorverarbeitung statt. Jeder Photorezeptor ist entweder direkt mit Bipolarzellen oder Horizontalzellen verbunden, wo durch deren langsame Potentialänderungen die erste Verrechnung
der Information stattfindet. Die Information wird dann entweder direkt von
den Bipolaren oder über die amakrinen Zellen auf die Ganglienzellen übertragen. Durch die Verbindungen der Zellen untereinander kommt durch deren seitliche Ausbreitung Signalkonvergenz zu den Ganglienzellen zustande,
die umso größer wird, je weiter man sich von der Stelle des besten Sehens,
der Fovea entfernt. Aufgrund der Tatsache, daß ein Rezeptor meistens mit
mehreren Bipolarzellen verbunden ist, und diese wiederum mit einigen Ganglienzellen in Verbindung stehen, herrscht auch beträchtliche Signaldiver-
genz. Zahlenmäßig überwiegt jedoch deutlich die Konvergenz, wenn man

sich vor Augen hält, daß 125 Millionen Photorezeptoren etwa 1 Million Ganglienzellen zugeordnet sind.

3.2.2 Rezeptive Felder

Durch die Phänomene der Konvergenz und Divergenz in der Netzhaut werden die Voraussetzungen für sogenannte *rezeptive Felder* geschaffen. Ganz allgemein kann man ein rezeptives Feld definieren als jenes Areal auf der Netzhaut, von dem durch geeignete visuelle Reizmuster ein Neuron erregt oder gehemmt werden kann. Die rezeptiven Felder der Retinaganglienzellen sind konzentrisch und überlappen einander.

Prinzipiell können in der Netzhaut drei Arten von rezeptiven Feldern unterschieden werden, die auch schon im Ruhezustand über gewisse Spontanaktivität niedriger Frequenz verfügen: *ON-Zentrum-Neurone* besitzen in ihrem Zentrum eine Region, die speziell dann erregt wird, wenn auf sie Licht fällt, wobei nach Applikation des Lichtreizes zunächst sehr hohe Reizfrequenz auftritt, die dann langsam durch Adaptation etwas niedriger wird (s. Abb. 3.14). In dem Moment, wo der Lichtreiz beendet wird, geht auch die Impulsfrequenz schlagartig zurück und erreicht ihren Ruhewert.

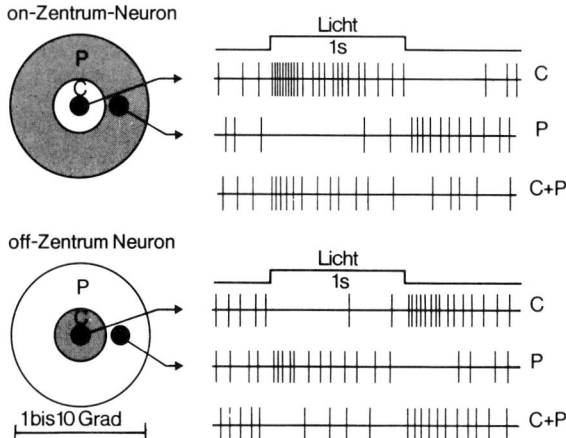

Abb. 3.14: Funktionelle Organisation rezeptiver Felder der Ganglienzellen in der Netzhaut. Zur Analyse der rezeptiven Felder werden Lichtpunkte (im Bild weiß) entweder in das RF-Zentrum oder in die RF-Peripherie projiziert. Lichtreizung bewirkt bei *ON-* und *OFF-Zentrum-Neuronen* verschiedene Reaktionen. Wenn beide Teile des rezeptiven Feldes gleichzeitig belichtet werden, summieren sich die durch Belichtung des RF-Zentrums und der RF-Peripherie ausgelösten Erregungs- und Hemmungsprozesse. Es überwiegt jedoch die aus dem RF-Zentrum ausgelöste Antwort (aus Schmidt / Thews (Hrsg.), 1987).

Für das Zentrum dieses ON-Zentrum-Neurons ist also der maximale Stimulus Licht im Feldzentrum. Beleuchtung der Peripherie bewirkt dagegen eine Hyperpolarisation des Membranpotentials der Ganglienzelle und hemmt damit deren Impulsaktivität, jedoch nach Beendigung des Lichtreizes steigt auch hier die Frequenz an. Bei gleichzeitiger Belichtung von Zentrum und Peripherie überwiegt allerdings die Aktivität im Zentrum und die Aktivität steigt, jedoch nicht in dem Ausmaß, wie sie es bei alleiniger Beleuchtung des Zentrums tun würde (Verrechnung erregender und hemmender Aktivität).

Die zweite Art rezeptiver Felder der Netzhaut heißt *OFF-Zentrum-Neurone* und deren Funktionsweise ist genau umgekehrt zu jener der eben besprochenen. Lichtreizung im Zentrum bewirkt Hyperpolarisation, Beleuchtung der Peripherie hingegen Zunahme der Impulsfrequenz. Analog steigt die Feuerrate nach Beendigung des Lichtreizes im Zentrum des rezeptiven Feldes. Die letzte Gruppe retinaler Ganglienzellen repräsentieren die *ON-OFF-Neurone*. Sie reagieren auf stationäre Lichtreize jeweils mit einer kurzen on- und off-Aktivierung und sind vorzugsweise durch bewegte Lichtmuster reizbar.

Die gegensätzliche Reaktion von Zentrum und Peripherie des Rezeptiven Feldes führt so zu einer Anhebung des Kontrastes. Die Wirkung dieser eben besprochenen rezeptiven Felder kann durch das Phänomen des *Simultankontrastes* verdeutlicht werden, wo sie uns durch eine optische Täuschung einen Streich spielen: Betrachtet man Abbildung 3.15, so fällt auf, daß die Kreuzungspunkte der weißen Linien etwas dunkler erscheinen als die Linie selbst.

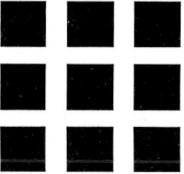

Abb. 3.15: Simultankontrast. Erklärung siehe Text.

Fällt jetzt beispielsweise das Zentrum eines ON-Zentrum-Neurons genau in diesen Kreuzungspunkt so wird dieses maximal erregt. Geben wir dieser Aktivität die Reizgröße +24. Die Linien reichen allerdings auch noch in die Feldperipherie, wodurch diese Aktivität wiederum etwas gehemmt wird. Setzen wir für jede weiße Linie den Wert −3 ein, daraus folgt: $4*(-3) = -12$; $24 - 12 = 12$ (dies entspricht der Reizsumme); Man könnte jetzt sagen, an dem Kreuzungspunkt der weißen Linien habe ich die scheinbare Helligkeit von 12 Einheiten. An jeder anderen Stelle, wo ja nur zwei kleine Teile der Peripherie beleuchtet werden, wird dadurch das Neuron etwas weniger gehemmt ($2*(-3)$) und an den beiden Stellen, wo die schwarze Fläche die Peripherie bedeckt, wird der Wert −1 gemessen. Die Reizsumme beträgt also: aus dem Zentrum 24 Einheiten, aus der beleuchteten Peripherie 2∗(−3) Einheiten und aus der unbeleuchteten Peripherie 2∗(−1) Einheiten was in Summe 16 ergibt, also um 4 Einheiten "heller" erscheint als der Kreuzungspunkt. (Dieses Schema kann entsprechend bei Negativdarstellung des Musters, nämlich schwarze Linien auf weißen Quadraten, angewandt werden).

3.2.3 Die Sehbahn

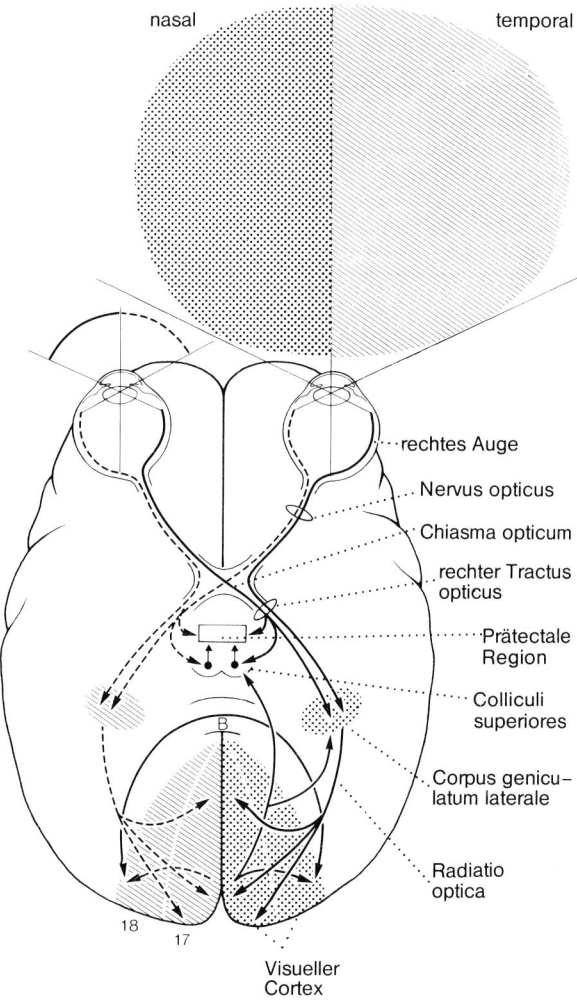

Abb. 3.16: Schema der Sehbahn im Gehirn des Menschen. Die efferenten Verbindungen zwischen dem visuellen Cortex und den voranstehenden Strukturen sind auf der rechten Seite zusätzlich eingezeichnet. Der visuelle Cortex der linken und der rechten Hirnhälfte sind durch Axone miteinander verbunden, die durch den Balken (B) ziehen (aus Schmidt / Thews (Hrsg.), 1987).

Die Information aus der Netzhaut wird durch die beiden Sehnerven, die aus den Axonen der retinalen Ganglienzellen bestehen, in Richtung Gehirn übertragen. Nun ist aber zu beachten (s. Abb. 3.16), daß beispielsweise der linke Sehnerv nicht ausschließlich zum visuellen Cortex der linken Gehirnhälfte führt, sondern daß sich die Sehnerven zunächst einmal im *Chiasma opticum* (auch Chiasma nervi optici genannt) vereinigen. Dort kreuzen die aus der der Nase zugewandten Hälfte der Retina stammenden Sehnervenfasern zur Gegenseite und ziehen gemeinsam mit den nicht kreuzenden Fasern der Netzhauthälfte, die der Schläfe zugewandt ist, im sogenannten *Tractus opticus* zu den ersten zentralen Schaltstellen der Sehbahn (entsprechende Gesichtsfeldhälften verlaufen nun also gemeinsam), dem *Corpus geniculatum laterale* (lateraler Kniekörper), zu den *Colliculi superiores*, zur *prätectalen Region* und anderen Kernen, auf die hier aber nicht näher eingegangen werden soll.

Die Axone der beiden Kniekörper verlaufen durch die Sehstrahlung (*Radiatio optica*) vorwiegend zum *primären visuellen Cortex*, Area 17 der Großhirnrinde, von hier gibt es weitere Bahnen zum *sekundären* (Area 18) und *tertiären visuellen Cortex*. (Die gesamte Großhirnrinde ist in sogenannte Areae unterteilt und durchnumeriert, sodaß man, wenn man von einer speziellen Area spricht, genau weiß, wo sich diese befindet, oder man kann auf einer Art Landkarte nachschauen.)

Im Unterschied zu einer Landkarte sind die verschiedenen Gebiete der Netzhaut im visuellen Cortex nicht entsprechend linear, als gleich groß repräsentiert: Das kleine Gebiet der Fovea centralis, jener Stelle also mit dem besten Auflösungsvermögen und dem besten Sehen, projiziert sich auf ein flächenmäßig sehr viel größeres Gebiet des visuellen Cortex als ein gleich großes Areal aus der Peripherie.

3.2.4 Die Signalverarbeitung

Die in den Colliculi superiores befindlichen Nervenzellen reagieren bevorzugt auf bewegte Reizmuster, wenn sie noch dazu in einer bestimmten Richtung durch das rezeptive Feld bewegt werden. Auch bereits in diesen "oberen Hügeln" kann eine *Säulenarchitektur* der Neurone beobachtet werden: Die Neurone innerhalb einer Säule haben ihr rezeptives Feld jeweils in der gleichen Region des Gesichtsfeldes. Tiefere Schichten der Colliculi werden auch in Zusammenhang mit der Blickmotorik gebracht, die bewirkt, daß wir mit unseren Augen bewegte Objekte verfolgen können.

Wie in der Netzhaut sind auch in den Kniekörpern die rezeptiven Felder konzentrisch organisiert. Hier können im Speziellen Kontrastneurone und Hell-Dunkel-Neurone gefunden werden. Weiters werden hier auch rezeptive Felder mit farbspezifischer Organisation gefunden.

Die visuellen Signale werden sowohl, was ihre farblichen Eigenschaften, ihre räumliche Kontrastverteilung, als auch die mittlere Leuchtdichte betrifft bereits in den Neuronen der Netzhaut und des Kniekörpers vorverarbeitet. Weiterverarbeitet werden diese Informationen in den Neuronen des visuellen Cortex.

Der visuelle Cortex weist wiederum eine Schichtengliederung mit Dominanzsäulen auf, er wird in sechs, unter dem Mikroskop deutlich unterscheidbare, cytoarchitektonische Schichten unterteilt, welche durchnumeriert werden.

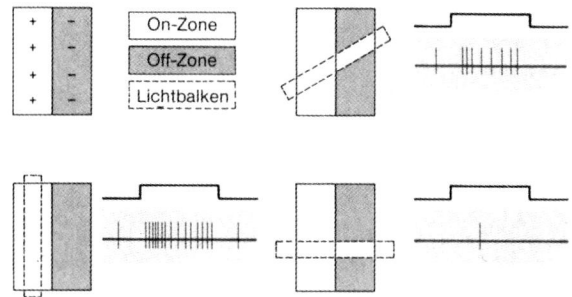

Abb. 3.17: Entladungsmuster der Area 17 Neurone. Neuron mit *einfachem* rezeptivem Feld, parallel angeordnete ON- und OFF-Zonen (aus Schmidt / Thews (Hrsg.), 1987).

Die Informationen aus dem Kniekörper werden prinzipiell in alle Schichten der Area 17 projiziert, jedoch konnte erkannt werden, daß die Schicht IV bevorzugt wird, die man weiters noch mit den Zusätzen a, b und c unterteilt. In dieser Schicht existiert außerdem noch eine Trennung der Signale von linkem und rechtem Auge. In anderen Schichten existiert diese strenge Trennung nicht mehr, jedoch kann eine gewisse Dominanz eines Auges gefunden werden.

Dabei werden in verschiedenen Tiefen unterschiedliche Muster erkannt: beispielsweise werden in der Schicht IV des primären visuellen Cortex Hell-Dunkel-Reize verarbeitet, in anderen Schichten hingegen findet man Zellen, die durch Konturen bzw. Konturunterbrechungen erregt werden. Diese Neurone haben sich sozusagen auf die Erkennung bestimmter "Muster" spezialisiert.

Neben den Schichtungen parallel zur Cortexoberfläche konnten auch funktionelle Schichten senkrecht dazu gefunden werden, die okuläre Dominanzsäulen genannt werden. Dabei fällt auf, daß Nervenzellen innerhalb einer solchen Säule ihre rezeptiven Felder im gleichen Bereich der Netzhaut haben. Hier dominieren auch wieder die Zuflüsse aus einem Auge. Wie gleich gezeigt wird, werden diese Säulen durch unterschiedliche Orientierung des Reizes erregt, das heißt, jede hat ihre eigene, bestimmte Vorzugsrichtung.

Abbildung 3.17 zeigt rezeptive Felder verschiedener Regionen des visuellen Cortex. So zum Beispiel ein *einfaches* rezeptives Feld aus Area 17, das maximal erregt werden kann, wenn sich nur auf seiner ON-Zone ein schmaler Lichtbalken, mit gleicher Orientierung wie die Zone selbst, befindet. Weicht der Winkel dieses Balkens allerdings von dieser Präferenzrichtung ab, so ist die Erregung bei weitem nicht mehr so groß und erreicht ihr Minimum, wenn er senkrecht zu dieser Richtung steht.

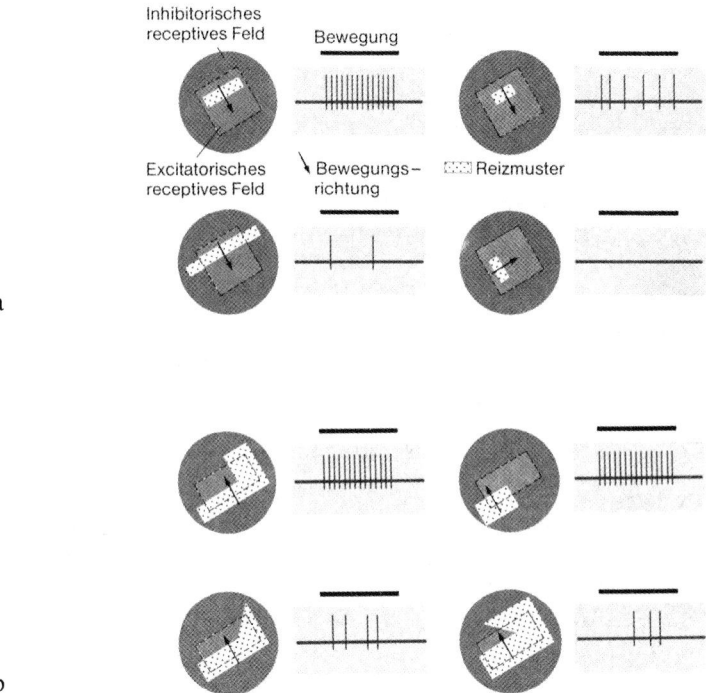

Abb. 3.18: Entladungsmuster der Area 19 bzw. Area 18 Neurone. (a) Neuron mit *komplexem* rezeptivem Feld. Die stärkste Aktivierung wird durch einen schräg orientierten Lichtbalken begrenzter Ausdehnung hervorgerufen. (b) Neuron mit *hyperkomplexem* rezeptivem Feld. Die maximale Aktivierung wird durch zwei *Kontrastgrenzen* ausgelöst, die rechtwinklig aufeinanderstoßen. Die Reizmuster sind jeweils weiß dargestellt. In (a) und (b) zeigen die Pfeile die Bewegungsrichtung des Reizmusters an (schematisiert nach Resultaten von Hubel und Wiesel) (aus Schmidt / Thews (Hrsg.), 1987).

Das nächste Neuron ist eines mit *komplexem* rezeptivem Feld aus Area 19. Dieses Neuron entlädt sich mit der höchsten Frequenz, wenn das Reizmuster erstens genau in der ON-Zone liegt und sich in einer bestimmten Richtung bewegt. Bewegung in eine andere Richtung, oder größerer Lichtbalken, der bereits bis in die Peripherie reicht, hemmen dieses Neuron. Maximale Erregung kann bei einem Neuron mit hyperkomplexem Feld in Area 18 erstens durch ein Muster mit einem bestimmten Winkel und zweitens mit genau vorgeschriebener Bewegungsrichtung ausgelöst werden.

3.2.5 Grundlagen der Gestaltwahrnehmung

Konturen bestimmter Länge und Orientierung, Winkel und Konturunterbrechungen sind optimale Reizmuster, durch deren Verrechnung in der Sehrinde Muster erkannt werden können. Abbildung 3.19 zeigt hier ein Schema der Erregungsprozesse, die durch einen Leuchtbuchstaben sowohl in der Retina als auch im Gehirn ausgelöst werden.

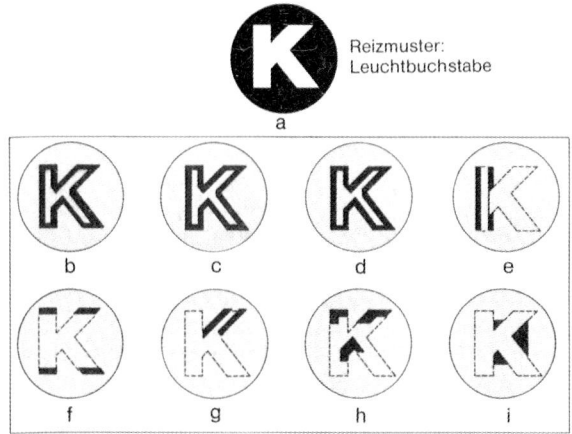

Abb. 3.19 a - i: Schema der Erregungsprozesse, die ein Leuchtbuchstabe *K* in verschiedenen neuronalen Schichten der Netzhaut und des zentralen visuellen Systems auslöst.
(a) Bild des Leuchtbuchstabens auf der Netzhaut und räumliches Erregungsmuster in der Rezeptorschicht der Netzhaut.
(b) und (c) Erregungsmuster in der Ausgangsschicht der Netzhaut (Ganglienzellen). In (b) bis (i) ist die Erregung durch dunkle Balken charakterisiert. (b) ON-Zentrum-Neurone (c) OFF-Zentrum-Neurone.
(d) Erregungsmuster in der Neuronenschicht des Corpus geniculatum laterale und den Neuronen der Schicht IV der Sehrinde. Die Konturen des Leuchtbuchstabens lösen eine Erregung der Nervenzellen aus.
(e) bis (i) Erregungsmuster in verschiedenen Neuronenschichten von unterschiedlichen Nervenzellklassen in der primären, sekundären und tertiären Sehrinde des Gehirns. Die Nervenzellen werden nur noch durch Konturen bestimmter Orientierung, Winkel- oder Konturunterbrechungen erregt. Die Abbildung vereinfacht die neurobiologischen Verhältnisse stark; die räumliche Verteilung der Erregung in den verschiedenen Nervenzellschichten der Hirnrinde ist im Verhältnis zum Reizmuster nicht linear.
(aus Schmidt / Thews (Hrsg.), 1987)

4 Künstliche Neurone

4.1 Was von der Biologie bleibt

Künstliche Neurale Netze sollen die biologischen auf einem gewissen Abstraktionsniveau modellieren. Wie besonders aus einem Vergleich des Abschnitts über biologische Neurone (Kap. 3) mit dem über künstliche (dieses Kap.) hervorgeht, wird deren Funktionalität nur zu einem geringen Teil in Betracht gezogen. Im allgemeinen wünscht man sich von einem Neuralen Netz die Berechnung bestimmter Funktionen in den Verarbeitungseinheiten (Neuronen) und äußerst massive Verbindungsmöglichkeiten zwischen den Neuronen.

Der Aufbau des Netzes erfolgt zumeist statisch, d.h. als erster Schritt des Netzwerkdesigns; während des Ablaufs (und des Lernens) bleibt die Topologie unverändert. Die Möglichkeit, Netze auch dynamisch aufzubauen oder zu verändern, besteht prinzipiell, wird aber selten verwendet, dies auch wegen der schwierigeren Handhabbarkeit gegenüber statischen Netzen. Eine einfache Möglichkeit, den statischen Aufbau etwas dynamischer zu gestalten, liefert das Ab- und Aufbauen von Verbindungen, wobei jedoch die Neuronenanzahl unverändert bleibt. Eine weitere Möglichkeit bietet das grundsätzliche Zurverfügungstellen aller möglichen Verbindungen, wobei die nicht benötigten oder nicht verwendeten mit Stärke 0 versehen werden, was bedeutet, daß über diese Verbindungen kein Signal fließen kann.

Ein sehr einfacher und effektiver Weg, die Netzfunktionalität zu variieren, ist das Ändern der Funktionalität der Neurone, also der Transformation der Eingangssignale zu den Ausgangssignalen innerhalb einer Verarbeitungseinheit.

4.2 McCulloch&Pitts-Neurone

Das älteste formale Neuronenmodell geht, wie schon erwähnt, auf McCulloch & Pitts (1943) zurück und ist heute noch Grundlage vieler mathematischer Betrachtungen über prinzipielle Fähigkeiten Neuraler Netze.

Über Sensoren werden "Vorstellungen" (s. Abschnitt 2.2) von der Außenwelt aufgenommen und in den Neuronen kombiniert. Die Verbindungen sind gerichtet – von den Sensoren wegführend. Für den Aufbau dieser Netze gibt es nur die Einschränkung, daß sie endlich sein müssen.

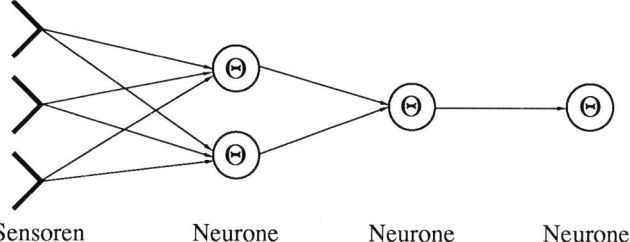

Abb. 4.2: Beispiel eines Neuralen Netzes aus McCulloch&Pitts-Neuronen. Θ gibt den Schwellwert des Neurons an. Sowohl die Eingangs- als auch die Ausgangssignale sind binär. Die Neurone werden genau dann aktiviert (senden Signal 1 aus), wenn die Summe der Eingangssignale den internen Schwellwert Θ erreicht.

Ein McCulloch&Pitts-Neuron kann folgendermaßen charakterisiert werden: Es hat eine gewisse Zahl an Eingängen (Sensoren), über die Signale in das Neuron gelangen. Sei m die Anzahl der Eingänge eines Neurons und bezeichne $x_1,\ldots,x_i,\ldots x_m$ (m>0) die m Eingänge. Wie auch bei biologischen Neuronen üblich, hat jedes Neuron genau ein Ausgangssignal oder einen Ausgang, der hier mit y bezeichnet ist und an mehrere nachgelagerte Neurone als deren Eingangssignal gesendet werden kann.

Jedem Eingang ist ein Gewicht w_i zugeordnet. Die Refraktärzeit (s. Kap. 3) des Neurons entspreche einer Zeiteinheit. Das Neuron operiere jeweils zu den Zeitpunkten t = 1, 2, 3,... . Das Feuern der Zelle zu einen bestimmten Zeitpunkt t+1 ist bestimmt durch die Signale an den Eingängen zum vorhergehenden Zeitpunkt t. Ein Signal wird nur dann weitergeleitet, wenn im Neuron ein gewisser Schwellwert Θ überschritten ist. Daher erklärt sich auch die Bezeichnung *Schwellwertneuron*.

Das Neuron feuert zum Zeitpunkt t+1 einen Impuls (entlang seines Axons), wenn die gewichtete Summe seiner Eingänge zum vorhergehenden Zeitpunkt t den Schwellwert Θ des Neurons übersteigt. Formal ausgedrückt

$$y(t+1) = 1, \quad \text{wenn} \ \Sigma_i \ x_i(t) \geq \Theta,$$

Dieses Neuronenmodell ist eine äußerst starke Vereinfachung gegenüber natürlichen Neuronen, schon allein wegen der diskretisierten Zeitintervalle. Doch selbst in dieser einfachsten Form kann jede beliebige Berechnung mit endlichem Speicheraufwand durchgeführt werden. So einfach diese Bausteine auch sein mögen, kann man doch jeden Computer mit einem derartigen neuralen Netz simulieren. Es soll hier allerdings nicht darum gehen, einen konventionellen Computer nachzubauen, es sollte nur gezeigt werden, daß Neurale Netze, zumindest was ihre prinzipielle Leistungsfähigkeit betrifft, gleichwertig sind.

Es können sehr komplexe Berechnungen mit sehr einfachen Komponenten (wie formalen Neuronen) bewerkstelligt werden. Das Wichtige ist aber nicht deren Einfachheit oder Komplexität, sondern die Art ihres Zusammenschlusses, sodaß Information in Form eines Aktivierungsmusters oder in Form der Verbindungsstärken getragen werden kann. Offen bleibt die Frage, ob dieses Modell in verschiedenster Hinsicht brauchbar oder gar brauchbarer als das herkömmliche ist; welche Struktur und Komplexität geeignet ist, diese Funktionen *effizient* und kompakt zu implementieren. Die Fragen mögen lauten "Was berechnet ein natürlicher Organismus?" oder "Mit welchen Komponenten bewerkstelligt er das so schnell?".

Vor allem zwei Dinge unterscheiden das vorgestellte Modell vom natürlichen Nervennetz: (a) Zeit ist nicht diskret, die Werte der Impulse sind nicht binär, sondern analoge Membranpotentiale, die sich kontinuierlich in Raum und Zeit ändern. (b) Das Gehirn ist aus verschiedenen Neuronentypen, und nicht nur aus einer einzigen Art, aufgebaut. Jede Gehirnregion hat spezialisierte Neuronentypen und ihre eigenen Verbindungsmuster.

4.3 Aufbau Neuraler Netze

Von diesem historischen Modell ausgehend wird nun der Aufbau eines Neuralen Netzes verallgemeinert, der die bis dato bestehenden Modelle und auch zukünftige, soweit absehbar, umfaßt. Rumelhart (1986) charakterisiert ein Neurales Netz (oder nach seiner Nomenklatur ein PDP-Modell) wie folgt durch:

- Verarbeitungseinheiten ("Units"),
- Verbindungen zwischen den Units ("weights"),
- Aktivierungswerte der Units ("state of activation"),
- eine Regel der Signalausbreitung durch das Netzwerk ("rule of propagation"),
- eine Funktion zur Bildung des Aktivierungswertes einer Unit (Aktivierungsfunktion, "activation function"),
- eine Funktion zur Bildung des Ausgangssignals einer Unit (Outputfunktion, "output function"),
- eine Lernregel ("learning rule") und
- eine Umgebung, in der das System arbeitet ("environment").

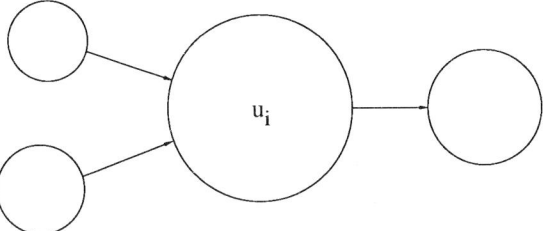

Abb. 4.3.1: Ausschnitt aus einem Neuralen Netz nach Rumelhart (1986). Die Kreise stellen Units dar, die Pfeile gerichtete Verbindungen zwischen den Units.

In Abbildung 4.3.1 ist ein Ausschnitt aus einem Neuralen Netz gezeigt. Der große Kreis symbolisiert eine Unit u_i , die über ihre Verbindungen gewichtete Eingangssignale empfängt und aus diesen ein Ausgangssignal errechnet. Dieses Ausgangssignal wird über die Verbindungen an andere Units weitergeleitet, wo es zur Bildung neuer Signale beiträgt.

4.3.1   Units

Zur Festlegung der Topologie eines Neuralen Netzes spezifiziert man Anzahl und Anordnung der Units und ihre Verbindungen. Bezeichne u_i die i-te Unit eines Neuralen Netzes. Eine Unit u_i berechnet ihr Ausgangssignal o_i, indem sie zuerst aus den ankommenden Signalen und den entsprechenden Gewichten anhand der Ausbreitungsregel ihren Netto-Input (net_i) bestimmt. Daraus wird dann über die Funktion $a_i(t)$ die Aktivierung a_i bestimmt und diese weiters über die Funktion $o_i(t)$ zum neuen Ausgangssignal o_i transformiert.

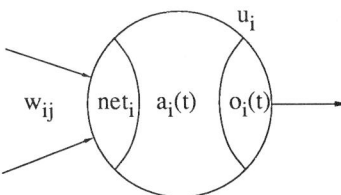

Abb. 4.3.2: Eine Unit u_i mit Netto-Input net_i, Aktivierung $a_i(t)$ und Ausgangssignal $o_i(t)$, sowie Gewichten w_{ij}.

Units, die von der Außenwelt Signale (Reize, Muster) empfangen können, nennt man *Input-Units*, solche, die Signale an die Außenwelt weitergeben, *Output-Units*. Diese Output-Werte können beispielsweise zur Ansteuerung diverser Geräte verwendet oder als Antwort des Netzes auf präsentierte Reize interpretiert werden. Units, die weder Input- noch Output-Units sind, also von außen nicht unmittelbar erkennbar sind, nennt man *Hidden-Units*. Sie haben hauptsächlich Verarbeitungs- und Verteilungsfunktion.

Beim Aufbau eines Netzes erhebt sich die Frage der Repräsentation. Es gibt Modelle, in denen *jede Unit ein Konzept* repräsentiert. Diese Art der Darstellung des Wissens wird *lokale Repräsentation* (local representation) genannt. Im Gegensatz dazu steht die sogenannte *verteilte Repräsentation* (distributed representation). In diesem Fall wird das Wissen nicht in einer bestimmten Unit dargestellt, sondern durch ein bestimmtes Muster von Aktivierungen über mehrere Units verteilt. Auf diese Formen der Repräsentation von Wissen in Neuralen Netzen wird in Abschnitt 4.5 genauer eingegangen.

4.3.2 Aktivierung einer Unit

Betrachtet man alle Aktivierungen eines Neuralen Netzes als Vektor, wobei jede Komponente dieses Vektors der Aktivierung a_i einer Unit u_i entspricht, so nennt man diesen Vektor das Aktivierungsmuster des Netzes zu einem bestimmten Zeitpunkt. Dieses Aktivierungsmuster kann über die Zeit beobachtet werden und gibt Aufschlüsse über das Verhalten des Netzes.

Der Wertebereich der Aktivierungen ist von Modell zu Modell verschieden und kann sowohl diskret als auch kontinuierlich sein. Bei den diskreten Modellen sind folgende Werte gebräuchlich: binäre Werte $\{0, 1\}$ und $\{-1, +1\}$, bestimmte (ganzzahlige) Bereiche $\{0, 1, 2, ..., 9\}$ und $\{-1, 0, +1\}$. Bei Modellen mit kontinuierlichen Werten sind Intervalle der reellen Zahlen gebräuchlich, vor allem $[-1, +1]$ und $[0, 1]$.

4.3.3 Outputfunktion

Die Outputfunktion definiert, welches Ausgangssignal an die benachbarten Units weitergegeben werden soll. Dieses Ausgangssignal berechnet sich nach einer Funktion $o_i(a_i)$. Typischerweise wird die im folgenden vorgestellte *sigmoide* (oder logistische) Funktion verwendet:

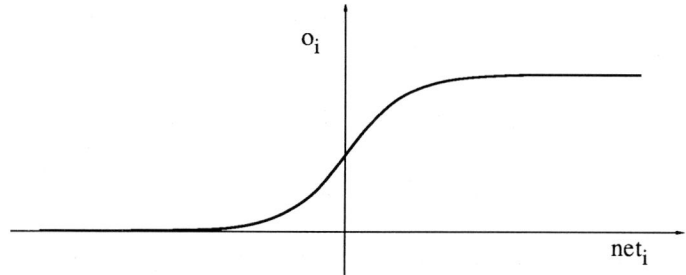

Abb. 4.3.3: Eine sigmoide Funktion als Outputfunktion $o_i(a_i)$. Auf der Abszisse ist die Aktivierung der Unit ($a_i = net_i$) und auf der Ordinate der Output aufgetragen.

Die Anforderungen an eine Outputfunktion sind, daß diese für negative oder (zu) kleine positive Werte ein definiertes Minimum (entsprechend der Ruhefrequenz von Neuronen) oder 0 liefert und ab einem gewissen Schwellwert allmählich oder auch abrupt einen Maximalwert (oft 1) annimmt. Die Verwendung der Exponentialfunktion in der Form (s. Abb. 4.3.3)

$$o_i(a_i) = \frac{1}{1 + e^{-net_i}}$$

(wobei a_i = net_i) erweist sich als ungünstig, nicht zuletzt, da der Eingangswert 0 auf den Wert ½ abgebildet wird. Durch Parametrisierung kann die prinzipiell erwünschte Form der Kurve in eine brauchbare Lage und Ausdehnung gebracht werden.

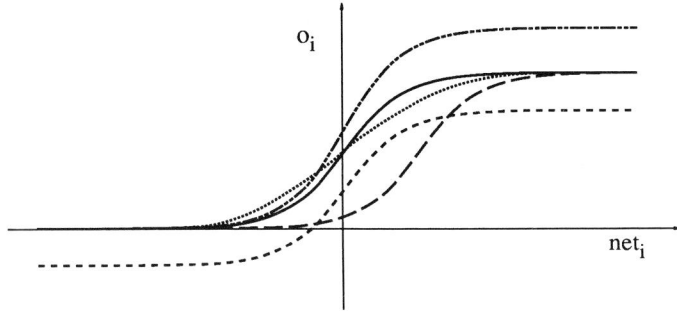

Abb. 4.3.4: Variationen der sigmoiden Funktion durch Veränderung der Parameter α, β, γ und δ.

Durch das Einfügen der vier Parameter α, β, γ und δ ergibt sich

$$o_i(a_i) = \frac{\alpha}{(1 + \beta e^{-net_i + \gamma}) + \delta}$$

wobei α und β die Funktion in y- respektive x-Richtung dehnen, γ und δ sie entlang der x- respektive y-Achse verschieben.

Als Outputfunktion kann auch folgende Funktion verwendet werden:

$$o_i(net_i) = arctan(s\ net_i) / \pi + 0.5$$

wobei s die Steilheit des arctan angibt. Es hat sich ein Wert von $7 \leq s \leq 10$ als recht günstig erwiesen.

4.3.4   Ausbreitungsregel

Die Ausbreitungsregel beschreibt die Signalweiterleitung durch das Netz. Beispielhaft sei die häufigst verwendete Variante erwähnt. Bezeichne o_j das Ausgangssignal der Unit j, dann ist der sogenannte Netto-Input net_i der Unit u_i die gewichtete Summe der ankommenden Signale

$$net_i = \sum_j w_{ij} o_j,$$

wobei w_{ij} das Gewicht der Verbindung von Unit j zu Unit i bezeichnet. Betrachtet man diese Ausbreitungsregel von einer bestimmten, mit u_i bezeichneten Unit, so wird jedes über eine Verbindung ankommende Signal mit dem entsprechenden Gewicht (Gewichtungsfaktor) multipliziert; dann werden diese gewichteten Signale aufsummiert und ergeben den Netto-Input der betrachteten Unit u_i.

4.3.5   Aktivierungsfunktion

Der Aktivierungswert einer Unit u_i wird über die Funktion $a_i(t)$ bestimmt. Oft ist diese Funktion die identische Abbildung vom Netto-Input ($a_i = net_i$). Allgemein ist sie von vorhergehenden Aktivierungen und einem Satz von Parametern P abhängig. Bezeichne t einen Zeitpunkt, so ist die allgemeine Aktivierungsfunktion:

$$a_i(t) = f(a_i(t-1), a_i(t-2),..., net_i(t), P)$$

Die Aktivierungen früherer Zeitpunkte geben der Unit ein Gedächtnis, mit dem beispielsweise Adaptation (s. Kap. 3) modelliert werden kann.

Da bei der Modellierung Neuraler Netze die Aktivierungsfunktion oft entfällt (oder die identische Abbildung des Netto-Input ist), entsteht in der Literatur eine Vermischung der Bezeichnung der Funktionen, sodaß häufig unter Aktivierungsfunktion die hier als Outputfunktion bezeichnete verstanden wird.

4.4   Unit-Typen

4.4.1   Einfache lineare Units

In der einfachsten Form besteht ein Neurales Netz aus einem *Input-* und einem *Output-Layer*. Für Aktivierungen und Gewichte bestehen keinerlei Beschränkungen (reelle Zahlen). Die Outputs ergeben sich aus der gewichteten

Summe der Eingänge, es findet keine Transformation der Eingangssignale statt, diese werden unverändert an den Ausgang weitergeleitet ($o_i = net_i$).

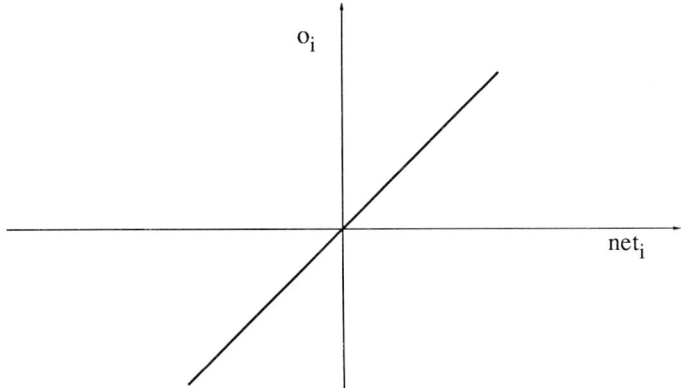

Abb. 4.4.1: Lineare Outputfunktion.

In den Units findet also keine Verarbeitung der Signale statt. Hierin liegen auch schon die Grenzen dieser einfachen Netzwerke. Es ist z.B. nicht möglich, mit solchen Netzen das XOR-Problem[1] zu lösen.

Auf der anderen Seite läßt sich ein feed forward-Netz sehr leicht in Matrixschreibweise darstellen und dementsprechend leicht berechnen. Betrachtet man alle Outputs eines Layer i als Vektor o_i und die Gewichte zwischen den Layers i und i+1 als Matrix W_i, so berechnen sich die Outputs des nachfolgenden Layer i+1 als

$$o_{i+1}{}^T = W_i\, o_i$$

Das Vorhandensein eines Hidden-Layer ist für lineare Units nicht unbedingt notwendig, da sich dieser bei entsprechender Wahl der Gewichte durch ein Netz mit zwei Layers ersetzen läßt. Der Output des Layer i+2 ist linear vom Output des Layer i abhängig

$$o_{i+2}{}^T = W_{i+1}\, o_{i+1} = W_i{}'\, o_i$$

---

[1] Beim XOR-Problem sollen ein binäres Wertepaar (x1, x2) auf einen ebenfalls binären Wert y abgebildet werden. Die Wertetabelle für diese Abbildung ist untenstehend angeführt.

x1	x2	y
0	0	0
0	1	1
1	0	1
1	1	0

Die Schwierigkeit liegt im Monotoniesprung der Abbildung, wo das Wertepaar (1, 1) auf den Wert 0 abgebildet wird.

und der Zwischen-Layer i+1 kann entfallen, wenn die Gewichtsmatrix durch eine Matrix W_i' (aus den beiden ursprünglichen Matrizen W_i und W_{i+1} gebildet) ersetzt wird.

Solche Netzwerke sind dennoch lernfähig. Die gebräuchlichste Lernregel ist die schon öfters erwähnte Hebb-Regel. In ihrer einfachsten Form auf ein einfaches lineares Modell angewandt läßt sie sich folgendermaßen angeben:

$$\Delta\, w_{ij} = k\, a_i\, a_j,$$

wobei $\Delta\, w_{ij}$ die Änderung des Gewichtes der Verbindung zwischen den Units j und i angibt. k ist ein Lernfaktor, mit dem die Stärke der Änderung geregelt werden kann, a_i und a_j die Aktivierung (das Ausgangssignal) der beteiligten Units i und j.

Solch ein Netzwerk wird auch als *linearer Assoziierer* (linear associator) bezeichnet (Anderson, 1970). Man kann zeigen, daß derartige Netzwerke orthogonale Eingabemuster sehr gut lernen können. Sind die Eingabemuster jedoch nicht orthogonal, beeinflussen diese Muster einander und werden nicht fehlerfrei erlernt. Zusammenfassend sei gesagt, daß diese Unit-Art nicht sehr mächtig ist und daher im folgenden weitere Unit-Typen vorgestellt werden.

4.4.2   Lineare Schwellwert-Units

Diese Units berechnen ihren Netto-Input ebenfalls aus der gewichteten Summe, der aber nicht ihre Aktivierung ist. Diese richtet sich danach, ob ein bestimmter *Schwellwert* überschritten wurde oder nicht. Der einfachste Fall sind die sogenannten binären Schwellwert-Units (binary threshold units), wie die McCulloch&Pitts-Units. Diese können nur zwei Werte annehmen (etwa 0 und 1). Die Aktivierung ist 1, wenn ein bestimmter Schwellwert überschritten wurde, ansonsten 0.

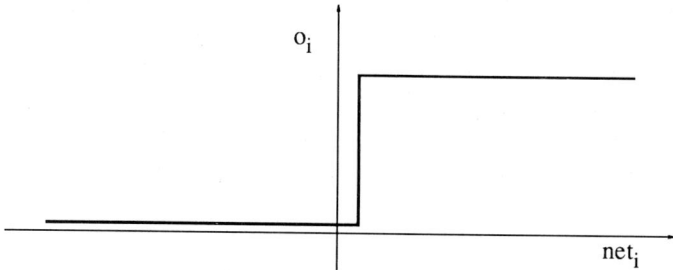

Abb. 4.4.2: Outputfunktion einer binären Schwellwert-Unit.

Für diese Art von Units gilt nicht mehr, daß man einen oder mehrere *Hidden-Layer* durch ein Zwei-Layer-System ersetzen kann. Vielmehr ist diese Art von Units das klassische Beispiel, wie das XOR-Problem mit Hilfe *eines* Hidden-Layer lösbar ist. Im übrigen ist anhand dieser Units beweisbar, daß es keine Gewichtsverteilung und keine Art von Unit gibt, die das XOR-Problem ohne Hidden-Layer lösen könnte.

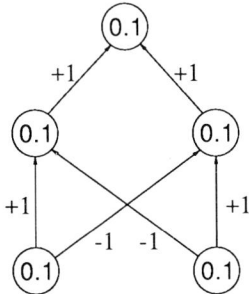

Abb. 4.4.3: Ein Netzwerk, das die XOR-Funktion mit binären Schwellwert-Units realisiert. Die Zahlen neben den Verbindungen sind die Gewichte. Negative Zahlen bedeuten hemmende, positive bedeuten erregende Gewichte. An die beiden Input-Units wird jeweils 1 oder 0 gelegt. Der Schwellwert sei 0.1.

Auch das in Abbildung 4.4.3 dargestellte Netzwerk ist ein Spezialfall: das sogenannte *Perceptron*. Alle Gewichte sind +1 oder –1, die Aktivierung ist 0 oder 1, und der Schwellwert liegt sehr nahe bei 0. Die Lernregel ist ähnlich der Delta-Regel (s. Abschnitt 5.3). Da als Aktivierungswerte nur 0 und 1 zugelassen sind, kann man sie auf vier Fälle beschränken.

4.4.3 Brain State in a Box (BSB)

Anderson (1977) entwickelte das BSB-Modell, das mit dem einfachen linearen Modell verwandt ist. Der Unterschied ist, daß es einen maximalen und einen minimalen Aktivierungswert gibt. Ist der Aktivierungswert größer (kleiner) als der Maximal(Minimal)wert, wird die Aktivierung auf diesen Wert gesetzt. Dadurch ergibt sich – bei anschaulicher Betrachtung – ein "Aktivierungsraum". Bei n Units entsteht ein n-dimensionaler Würfel mit 2^n Ecken. Zur Verdeutlichung siehe auch Abbildung 4.4.4. Da Rekursion (Feedback) erlaubt ist, kann man das Netzwerk so lange laufen lassen, bis sich die Aktivierung zu einem Eckpunkt hinbewegt und dort stabil bleibt. Auch für dieses Modell kann die Hebb-Regel verwendet werden.

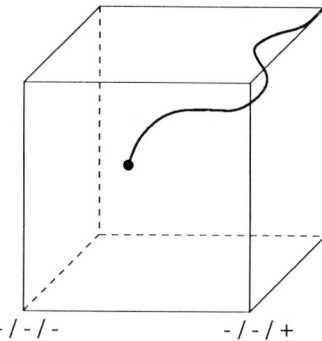

-/-/-   -/-/+

Abb. 4.4.4: "Aktivierungsraum" eines Brain-State-in-a-Box-Modelles mit 3 Units. Jede Dimension repräsentiert die Aktivierung einer Unit. Die Schlangenlinie deutet den Weg der Aktivierungen im Lauf der Aktivierungszyklen an. Je öfter die Units aktualisiert werden, desto mehr bewegt sich die Linie in Richtung einer bestimmten Ecke des Würfels.

4.4.4 Thermodynamische Units

Smolensky (1986) entwickelte in Anlehnung an physikalische Vorgänge bei der Abkühlung eines Mediums (und dem damit verbunden Übergang vom Chaos zu einer bestimmten Ordnung, wie etwa die Kristallbildung beim Erstarren einer Schmelze) ein stochastisches Modell, das unter dem Namen *Harmony Theory* bekannt geworden ist. Ähnliche Ideen verfolgten auch Hinton und Sejnowski (1986) mit ihrer *Boltzmann-Maschine*. Bei diesen Modellen handelt es sich fast ausschließlich um binäre Units (die nur die Werte 1 oder 0 annehmen können).

Außerdem werden zwei Arten von Units unterschieden: sichtbare (visible) und versteckte (hidden) Units. Jede Unit ist mit jeder anderen über ein Gewicht verbunden, jedoch mit der Einschränkung, daß die Gewichte symmetrisch sind ($w_{ij} = w_{ji}$), d.h. der Wert der Verbindung von Unit j zu Unit i ist identisch dem von Unit i zu Unit j.

Der Aktivierungswert, gleich dem Output-Wert, ist eine stochastische Funktion, die der sigmoiden Funktion aus Abschnitt 4.3 (Abb. 4.3.3) sehr ähnelt. Die Wahrscheinlichkeit, daß die Aktivierung $a_i(t)$ zum Zeitpunkt t den Wert 1 annimmt ist

$$p(a_i(t)=1) \quad = \quad \frac{1}{1 + e^{-(\Sigma_i w_{ij} a_j + \eta_i - \Theta_i)/T}}$$

wobei η_i eine Eingabe von außen an die Unit i, Θ_i der Schwellwert der Unit i und der Parameter T, der die Steilheit der Aktivierungsfunktion bestimmt, die Temperatur des Systems ist.

Die Annahme, daß, je höher diese Temperatur des System ist, desto mehr Unsicherheit im Netzwerk herrscht, mag ein wenig sonderbar erscheinen. Ist die Temperatur sehr hoch, springt das System sehr rasch von einer Lösung zur anderen. Senkt man die Temperatur, beruhigt sich das Netzwerk. Es besteht allerdings die Gefahr, in einem lokalen Minimum hängen zu bleiben. Im Gegensatz dazu ist es bei hoher Temperatur durch die noch vorhandene Unsicherheit sehr unwahrscheinlich, daß sich das Netz in einem lokalen Minimum verfängt, da das System nach wie vor von einer Lösung zur nächsten springt, also in einem Minimum nicht stabil verharrt.

Durch langsames Abkühlen werden die gefundenen Lösungen nach und nach stabiler. Ist die Temperatur nun auf 1 abgesunken, so ist aus der stochastischen Funktion eine deterministische geworden, und das Netzwerk hat sich hoffentlich in einem globalen Minimum stabilisiert.

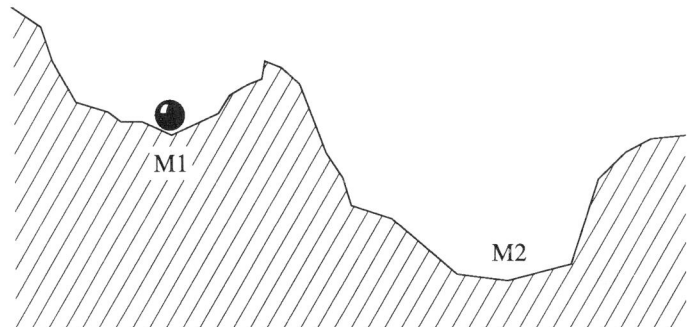

Abb. 4.4.5: Einfache Kurve mit zwei Minima, einem globalen (M2) und einem lokalen (M1). Die rollende Kugel könnte sich im lokalen Minimum M1 verfangen. Schüttelt man das System jedoch, kann die Kugel die Energiebarriere überwinden und in das stabilere Minimum M2 rollen und ist somit aus dem lokalen in das globale Minimum gelangt.

Zur Veranschaulichung könnte man sich eine Landschaft aus Tälern und Hügeln vorstellen (Abb. 4.4.5), in die man eine Kugel hineinrollen läßt (Der Reibungswiderstand wird vernachlässigt, die Schwerkraft wirkt). Die Kugel wird mit großer Wahrscheinlichkeit in einem lokalen Minimum hängen bleiben.

Die *Temperatur* könnte man sich als das Maß für eine "rüttelnde Bewegung der Landschaft" vorstellen. Hohe Temperatur bedeutet starke Bewegung, niedrige Temperatur schwache Bewegung. Durch die rüttelnde Bewegung wird die Kugel aus einem Minimum vielleicht wieder herausgerissen. Damit das System nicht ständig von einem Minimum zu einem anderen überwechselt, wird die Temperatur langsam gesenkt, die Bewegung abgeschwächt. Die Kugel bleibt in einem gefundenen Minimum, das mit höherer Wahrscheinlichkeit das globale Minimum ist.

Diese Modelle können, nachdem sie die entsprechenden Muster gelernt haben, durch das langsame Abkühlen des Netzwerkes unvollständige Muster erkennen und vervollständigen. Abkühlen entspricht einem vorsichtigen Suchen und Finden des richtigen Musters unter der Berücksichtigung von Nebenbedingungen.

Dieser Unit-Typ kommt bei Boltzmann-Maschinen (s. Abschnitt 5.5.4) zur Anwendung. Ein Lernverfahren zu diesem Unit-Typ wird im selben Abschnitt vorgestellt.

4.4.5 Grossberg-Units

In dem von Grossberg entworfenen Modell sind die Aktivierungswerte der Units aus dem Bereich der reellen Zahlen mit einem Minimal- und einem Maximalwert. Als Outputfunktion wird zumeist eine Schwellwertfunktion verwendet, die entweder eine sigmoide oder zumindest eine S-förmige Funktion sein muß. Die Aktivierungsfunktion zeigt sich komplexer als bisher. Typischerweise findet folgende Funktion Verwendung:

$$a_j(t+1) = a_j(t) \, (1-A) + (B-a_j(t)) \, net_{ej}(t) - (a_j(t) + C) \, net_{ij}(t)$$

wobei A eine Gedächtnisrate ist, B die maximale Erregung der Unit und C die maximale Hemmung, die unter dem Ruhepunkt 0 liegt und viel kleiner als B ist. Der Netto-Input ist in einer erregenden (net_{ej}) und einen hemmenden Anteil (net_{ij}) zerlegt.

Grossberg nimmt an, daß die Hemmungen aus einer Art rückläufigem hemmenden Feld, in das die Unit eingebettet ist, stammen. Die erregenden Eingaben kommen von der Unit selbst und aus anderen Schichten des Systems. Die von Grossberg vielfach untersuchte Lernstrategie ist dem Competitive Learning (Abschnitt 5.4) ähnlich und wie folgt definiert:

$$\Delta w_{ij} = k \, a_i \, (o_j - w_{ij})$$

Die Gewichtsänderung erfolgt in Abhängigkeit der Aktivierung (des Outputs) der beteiligten Units und des aktuellen Gewichts, wobei k die Lernrate ist.

4.4.6 Interactive Activation Units (IAC)

Dieses Modell wurde von Rumelhart & McClelland (1981, 1982) entworfen und verwendet ebenfalls reelle Zahlen mit einem Minimal- und Maximalwert als zulässige Werte für Aktivierungen. Die Outputfunktion ist eine lineare Schwellwertfunktion, die 0 liefert, wenn die Aktivierung unter dem Schwellwert liegt, und die Differenz zwischen der Aktivierung und dem Schwellwert, wenn die Aktivierung über dem Schwellwert liegt.

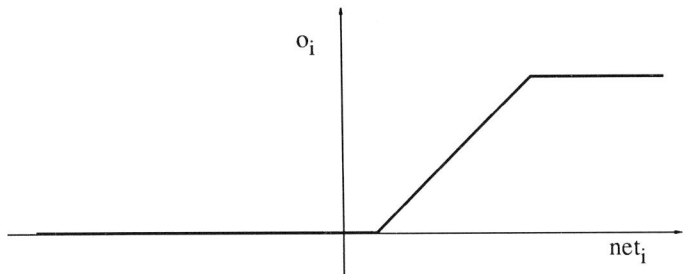

Abb. 4.4.6: Outputfunktion für Interactive Activation Units.

Essentiell ist ein spezifisches Verbindungsmuster: Die Units sind zu hierarchischen Layers zusammengefaßt. Eine Unit eines Layer ist mit allen Units des darüber- und darunterliegenden Layer erregend verbunden, wenn diese mit jenen konsistent ist, und hemmend (negativ), wenn sie inkonsistent sind. Außerdem hemmt eine Unit alle anderen im selben Layer, wenn sie inkonsistent sind. Damit ist das interaktive Aktivierungsmodell in gewissem Sinn ein positives Rückkopplungssystem mit einem Minimal- und Maximalwert für jede Unit, wie das Brain State in a Box-Modell. Die ankommenden Signale werden wie bisher gewichtet aufsummiert, um den Netto-Input zu bilden

$$net_i = \Sigma_j \ w_{ij} \ a_j$$

Die Aktivierungsfunktion ist wie folgt definiert:

$$a_j(t+1) = a_j(t) \ (1 - \Theta) + net_j \ (max - a_j(t)) \quad \text{wenn } net_j > 0$$
$$a_j(t) \ (1 - \Theta) + net_j \ (a_j(t) - min) \quad \text{sonst,}$$

wobei Θ die Gedächtnisrate ist.

Der neue Aktivierungswert ergibt sich aus dem alten, entsprechend verringerten Aktivierungswert plus (oder minus) einem Term, der vom Netto-Input abhängig in Richtung Minimal- oder Maximalwert steuert. Diese Aktivierungsregel ist der Grossbergs ähnlich, nur sind Erregung und Hemmung nicht getrennt.

4.4.7 Feldmann & Ballard-Units

Feldmann & Ballard (1982) nennen ihr Modell "connectionist modeling". Sie verwenden kontinuierliche Aktivierungswerte, genannt Potential, im Intervall [–10, 10]. Die Outputfunktion ist eine Art Schwellwertfunktion mit einer kleinen Anzahl diskreter Werte aus dem Intervall [0, 9]. Aus den zahlreichen Unit-Typen und Aktivierungsregeln sei der simpelste Unit-Typ, die P-Unit, hervorgehoben. Ihre Aktivierungsregel ist

$$a_j(t+1) = a_j(t) + k\ net_j(t)$$

wobei k die Lernrate ist. Wenn die Aktivierung erst einmal ihr Minimum (oder Maximum) erreicht hat, bleibt sie auf diesem Wert festgehalten. Die allmähliche Abnahme des Wertes wird über Selbsthemmung erreicht.

Feldmann und Ballard entwarfen auch einen der Sigma-Pi-Unit (s. Abschnitt 4.4.8) ähnlichen Typ. Die Lernregeln unterscheiden sich nicht wesentlich von den bereits vorgestellten.

4.4.8 Sigma-Pi-Units

Die bisher vorgestellten Units bilden ihren Netto-Input aus der gewichteten Summe ihrer Eingänge. Nun besteht aber auch die Möglichkeit, die *Outputs einiger Units* miteinander zu *multiplizieren*. Dieses Produkt wird dann mit dem Gewicht multipliziert und aufsummiert. In Formeln könnte man das folgendermaßen ausdrücken:

$$net_i = \sum_j w_{ij} \prod_k o_k$$

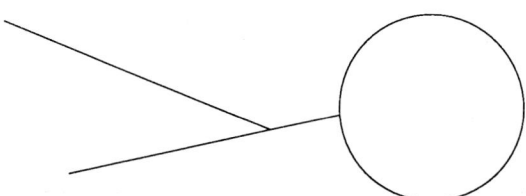

Abb. 4.4.7: Sigma-Pi-Units. Die Idee aus der Biologie ist die präsynaptische Hemmung (s. Abschnitt 3.1.2). Eine Verbindung beeinflußt die Stärke einer anderen. Verallgemeinert beeinflussen einander mehrere, vor der Unit aufeinandertreffende Verbindungen, indem ihre Werte (o_k) multipliziert werden ($\prod_k o_k$) und danach gewichtet (w_{ij}) zur Aktivierung der Unit (net_i) beitragen.

Hat ein Output o_k den Wert 0, so haben alle anderen auf diese Verbindung einwirkenden Outputs keinen Einfluß mehr auf den Netto-Input. Ist der Wert eines Output 1, verändert er das Produkt nicht. Somit können auch Outputs von Units als Gewichte fungieren, was ein weiteres Spektrum an Anwendungen eröffnet. Die Bezeichnung der Units ergibt sich aus der in der Formel verwendeten griechischen Symbole Σ (Sigma) und Π (Pi).

4.4.9 Sigmoide Units

Sigmoide Units haben als Aktivierungsfunktion die identische Funktion $a_i(net_i) = net_i$ und als Outputfunktion die sigmoide Funktion aus Abschnitt 3.3.4. Dieser Unit-Typ wird derzeit am häufigsten verwendet, vor allem im später (s. Abschnitt 5.4) vorgestellten Lernverfahren Back Propagation (BP).

4.4.10 Übersichtstabelle über Unit-Typen

Unit-Typ	Aktivierung	Outputfunktion	Nettoinput	Lernregel
linear	keine	linear	$\Sigma_j \, w_{ij} o_j$	Hebb-Regel
Schwellwert	keine	Schwellwert	$\Sigma_j \, w_{ij} o_j$	Delta-Regel
BSB	eigene	keine	$\Sigma_j \, w_{ij} o_j$	Hebb-Regel
Thermodynamisch	keine	stochastisch sigmoid	$\Sigma_j \, w_{ij} o_j$	Boltzmann-Maschinen
Grossberg	eigene	S-förmig	$\Sigma_j \, w_{ij} o_j$	eigene
IAC	eigene	linearer Schwellwert	$\Sigma_j \, w_{ij} o_j$	beliebig
Feldmann - Ballard	eigene	Schwellwert	$\Sigma_j \, w_{ij} o_j$	eigene
Sigma-PI	beliebig	beliebig	$\Sigma_j \, w_{ij} \Pi_k o_k$	beliebig
Sigmoid	keine	sigmoid	$\Sigma_j \, w_{ij} o_j$	beliebig vor allem BP

4.5 Repräsentationsformen und Kodierungen

4.5.1 Lokale und verteilte Repräsentation

Bisher haben wir uns fast ausschließlich mit Netzwerken beschäftigt, in denen jedes zu repräsentierende Objekt (z.B. Auto, Farbe) genau einer Unit (Verarbeitungseinheit) entsprochen hat. Diese Repräsentationsform nennt man *lokale Repräsentation*. Sie ist leicht zu verstehen, da die Darstellung des Wissens in strukturierter Form, wie etwa einem semantischen Netz, erfolgt.

Es zeigt sich jedoch, daß im Falle der lokalen Darstellung die Kapazität der Netzwerke nicht voll ausgenutzt wird. Deshalb geht man von einer eindeutigen Zuordnung zwischen Neuronen und zu repräsentierenden Objekten ab und versucht, ein Objekt durch ein Muster von Aktivierungen über mehrere Units verteilt darzustellen. Dies bezeichnet man als die *verteilte Repräsentation*. Wie der Name andeutet, verteilt sich das Wissen (die darzustellenden Objekte) auf mehrere Units. Umgekehrt ist jede einzelne Unit nicht mehr nur an der Darstellung eines Objekts sondern an mehreren Objekten beteiligt.

Der Vorteil liegt unter anderem in der Effizienz der Ausnutzung von Units und ihren Verbindungen. Ein weiterer Vorteil der verteilten Darstellung ist die Erkennung von Ähnlichkeiten und die *spontane Generalisierung*[1]. Da die Objekte über mehrere Units verteilt dargestellt sind und auch eine Unit an der Darstellung mehrerer Objekte beteiligt ist, beeinflussen die Darstellungen der Objekte einander.

Beim Erlernen von Mustern werden, wie schon öfters angedeutet, die Gewichte zwischen den Units geändert, und zwar viele Gewichte um einen kleinen Betrag. Jedes zu erlernende Muster trägt ein wenig zur Gewichtsänderung bei, wodurch auch andere, in den selben Units (und deren Gewichten) dargestellte Muster in ihrer Repräsentation verändert werden. Findet das Netz eine stabile Darstellung (d.h. die Präsentation eines Muster führt nur mehr zu geringfügigen Änderungen), so stellt sich der oben angesprochene Generalisierungseffekt ein. Dieser ist umso stärker, je mehr Zusammenhang die Muster aufweisen. Die Gewichtsänderungen aufgrund des einen Musters sind auch für ähnliche Muster von Vorteil.

Haben die Muster allerdings keinen Zusammenhang, kann eine Gewichtsänderung für diese Muster auch nachteilige Effekte haben, ja sogar bereits erlernte Muster wieder in Vergessenheit geraten lassen. Um diese gegenseitigen

---

[1] Unter spontaner Generalisierung versteht man die Fähigkeit des Neuralen Netzes auf unbekannte Muster eine im Sinne der bisher gesehenen Muster verallgemeinerte, sinnvolle Antwort zu zeigen.

Störungen auszuschließen, können orthogonale Muster verwendet werden, womit jedoch der Generalisierungseffekt verloren geht.

Dieser Effekt kann sehr praktisch sein, da es meist nicht möglich ist, alle Objekte explizit in den Gewichten zu speichern. Außerdem ist es zumeist wünschenswert, daß das Netz auf neue, noch nie zuvor präsentierte Muster anhand von Ähnlichkeiten "sinnvolle" Antworten generiert.

Lernt man beispielsweise, daß Schimpansen gerne Bananen fressen, so ist es wahrscheinlich, daß Gorillas gerne Bananen fressen. Ohne es explizit gelernt zu haben, generalisiert man über das Konzept Affe, und diese Generalisierung wirkt sich auch bei Gorillas aus.

Sehr gut eignet sich die verteilte Darstellung für inhaltsadressierten Speicherzugriff, der auf herkömmlichen Rechnern nur mit großen Schwierigkeiten lösbar ist (etwa über Hash-Tabellen). Von Neumann-Rechner sind so konzipiert, daß sie für alle Aktionen, die etwas mit Beschaffung von Wissen zu tun haben, eine Speicheradresse benötigen. Um etwas zu suchen und zu finden, das nicht exakt (mit einer Speicheradresse) beschrieben ist, muß großer Aufwand getrieben werden.

Eine recht effiziente Möglichkeit assoziativen Speicherzugriff zu implementieren, ist die Verwendung eines Neuralen Netzes mit verteilter Repräsentation. Verschiedene Objekte werden als Muster über ein und dieselbe Gruppe von Units dargestellt. Präsentiert man dem Netz ein unvollständiges Eingabemuster, wird jenes Muster aktiviert werden, das dem zu vervollständigenden am ehesten entspricht; es wird aus den vorhandenen Teilen durch Assoziation rekonstruiert.

Hinton, McClelland & Rumelhart (1986) drücken das folgendermaßen aus: Jede aktive Unit repräsentiert ein *microfeature* (eine Mikroeigenschaft) eines Objekts, und jede Verbindung zwischen Units eine *microinference* (ein Mikroschluß, eine Mikroregel) zwischen den Eigenschaften (microfeatures). Jedes Muster erfüllt manche Mikroregeln und verletzt andere. Ein stabiles Aktivierungsmuster verletzt die plausibleren Muster weniger als andere.

Andererseits hat diese Art, Wissen zu repräsentieren, auch Nachteile. In einem Netzwerk mit verteilter Repräsentation ist es viel schwieriger oder gar unmöglich, die vom Netz vorgenommene interne Konzeptbildung (was ist im Netz in welcher Unit dargestellt) zu lokalisieren.

Ein Netz mit verteilter Darstellung ist sehr robust gegenüber einer teilweisen Störung von Gewichten: Es hat wurde festgestellt, daß bei nicht zu starker

Störung die erlernten Muster noch vorhanden waren. Bei erneutem Erlernen der Muster nach einer kräftigen Störung (Senkung der richtigen Antworten von beispielsweise 99% auf 65%) war die Geschwindigkeit, mit der die zerstörten Muster wieder erlernt wurden, um ein Vielfaches höher als beim ersten Lernen.

Die verteilte Repräsentation ist ungeeignet für eine zufällige Zuordnung von Ein- und Ausgabemuster (kein Zusammenhang zwischen den Mustern), da keine übergeordnete Struktur (eben dieser Zusammenhang) vorhanden ist und die automatische Generalisierung nur unerwünschte Interferenzen erzeugt.

Beim Erlernen eines *neuen Konzeptes* muß bei der lokalen Repräsentation eine neue *Unit hinzugefügt* werden. Diese muß dann mit den richtigen anderen Units *verbunden* werden, was meist ein großes Problem aufwirft, da man nicht genau weiß, welche Units für dieses Konzept relevant sind. Bei der verteilten Repräsentation hingegen ergibt sich dieses Problem nicht, da man dem Konzept ein neues Muster zuordnet, was jedoch nicht immer einfach ist. Es wäre äußerst unklug, dem neuen Konzept irgendein zufälliges Muster zuzuordnen. Am besten wäre es, ein Muster auszuwählen, das die kleinste Änderung bei den Gewichten verursacht (z.B. jenes Muster, das sich beim Anlegen des Eingangsmusters ergibt). Eine Feineinstellung der Gewichte kann dann dieses Muster schärfer von seiner Umgebung abheben.

Bedenkt man die Vor- und Nachteile beider Repräsentationsformen, wird man sie nicht strikt trennen und je nach Bedarf einsetzen. Die zwei Formen der Wissensrepräsentation in Neuralen Netzen schließen einander nicht aus — es werden auch gemischt repräsentierte Netze verwendet, was oft sinnvoller ist als sich auf eines der beiden Extreme festzulegen, da auch für eine einzelne Aufgabenstellung die Vorteile beider gezielt angewendet werden können und sollen.

4.5.2 Kodierung

Sehr entscheidend für die Leistungsfähigkeit eines Netzes ist die Darstellung der Ein- und Ausgabe, also die Frage: "Wie kodiere ich meine Daten ?" Am wenigsten Denkaufwand erfordert eine 1:1-Abbildung oder sogenannte lokalistische Darstellung, wo für jedes Datum eine Unit geschaffen wird, die fürderhin zur Darstellung desselben dient. Damit ist aber auch alles weitere dem Netz überlassen.

Wenn die Daten mit möglichst wenig Units genau dargestellt werden sollen, ist es von Vorteil, daß jedes Datum viele verschiedene Units aktiviert und jede

Unit bei vielen Daten aktiviert wird. Ein bestimmtes Datum ist dann eher als ein Aktivierungsmuster über vielen Units als nur durch die Aktivierung einer einzelnen Unit dargestellt.

Das Binding Problem

Der Einfachheit wegen seien binäre Units angenommen. Will man einen Punkt in einer zweidimensionalen Ebene mit hoher Genauigkeit, aber wenigen Units darstellen, könnte man die zur Darstellung verwendeten Units in zwei Gruppen teilen, je eine für eine Dimension (s. linker Teil der Abb.4.5).

Allerdings ist diese Kodierung in zweierlei Hinsicht problematisch. Einerseits kann bei gleichzeitiger Präsentation zweier Muster (Daten) anhand der Aktivierungsmuster nicht festgestellt werden, welche zwei Units die Koordinaten eines Punktes repräsentieren, da die Zuordnung nicht mehr eindeutig ist. Im rechten Teil der Abbildung 4.5.1 wurden die schwarz eingezeichneten Punkte kodiert. Anhand der Aktivierungen wäre die Kodierung der grau eingezeichneten Punkte ebenso möglich – ein Rückschluß auf die angelegten Daten ist nicht möglich.

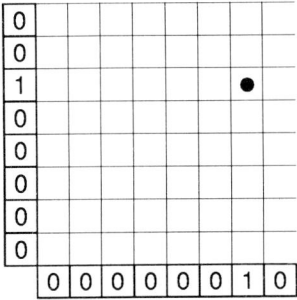 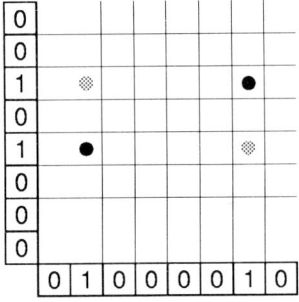

Abb. 4.5.1: Simple Kodierung von Punkten im zweidimensionalen Raum. Die Aktivierungen je einer Unit aus den zwei Gruppen (horizontal und vertikal) stellen einen Punkt dar (linker Teil der Abbildung). Wenn zwei Punkte gleichzeitig dargestellt werden sollen, ist die Darstellung nicht mehr eindeutig – die Zuordnung zwischen Koordinaten und Punkten ist nicht ersichtlich.

Andererseits ergibt sich auch ein Problem, wenn nur jeweils ein Punkt kodiert wird, nämlich dann, wenn Muster miteinander assoziiert werden sollen, deren Überlappungen aber nicht (etwa wenn die schwarzen Punkte aus Abbildung 4.5.1 miteinander assoziiert werden sollen, nicht aber die grauen). Eine Aktivierung der schwarzen Punkte unterscheidet sich *nicht* von einer Aktivierung der grauen. Dies ist ein anderer Aspekt des Binding-Problems, da die Repräsentation eine eindeutige Zuordnung zwischen Aktivierung und Bedeutung nicht zuläßt.

Zwei Lösungen zu diesem Problem sind das sogenannte "Coarse Coding" und das "Conjunctive Encoding".

Conjunctive Encoding

Eine Möglichkeit ist, für jede mögliche Kombination von Koordinaten eine eigene Unit zu schaffen. Das entspricht einer flächigen Abdeckung der darzustellenden zweidimensionalen Ebene mit vielen, kleinen, einander nicht überlappenden Zonen, die jeweils durch eine Unit dargestellt werden. Ein Punkt wird durch die Aktivierung einer Unit repräsentiert, es handelt sich um eine lokalistische Repräsentation. Das löst das Binding-Problem und erlaubt eine beliebige Assoziation aller möglichen Muster, allerdings auf Kosten vieler Units.

Sinnvoll ist diese Kodierung, wenn viele Muster gleichzeitig dargestellt werden müssen. Wenn jedoch nur ein geringer Teil der Units gleichzeitig aktiv ist, ist diese Kodierung äußerst ineffizient.

Coarse Coding

Wenn man wieder von der Idee abgeht, daß jedes Muster durch eine eigene Unit dargestellt werden soll, erreicht man eine höhere Ausnutzung der Units. Dazu kann man sich die Zonen, die die darzustellenden Ebene abdecken, größer und überlappend vorstellen, wobei eine Zone jeweils durch eine Unit repräsentiert wird. Seien der Einfachheit wegen die Zonen kreisförmig, ihre Mittelpunkte in der Ebene gleichmäßig zufällig verteilt und haben alle Zonen den selben Radius.

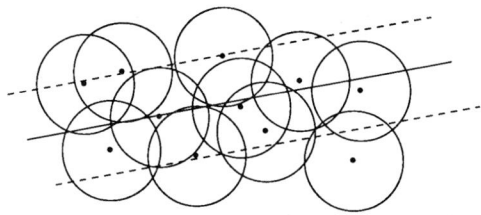

Abb. 4.5.2: Schematische Darstellung des Coarse Coding für eine zweidimensionale Datenmenge. Die Kreise stellen die Zonen der zugehörigen, als schwarzer Punkt eingezeichneten Units dar. Ein Punkt der Datenmenge wird durch mehrere Units dargestellt, die genau dann aktiviert sind, wenn der Punkt innerhalb ihrer Zone liegt.

Es erhebt sich die Frage nach der Größe der Zonen, d.h. ob es bei einer gegebenen Anzahl an Units besser ist, den Radius eher größer zu wählen, sodaß jeder Punkt in möglichst viele Zonen fällt, oder eher kleiner, sodaß der Punkt durch wenige, aber dementsprechend "genauere" Units dargestellt wird.

Wenn mehrere Units gleichzeitig aktiv sind, steigt die Effizienz der Kodierung gegenüber nur einer aktiven Unit bei der lokalistischen Kodierung. Bei nur einer aktiven Unit und n Units insgesamt ergeben sich n darstellbare Muster. Sind allerdings k Units gleichzeitig aktiv, so ist die Anzahl der darstellbaren Muster gleich der Anzahl an Möglichkeiten, k Units aus n vorhandenen auszuwählen, also $\binom{n}{k}$ und damit deutlich mehr.

Betrachten wir Punkte, die auf einer Gerade zu liegen kommen und die Änderung ihrer Repräsentation, wenn wir die Gerade entlang wandern: an jedem Schnittpunkt der Geraden mit einer Zonengrenze (s. Abb. 4.5.2) ändert sich die Repräsentation, da sich die Aktivierung der diese Zone darstellenden Unit ändert.

Durch die Vergrößerung der Zonen erreicht man eine entsprechende Überlappung derselben und damit eine Erhöhung der Anzahl an aktiven Units, die zur Darstellung eines Punktes (Muster) verwendet werden.

Die intuitive Vermutung, daß größere Zonen zu einer ungenaueren Darstellung führen, ist gänzlich falsch, da die verteilte Darstellung Informationen viel effizienter als die lokalistische kodiert. Obwohl jede einzelne Unit weniger spezifisch ist, ist die Kombination aktiver Units weit genauer. Die Genauigkeit ist proportional zur Anzahl der Units, wohingegen bei lokalistischer Kodierung die Genauigkeit proportional zur k-ten Wurzel (bei k-dimensionalen Daten) aus der Anzahl der Units ist.

Coarse Coding birgt auch einige Nachteile, wie etwa wenn die Zonen zu groß werden, sodaß sie fast den gesamten Raum abdecken. Allerdings treten andere, schwerwiegendere Probleme häufiger auf. Die Effizienz von Coarse Coding zeigt sich vor allem, wenn die Daten nicht zu nahe beisammen liegen, da sonst zuviele Daten in die selben Zonen fallen und die Units diese nicht mehr unterscheiden können. Günstigerweise sollte die Zonengröße abhängig von Abstand der Daten zueinander gewählt werden, sodaß sie gerade noch unterscheidbar sind, aber dennoch eine möglichst hohe Genauigkeit erzielt werden kann, die ja mit dem Radius steigt.

Eine weitere Einschränkung bezüglich der Verwendbarkeit von Coarse Coding liegt darin, daß benachbarte Muster aufgrund ihrer ähnlichen Repräsentation auch ähnliche Einflüsse auf die weitere Verarbeitung im Netz haben. Diese Kodierungsform sollte demnach nur dann in Betracht gezogen werden, wenn solche Effekte auch erwünscht sind.

Bei einer derartigen Kodierung zeigen sich Tendenzen zur gegenseitigen Verstärkung der Einflüsse, da ja jeder Einfluß aufgrund der ähnlichen Kodierung auch von den Nachbarn mitgetragen (und damit verstärkt) wird. Um dem entgegenzuwirken, könnte man mit lateraler Hemmung (Hemmung der benachbarten Units, s. Kap. 3) Abhilfe schaffen, was die Netzstruktur allerdings komplexer werden läßt.

4.6 Hierarchie und Synchronität

Weiters kann man Neurale Netze danach unterscheiden, ob sie eine *hierarchische* oder *nicht hierarchische* Architektur aufweisen. Bei den hierarchischen Systemen, die schichtweise (in Layers oder Ebenen) aufgebaut sind, gibt es die Unterklasse der bottom-up-processing Systeme, in denen Units auf einer bestimmten Ebene keinen Effekt auf die darunterliegenden Ebenen haben dürfen (es existiert keine Verbindung). Diese Art nennt man auch *feed forward*-Netze. Eine ebenfalls hierarchische Untergruppe wird *interaktive Modelle* genannt. In ihnen können sowohl Verbindungen nach oben als auch nach unten vorhanden sein. In allen hierarchischen Modellen gilt, daß Verbindungen nur innerhalb oder nur zum direkt benachbarten Layer (oberhalb oder unterhalb) erlaubt sind (oder sein sollen; jedenfalls sollen die Layers nicht zu weit entfernt liegen und noch eine Ebenen-Struktur ersichtlich sein.).

Bei den *nicht hierarchischen* Systemen gibt es praktisch keine Ordnung. Jede Unit kann mit jeder anderen beliebig in Verbindung treten. Durch das Auftreten von Rekursionen (*Feedback*) ergeben sich interessante Möglichkeiten. Dabei darf nicht übersehen werden, daß rekursive Netze, wenn sie nicht bestimmten Bedingungen genügen, zum Schwingen neigen können. Die Meinungen über die Leistungsfähigkeit hierarchischer gegenüber nicht hierarchischer Systeme gehen auseinander.

Minsky und Papert haben gezeigt, daß man jedes rekursive Netzwerk in ein entsprechendes feed forward-Netz umwandeln kann (in endlicher Zeit). Dazu muß das Netz so oft dupliziert werden, wie Rekursionstiefe erwünscht ist. Einen ähnlichen Effekt, wie das oftmalige Duplizieren des Netzes kann man auch erzielen, indem man sich die Aktivierungen merkt und sie der Reihe nach abarbeitet.

Ein weiteres Unterscheidungsmerkmal spricht die Art der *Updates* der Units an: das Problem, zu welchem Zeitpunkt die Aktivierungsregel nun wirklich angewandt wird. Idealerweise arbeiten die Units gleichzeitig und ohne übergeordnete Kontrolle. Man unterscheidet das *synchrone* gegenüber dem *asynchronen* Update von Units. Gibt es etwas Ähnliches wie einen gemeinsamen Takt, handelt es sich um ein synchrones System. Findet das Update der Units zu zufälligen Zeitpunkten statt, so spricht man von einem asynchronen Modell.

4.7 Lernen in Neuralen Netzen

Lernen in Neuralen Netzen erfolgt in erster Linie durch Verändern der Verbindungen, bzw. der mit ihnen assoziierten Gewichte. Im Prinzip kann man drei Arten der Veränderung von Gewichten unterscheiden:

(1) *Entwicklung* neuer Verbindungen.
(2) *Abbruch* vorhandener Verbindungen.
(3) *Veränderung* der Gewichte schon existierender Verbindungen.

Die Varianten (1) und (2) sind noch recht unerforscht, da man unsicher ist, nach welchen Kriterien der Auf- respektive Abbau der Verbindungen vor sich gehen soll. Bei (3) hingegen kann auf mehr Erfahrung zurückgegriffen werden.

Die Varianten (1) und (2) können als Spezialfälle von (3) angesehen werden, wenn dem Verbindungsabbau ein Setzen des entsprechenden Gewichtes auf 0 entspricht, und, vorausgesetzt, daß die Verbindung potentiell existiert, der Verbindungsaufbau einem Ändern des Gewichtes von 0 auf einen Wert ungleich 0.

5 Lernen in Neuralen Netzen

Für das Lernen in Neuralen Netze ist entscheidend, wie das Ausgabe- oder Reaktionsverhalten des Netzes gebildet bzw. geändert werden kann, und demnach auch, wie und wo das Netz etwas speichert, das sein Verhalten bestimmt. Das statische (gespeicherte) Wissen des Netzes liegt in seinen Verbindungen (deren Gewichten) und in seinem Aufbau, das dynamische (aktuelle) ist in den Aktivierungswerten enthalten, die, wenn es sich um Ausgabe-Units handelt, die Reaktion des Netzes auf ein präsentiertes Eingabemuster darstellen.

Das zu Erlernende (allgemein ein Muster) wird in Neuralen Netzen nicht explizit gespeichert. Vielmehr sind die *Gewichte* zwischen den einzelnen Units, die es erlauben, daß ein bestimmtes Muster immer wieder erzeugt werden kann, *gespeichert*. Lernen in einem Neuralen Netz bedeutet zumeist, die Gewichte richtig zu trainieren. Man geht dabei meist von einer *Initialisierung mit Zufallszahlen* aus und wendet dann eine Lernstrategie an, die die Gewichte des Netzes verändert. Dazu werden dem Netz wiederholt Muster präsentiert. Es werden *keine expliziten Regeln* gelernt, sondern die Regeln werden anhand der Daten implizit gelernt (generalisiert).

Das früheste Lernverfahren ist die von Hebb formulierte und nach ihm benannte *Hebb-Regel*. Außer diesem Lernverfahren gibt es noch viele andere, von denen die bekanntesten in den folgenden Abschnitten genauer beschrieben werden. Eine auffallende Gemeinsamkeit dieser Algorithmen ist ihr ausschließliches Zugreifen auf *lokale Informationen*, also auf Informationen benachbarter Units. Außerdem ist interessant, daß sie zumeist ohne übergeordnete Instanz zu implementieren sind, d.h. ohne globale Ablaufsteuerung. Dadurch kann das Lernen in fast allen Fällen parallel und ohne globale Zugriffe vor sich gehen, was sich bei entsprechender Hardware sehr günstig auf den zeitlichen Aufwand auswirkt.

5.1 Übersicht über die wichtigsten Lernansätze

Die verschiedenen Lernansätze kann man nach der Art der Präsentation der zu erlernenden Muster einteilen. Grundsätzlich unterscheidet man zwischen *überwachtem* (supervised) und *nicht überwachtem* (unsupervised) Lernen. Sind zu erlernende und damit zu assoziierenden Muster bekannt (d.h. das

Netz kennt das Muster und die zugehörige Klasse), so spricht man von einer Klassifizierung oder von überwachtem Lernen.

Werden dem Netz jedoch nur Muster (ohne zugehörige Klasse) vorgelegt, und das Netz soll aufgrund der in den Mustern vorhandenen Gemeinsamkeiten diese selbsttätig entsprechenden Klassen zuordnen, nennt man das nicht überwachtes Lernen oder Clustering. Das Finden und Bilden von Klassen ist Aufgabe des Netzes.

Die ersten drei der im folgenden vorgestellten Lernansätze sind Formen von Klassifizierung, das vierte und letzte ein typischer Fall von Clustering.

- Auto Associator (*Selbstassoziation*). In der Lernphase werden dem System wiederholt Muster präsentiert, die mit sich *selbst* (auto) assoziiert werden. Dies geschieht solange, bis sich die Gewichte derart eingestellt haben, daß Muster, die nur *bruchstückhaft* eingegeben werden, wieder *richtig erkannt* und assoziiert werden können. Das findet bei Abfragen mit nicht ganz richtigen Stichwörtern Anwendung.

- Pattern Associator (*Musterassoziation*). Dem System werden *Paare von Ein-* und *Ausgabemustern* präsentiert, und es soll lernen, ein bestimmtes Input-Muster mit einem bestimmtem Output-Muster zu assoziieren. Die entsprechenden Lernregeln werden später noch ausführlich behandelt. Selbstassoziation und Musterassoziation können auch zur Vervollständigung von Mustern (pattern completion) herangezogen werden.

- Classification Paradigm (*Klasseneinteilung*). Dem System werden *Muster* und ihre zugehörigen *Klassen* (als gewünschtes Output-Muster) präsentiert. Hat das Netzwerk die richtigen Gewichte gelernt, so ist es in der Lage, auch Muster, die nicht gelernt wurden, "richtig" im Sinne einer Generalisierung der bisher präsentierten Muster zu *klassifizieren*.

- Regularity Detector (*Klassenfindung*). Bei dieser Art zu lernen werden *nur Input-Muster* präsentiert. Es ist Aufgabe des Systems, statistisch bemerkenswerte Merkmale zu erkennen. Die Klassen sind – im Gegensatz zum Classification Paradigm – nicht von vornherein bekannt. Der Lernalgorithmus muß vielmehr die entscheidenden *Merkmale erkennen* und mit deren Hilfe eine Klassifizierung vornehmen. Ein Beispiel für diese Art des Lernens ist das *Competitive Learning* (s. Abschnitt 5.5).

5.2 Hebb-Regel

Diese erste, bisher biologisch plausibelste Lernregel wurde von D.O. Hebb (1949) formuliert, obwohl damals weder bekannt war, ob derartiges in einem Gehirn je gefunden würde, noch die Möglichkeit bestand, dieses Lernverfahren in irgendeiner Form operabel zu machen. Die Regel ist bestechend einfach und besagt:

Wenn Unit a und b zugleich (wiederholt) stark aktiviert sind, so erhöhe die Stärke ihrer Verbindung.

Erst 1989 konnten Forscher der Universität Yale ein derartiges Verhalten von Zellen anhand von Rattengehirnen nachweisen.

Als Beispiel für diese Lernform wurde ein Neurales Netz entwickelt, das das Imperfekt englischer Verben lernt (Rumelhart & McClelland,1986). Als Input-Muster werden die Verben im Präsens und als Output-Muster deren Imperfekt präsentiert. Es hat sich herausgestellt, daß zu Beginn die Wörter explizit gelernt werden, was jedoch auf Dauer nicht möglich ist, da das Netzwerk nicht genügend Speicherkapazität besitzt. Je mehr Verben gelernt werden, desto mehr generalisiert das Netz: Nach einiger Zeit wird standardmäßig die Endung "-ed" an jedes Verb angefügt. Die nicht regulären Verben, die das System zu Beginn schon richtig erlernt hatte, werden nun auch mit der Endung "-ed" versehen, das System muß diese neuerlich lernen. Dieser Umstand erscheint recht vertraut – Menschen zeigen oft ein ganz ähnliches Lernverhalten.

Die einfachste Form der Hebb-Regel ist folgende:

$$\Delta w_{ij} = k \, a_i \, o_j$$

mit k als *Lernrate*, die günstigerweise zwischen 0 und 1 gewählt wird. Ist k=0, so wird nichts gelernt, ist k=1, so werden die Gewichte, die schon gelernte Muster assoziieren konnten, ziemlich wahrscheinlich zerstört, das Netzwerk merkt sich das neue Muster so stark, daß die alten teilweise zerstört werden.

Allgemein kann die Hebb-Regel wie folgt formuliert werden:

$$\Delta w_{ij} = g(a_j(t), t_j(t)) * h(o_i(t), w_{ij}),$$

wobei $t_j(t)$ das zu erlernende Signal (teaching input, target) für die Unit u_j zum Zeitpunkt t, Δw_{ij} die Gewichtsänderung des Gewichtes w_{ij} (Gewicht, das die Unit u_j mit der Unit u_i verbindet) ist. Die zwei Funktionen g und h beschreiben die Gewichtsänderung in Abhängigkeit der angegebenen Argumente.

Anzumerken ist, daß die Hebb-Regel sowohl bei überwachten als auch als nicht überwachten Lernverfahren Verwendung findet, ja nachdem, ob dem Netz ein zu erlernendes Signal $t_j(t)$, und damit eine Überwachung, zur Verfügung steht.

5.3 Delta-Regel

Eine andere, sehr häufig verwendete Form des Lernens ist die sogenannte *Delta-Regel*, die aus der Hebb-Regel gebildet werden kann und formal wie folgt angeführt wird:

$$\Delta w_{ij} = k * (t_i - o_i) * o_j$$

oder

$$\Delta w_{ij} = k * \delta_i * o_j$$

wobei Δw_{ij} die Änderung des Gewichtes von Unit j zu Unit i in einem Lernschritt bedeutet. k ist die Lernrate, t_i der gewünschte Output der Unit i, o_i der tatsächliche Output der Unit i, o_j der Output der Unit j, und $\delta_i = t_i - o_i$ das Fehlersignal der Unit i.

Diese Lernregel, auch als Widrow-Hoff-Regel (1960) bekannt, ermöglicht es, die Gewichtsänderungen so durchzuführen, daß ein bestimmter Eingabevektor mit einem gewünschten Ausgabevektor assoziieren wird. Allerdings ist sie nur für zweischichtige Netze definiert, da der gewünschte Output einer Unit nur im Output-Layer, nicht aber für Hidden-Units beschrieben ist. Eine für mehrere Schichten geeignete Variante ist das sogenannte Back Propagation-Lernverfahren, eine Verallgemeinerung der Delta-Regel (generalized delta rule), die eine Berechnung der Fehlersignale für Hidden-Units definiert.

5.4 Back Propagation

5.4.1 Das Prinzip

Wie bereits erwähnt, ist Back Propagation eine Verallgemeinerung der Delta-Regel auf Netzwerke mit *beliebig vielen Layers* und feed forward-Topologie. Die prinzipielle Idee ist, daß die Hidden-Units (also jene Units, die weder Input- noch Output-Units sind) eine interne Repräsentation der Musterassoziation durch das Rückwärts-Propagieren eines Fehlersignals vom Output-Layer in Richtung Input-Layer (error back propagation) erlernen.

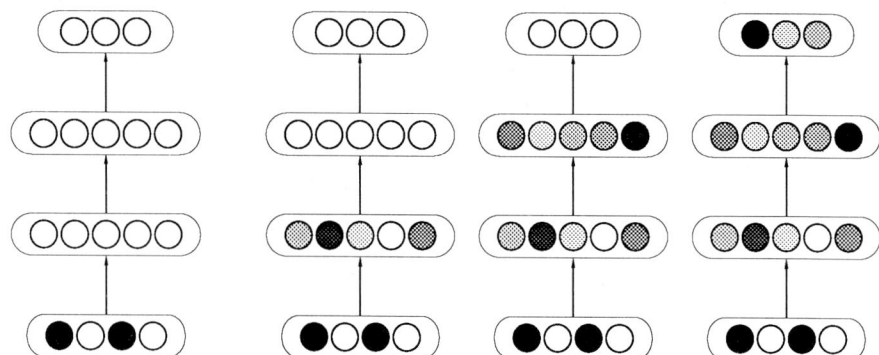

Abb. 5.4.1: Prinzip der Back Propagation, 1. Phase: Berechnung der Outputs. Dem Netz wird das zu erlernende Muster präsentiert und vorwärts (von Input- in Richtung Output-Layer) weitergesendet. Die Aktivierungen der Hidden-Units werden berechnet und schließlich auch die Aktivierungen der Output-Units.

Das Lernverfahren erfolgt in zwei Schritten: Zuerst wird das angelegte Muster in Richtung Output-Layer propagiert, um dort die Reaktion des Netzes auf das präsentierte Muster zu generieren. In der zweiten Phase erfolgt die Gewichtsänderung, abhängig vom Grad der Falschheit der Netzantwort. Die grundlegende Idee des Fehlerrücksendens hat bereits Rosenblatt (1962) formuliert.

Die Ausbreitung der Aktivierungen durch das Netz erfolgt schichtweise, d.h. die Aktivierungen der Units werden zuerst in jenem Hidden-Layer berechnet, der dem Input-Layer am nächsten liegt (s. Abb. 5.4.1, von links nach rechts). Dann erfolgt die Berechnung der Aktivierungen des nächsten, weiter beim Output-Layer gelegenen, Layer, bis schließlich der Output-Layer selbst erreicht ist.

In der zweiten Phase erfolgt die Fehlerbestimmung und die entsprechende Gewichtsänderung, wiederum schichtweise. Dabei wird beim Output-Layer begonnen, da hier das gewünschte Muster zur Verfügung steht und mit dem tatsächlich vom Netz produzierten Muster verglichen werden kann. Aus der Differenz dieser beiden Muster wird ein sogenanntes Fehlersignal gebildet, von dem einerseits die Änderung der Gewichte zwischen dem Output-Layer und dessen benachbartem Hidden-Layer und andererseits auch die Berechnung des neuen Fehlersignals für den nächsten Hidden-Layer abhängt.

Ist der Fehler bis zum letzten Hidden-Layer rückgesendet und wurden dabei
alle Gewichtsänderungen vorgenommen, kann wieder ein (neues) Muster angelegt und vorwärts propagiert werden. Wendet man diese Lernprozedur
wiederholt an, so wird der Fehler schrittweise verringert. Es sei darauf hingewiesen, daß man andere, bereits erlernte Muster mit diesem Vorgehen zerstören kann. Der Lernvorgang wird, wenn der Fehler entsprechend klein geworden ist, als beendet angesehen.

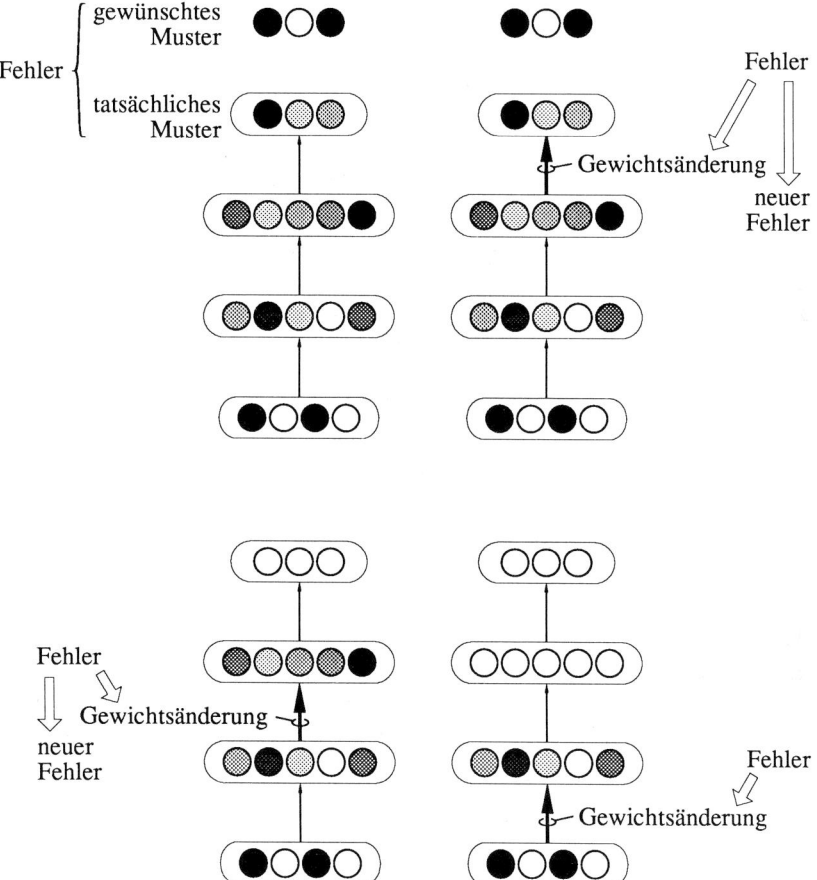

Abb. 5.4.2: Prinzip der Back Propagation, 2. Phase: Fehlerrücksendung. Der tatsächliche
Output des Netzes wird mit dem gewünschten verglichen und aus deren Differenz ein
Fehlersignal gebildet. Dieses wird an die Units des nächsten (Hidden-) Layer gesendet,
dort neu berechnet und dann an den nächsten, weiter beim Input liegenden Layer ge-
schickt. Abhängig vom Fehlersignal werden die Gewichte verändert. Dadurch soll das
Netz bei abermaligem Anlegen des selben Input-Musters einen geringeren Fehler liefern.

Da es sich bei der Back Propagation um ein Gradientenverfahren handelt, kann sich das Netz in einem lokalen Minimum verfangen und die gestellte Aufgabe nicht fehlerfrei erlernen. Bei binären Aufgabenstellungen mag das nicht störend sein, da die *Entscheidbarkeit* (und nicht die Fehlerfreiheit) ausschlaggebend ist.

5.4.2 Die Aufteilung des Fehlers auf Hidden-Units

Versucht man, das oben skizzierte Lernverfahren konkret zu formulieren, erhebt sich die Frage, nach welchen Kriterien die Gewichte der Hidden-Units gelernt werden sollen. Die bisherigen Lernprozeduren ermöglichten nur, die Gewichte zwischen einem Input- und einem Output-Layer zu erlernen. Nun gilt es, ein Verfahren zu entwerfen, wonach auch Hidden-Units lernen können.

Es gibt drei prinzipielle Möglichkeiten, dieses Problem zu lösen. Entweder man verwendet für Hidden-Layer nicht überwachtes Lernen, da es für Hidden-Units keine *Soll-Aktivierungen* gibt. Damit ist aber nicht garantiert, daß die erlernte interne Repräsentation mit dem im Output-Layer erwünschten Muster übereinstimmt. Die zweite Möglichkeit besteht darin, daß man eine bestimmte interne Repräsentation festlegt, also auch für Hidden-Units gewünschte Aktivierungen definiert. Damit kann aber nicht mehr ausschließlich anhand von Beispielen gelernt werden – die internen Repräsentationen müssen vom Netzdesigner irgendwie ge- oder gar erfunden werden. Die dritte Lösung ist, aus dem Fehler des Output-Layer automatisch Fehlersignale für die Hidden-Layers zu generieren, welche auch bei der Back Propagation gewählt wurde.

Die Fehlersignale für Hidden-Units werden generiert, indem der von der Differenz zwischen Soll- und Istmuster abhängige Fehler anteilsmäßig auf die Hidden-Units aufgeteilt wird, und zwar so, daß das Fehlersignal einer Unit umso größer ist, je stärker sie am produzierten Output beteiligt war. Diese Beteiligung wird an der Stärke der Verbindung, dem Gewicht, gemessen.

Für die mathematische Ableitung der Back Propagation sei auf Rumelhart & Hinton (1986) verwiesen. Die Gewichtsänderungen lassen sich wie folgt zusammenfassen:

$$\Delta w_{ij} = k \cdot \delta_i \cdot o_j \qquad\qquad \text{(1) Gewichtsänderung}$$

$$\delta_i = f'(net_i) \cdot (t_i - o_i) \qquad\qquad \text{(2) Fehlersignal für Output-Unit i}$$

$$\delta_i = f'(net_i) \cdot \Sigma_k(\delta_k \cdot w_{ki}) \qquad\qquad \text{(3) Fehlersignal für Hidden-Unit i}$$

wobei w_{ij} das Gewicht von Unit j zu Unit i, k die Lernrate, o_i der Output-Wert der Unit i, t_i die i-te Komponente des Sollmusters (target pattern), f' die erste Ableitung der Aktivierungsfunktion und net_i der Netto-Input der Unit i ist.

Das Fehlersignal δ_i wird für Hidden-Units und Output-Units *unterschiedlich* berechnet. Formel (2) gilt für Output-Units, denn dort ist das Sollmuster t_i bekannt. Formel (3) gilt für Hidden-Units, wo sich das Fehlersignal δ_i aus den gewichteten Fehlern der näher beim Output-Layer gelegenen Schicht (mit k indiziert) zusammensetzt.

Die Formel (1) für die Gewichtsänderung ist der Delta-Regel sehr ähnlich, der Unterschied liegt in der Berechnung der Fehlersignale. Ist für den Output-Layer die Differenz zwischen Soll- und Ist-Muster noch von der Delta-Regel übernommen, so kommt bei der Back Propagation der Gradient (die erste Ableitung der Aktivierungsfunktion f'(net)) hinzu (s. Formel (2) bzw. (3)).

Für Hidden-Units (s. (3)) wird der Fehler aus den näher beim Output-Layer liegenden Units anteilsmäßig gebildet. Das bedeutet, daß alle (*in Richtung Output-Layers* mit einer Hidden-Unit *verbundenen*) Units mit ihrem Fehlersignal, das mit dem Gewicht der dazwischen liegenden Verbindung multipliziert wird, zur Bildung des neuen Fehlersignals beitragen. Alle diese zu einer Unit gehörenden Anteile werden aufsummiert und ergeben, mit dem Gradienten multipliziert, das Fehlersignal der betrachteten Unit.

Diese Fehlerberechnung für Hidden-Units erfolgt schichtweise, da der Fehler vom direkt darüberliegenden (näher beim Output-Layer liegenden) Layer abhängt. Die Fehler werden also vom Output-Layer zum Input-Layer, rückwärts Schicht für Schicht berechnet.

5.4.3 Beispiel zur Berechnung eines Fehlersignals

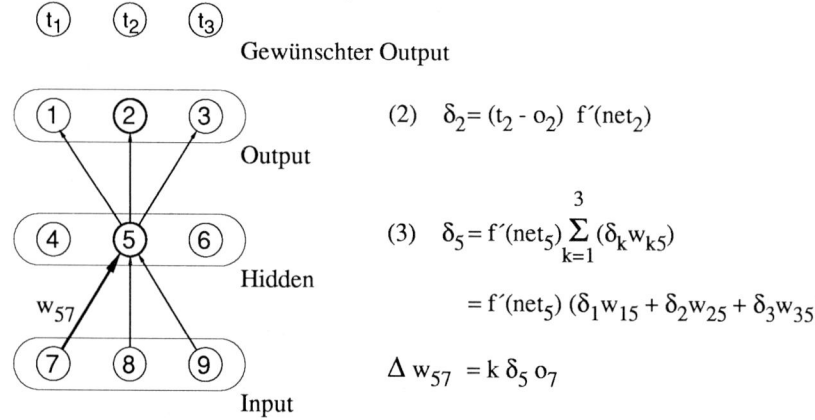

Abb. 5.4.3: Beispiel zur Berechnung von Fehlersignalen und einer Gewichtsänderung. Die Zahlen in den Units (als Kreise dargestellt) geben deren Index an. Das Netz besteht aus drei Layers mit jeweils drei Units in einer feed forward-Architektur. Die Berechnung der Fehlersignale δ_2 (nach Formel (2)) und δ_5 (nach Formel (3)) der stark umrandeten Units (2, 5) ist angegeben, ebenso die Änderung des Gewichts w_{57} der Verbindung zwischen den Units 5 und 7 (nach Formel (1)).

In diesem Beispiel (s. Abb. 5.4.3) wird zur Berechnung des Fehlersignals δ_2 der Unit 2 des Output-Layer Formel (2) verwendet, wonach es sich aus dem Produkt der Differenz von Ist- und Sollmuster und der ersten Ableitung der Aktivierungsfunktion an der Stelle des Netto-Input der Unit 2 zusammensetzt: $\delta_2 = (t_2 - o_2)\, f'(net_2)$.

Zur Berechnung des Fehlersignals δ_5 der Unit 5 des Hidden-Layer wird Formel (3) herangezogen, wobei die Berechnung von δ_5 von den Fehlersignalen des Output-Layer abhängt. Von jeder Unit des Output-Layer, die mit Unit 5 verbunden ist, trägt ein gewichteter Anteil des Fehlersignals ($\delta_k\, w_{k5}$) bei. Diese Anteile werden aufsummiert, und die Summe ($\Sigma_k\, \delta_k\, w_{k5}$) mit der ersten Ableitung der Aktivierungsfunktion an der Stelle des Netto-Input der Unit 5 multipliziert: $\delta_5 = f'(net_5)\, \Sigma_k\, \delta_k\, w_{k5}$.

Die Änderung des Gewichtes zwischen Unit 7 und Unit 5 ist, entsprechend der Formel (1), proportional zum Fehlersignal δ_5 der Unit 5 und dem Output o_7 der Unit 7, wobei sich δ_5 wie oben beschrieben berechnet: $\Delta w_{k5} = k\, \delta_5\, o_7$.

5.4.4 Die verwendete Output-Funktion

Die Output-Funktion (oder fälschlicherweise auch Aktivierungsfunktion) muß – für die Back Propagation – eine nichtlineare, monoton steigende und differenzierbare Funktion des Netto-Input (net$_i$ = $\sum_j$ w$_{ij}$ o$_j$) sein.

$$o_i = f_i(net_i)$$

wobei o$_i$ der Output und f$_i$ die Output-Funktion der Unit i ist. Zumeist wird eine sigmoide Output-Funktion (s. Abschnitt 4.3.3) verwendet, von der die erste Ableitung aus der Kenntnis des Wertes o$_i$ bereits errechnet werden kann

$$f'(net_i) = o_i (1 - o_i),$$

was sich aufgrund ihrer häufig notwendigen Berechnung (in jedem Lernschritt für jede Output- und Hidden-Unit) als sehr vorteilhaft erweist.

5.4.5 Anwendungsbeispiele der Back Propagation

Das XOR-Problem

Wie bereits festgestellt, ist das XOR-Problem das klassische Beispiel für die Anwendung eines Netzwerkes mit einem Hidden-Layer und auch eine bereits klassische Testaufgabe für Lernverfahren.

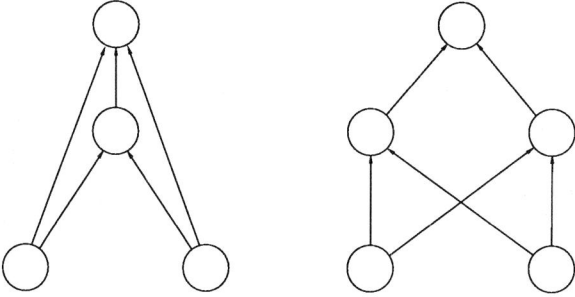

Abb. 5.4.4: Minimalanordnungen zur Lösung des XOR-Problems.

Man kann das XOR-Problem mit zwei Minimalanordnungen bezüglich der Anzahl an Units lösen, wobei der Unterschied in den Beschränkungen bezüglich des Netzaufbaus liegt. Wenn ausschließlich Verbindungen zum nächsten Layer erlaubt sind, ergibt sich die im rechten Teil der Abbildung 5.4.4 dargestellte Anordnung, die schon aus Kap. 4 bekannt ist. Die zweite Minimalanordnung (im linken Teil der Abb. dargestellt) verwendet nur eine Hidden-Unit, zeigt aber Verbindungen von den Input-Units zur Output-Unit.

Bei Testläufen passiert es nur sehr selten, daß sich das System in einem lokalen Minimum verfängt (wo kein Lernerfolg erzielt werden kann). Im Durchschnitt benötigt das System etwa 200 Lernschritte, um XOR zu erlernen. Bei einem sehr kleinen Lernfaktor (etwa k = 0.1) sind bedeutend mehr Präsentationen (mehr als 400) erforderlich.

Das Paritätsproblem

Zur Feststellung der Parität (gerade oder ungerade Anzahl von Einsen) eines Eingabemusters verwendet man n Input-Units, an denen entweder 0 oder 1 anliegt, n Hidden-Units und eine Output-Unit, die genau dann 1 ist, wenn die Anzahl der Einsen im Input-Layer gerade ist. Die Schwierigkeit des Problems liegt darin, daß bei sehr ähnlichen Eingabemustern (sie unterscheiden sich nur um ein Bit) eine gänzlich andere Ausgabe erwartet wird (XOR ist ein Paritätsproblem mit n = 2).

Es hat sich herausgestellt, daß man für diese Aufgabe beträchtlich mehr Lernvorgänge anwenden muß, bevor die optimale Lösung gefunden wird. Rumelhart und Hinton (1986) mußten den Lernvorgang etwa 1850 Mal wiederholen, um das Paritätsproblem mit 4 Input-Units (16 Mustern) bei einem Lernfaktor k = 0.5 zu lösen.

Verschlüsselung von Daten

Binäre orthogonale Eingabemuster sollen unter Verwendung von wenigen Hidden-Units auf ebensoviele binäre orthogonale Ausgabemuster abgebildet werden. Ein Netzwerk, das n Eingabemuster auf n Ausgabemuster abbildet, wobei im im Hidden-Layer ld(n) Units zur Verfügung stehen, könnte wie in untenstehender Abbildung (5.4.5) dargestellt aussehen.

Da die Ein-und Ausgabemuster praktisch unär kodiert sind (orthogonal), liegt die Vermutung nahe, daß das Netz aufgrund der beschränkten Anzahl an Hidden-Units eine *binäre* interne Kodierung findet.

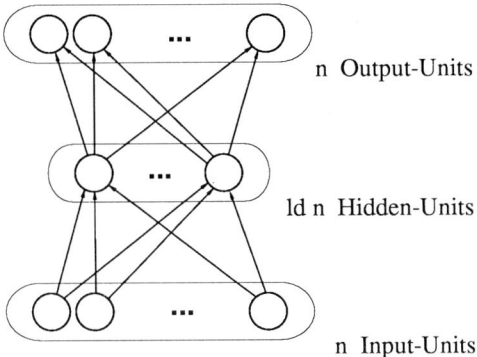

n Output-Units

ld n Hidden-Units

n Input-Units

Abb. 5.4.5: Die abgebildete Netzwerksarchitektur ist imstande, mit Hilfe der Back Propagation eine Abbildung von n orthogonalen binären Eingabemustern auf n orthogonale binäre Ausgabemuster zu erlernen. Wenn die Hidden-Units lernen, genau eine binäre Zahl für jedes Eingabemuster darzustellen, ist die Aufgabe mit ld(n) Units im Hidden-Layer zu bewerkstelligen.

Interessanterweise macht das Netz jedoch von Zwischenwerten (die nicht 0 oder 1 sind) Gebrauch. Man kann Aufgaben so formulieren, daß das System gezwungen ist, von solchen Zwischenwerten Gebrauch zu machen, indem die Anzahl an Hidden-Units kleiner als ld(n) gewählt wird.

Die Verschlüsselung von Daten setzt nicht zwingend orthogonale Muster voraus. Ein typisches Beispiel ist die Kodierung von einer verteilten (etwa binären) Repräsentation zu einer lokalistischen (etwa unären) mit entsprechendem Netzaufbau (z.B. nur einer Hidden-Unit).

Eingabemuster		Ausgabemuster
00	→	1000
01	→	0100
10	→	0010
11	→	0001

Um die vier Eingabemuster in einer Hidden-Unit durch unterschiedliche Aktivierungen darstellen zu können, muß das Netz auf Zwischenwerte zurückgreifen und jedem Muster einen anderen internen Wert zuordnen.

5.4.6 Wahl der Lernrate k

Die Lernrate k ist ein nicht zu vernachlässigender Parameter, der zumeist aus Ermangelung einer allgemein anwendbaren Regel vom Netzwerkdesigner experimentell bestimmt wird. Ihre Wahl hängt stark von der Problemstellung ab.

Wie bereits erwähnt, ist die Gewichtsänderung umso größer, je größer die Lernrate k ist. Praktischerweise wählt man diese Konstante als Kompromiß zwischen möglichst großen Lernschritten (k groß) und wenig oder keinen Oszillationen (k klein). Ist die Lernrate zu groß, kann ein Lernschritt zuvor Erlerntes zerstören – das Netz merkt sich das jeweils zuletzt präsentierte Muster am besten, die restlichen Muster jedoch nicht ausreichend gut. Ist die Lernrate sehr klein, sind verhältnismäßig viele Lernschritte erforderlich, um langsam aber beständig doch zu erlernen. Gebräuchlich sind Werte für k im Bereich von 0.1 bis 10, wobei experimentell Werte zwischen 0.3 und 0.7 erfolgversprechend sind.

Interessant zeigt sich auch das Abändern der Lernrate *während* des Lernvorgangs, wobei üblicherweise mit relativ großer Lernrate begonnen wird, wovon man sich erhofft, der gesuchten Lösung möglichst schnell nahe zu kommen, auch wenn diese aufgrund der anfänglich großen Lernrate instabil ist. Durch ihr allmähliches Verringern erwartet man sich eine Stabilisierung der gefundenen Lösung(en).

5.4.7 Gewichtsinitialisierungen

Die Anfangsgewichte definieren den Zustand des Netzes zu Beginn des Lernvorgangs. Je näher dieser der gesuchten Lösung ist, desto weniger Lernschritte sind notwendig. Da die gewünschte Lösung nur in den seltensten Fällen bekannt ist, versucht man, einen allgemein günstigen Anfangszustand zu wählen. Die Gewichte werden daher zumeist mit zufälligen gleichverteilten Werten initialisiert. Dabei ist zu beachten, daß nicht nur positive Gewichte gewählt werden, da das Netz sonst viele Lernschritte dafür aufwenden muß, daß auch einige Gewichte negative Werte annehmen.

Zur Bestimmung der Größe der Gewichte gibt es eine Heuristik, die besagt, daß jene im Mittel

$$\frac{\text{Konstante}}{\sqrt{\text{fan in}}}$$

betragen soll, also in Abhängigkeit von der Anzahl der zu jeder einzelnen Unit hinführenden Verbindungen (fan in) gewählt werden soll. Die Konstante ist aufgabenabhängig und im allgemeinen experimentell zu bestimmen.

5.4.8   Momentum-Term

Um das Auftreten von Oszillationen zu vermeiden, wo wiederholt einige Muster andere größtenteils zerstören, kann man der Gewichtsänderung einen Term beifügen. Dieser macht die aktuelle Gewichtsänderung von der vergangenen abhängig und wirkt dadurch einer allzu abrupten Gewichtsänderung entgegen. Die Gewichtsänderung zu einem bestimmten Zeitpunkt t beträgt danach

$$\Delta w_{ij}(t) = k \, \delta_i \, o_i + \mu \, \Delta w_{ij}(t-1)$$

wobei μ eine Konstante ist, die den Einfluß der vorhergehenden Gewichtsänderung (zum Zeitpunkt t–1) auf die neue (zum Zeitpunkt t) angibt. Den Term $\mu \, \Delta w_{ij}(t-1)$ bezeichnet man als Momentum-Term.

Dies ist ein praktisches Mittel, um Ausreißer auszufiltern. Ein günstiger Wert für μ ist 0.9 (Für $\mu=0$ ergibt sich die ursprüngliche Gewichtsänderung). Die Lernrate k kann wie bisher gewählt werden. Eine weitere Möglichkeit bietet sich, wenn μ und k voneinander abhängig gemacht werden, etwa $\mu = 1 - k$ und $0 < k \leq 1$.

5.4.9   Variationen zur Rechenzeitverkürzung

Um den Lernvorgang zu beschleunigen, wurden zahlreiche Variationen der Back Propagation untersucht, wie etwa die Verwendung der zweiten Ableitung der Output-Funktion zur Bestimmung des Fehlersignals

$$\delta_i = (t_i - o_i) \frac{f''(net_i)}{f''(net_i)}$$

wobei darauf geachtet werden muß, daß bei Verwendung der sigmoiden Funktion die zweite Ableitung bei $net_i = 0$ eine Nullstelle hat (s. Abb. 5.4.6).

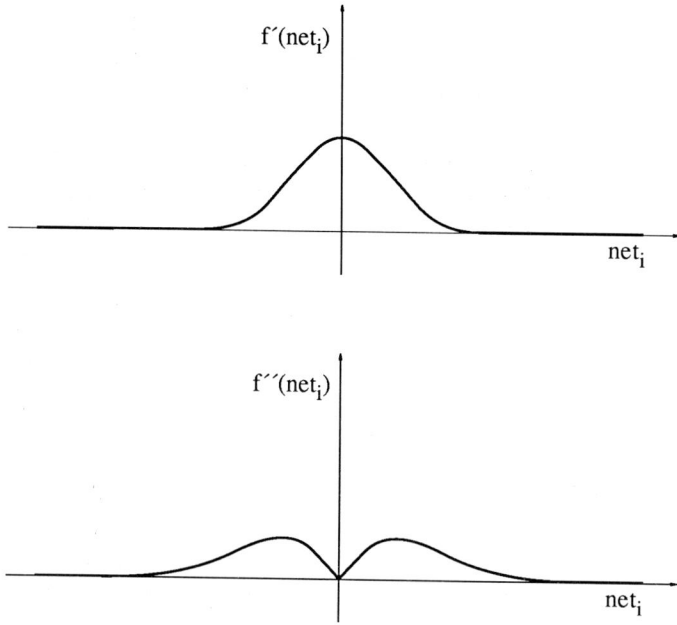

Abb. 5.4.6: Erste und zweite Ableitung der sigmoiden Funktion.

Eine mögliche Division durch Null kann umgangen werden, indem man eine um einen kleinen Betrag entlang der y-Achse verschobene Funktion, die keine Nullstelle mehr aufweist, anstelle der zweiten Ableitung verwendet bzw. die zweite Ableitung entsprechend nach unten beschränkt.

Der Effekt, den man sich durch die Verwendung der zweiten Ableitung zur Bestimmung des Fehlersignals erhofft, liegt im schnelleren Auffinden eines Minimums. Unter der Annahme, daß die Fehlerfunktion in der Nähe eines Minimums stärker gekrümmt ist, bewirkt die Division durch die zweite Ableitung in einiger Entfernung vom Minimum größere Schritte, da der Wert der zweiten Ableitung bei schwacher Krümmung der Fehlerkurve klein ist und eine Division durch diesen relativ kleinen Wert eine stärkere Gewichtsänderung ergibt. In der Nähe eines Minimums ist aufgrund der dort angenommenen starken Krümmung der Fehlerkurve der Wert der zweiten Ableitung relativ groß, was die Gewichtsänderung kleiner werden läßt.

Durch diese Änderung werden in vielen Aufgaben tatsächlich weniger Lernschritte benötigt, das System verfängt sich jedoch leichter in einem lokalen Minimum, sofern die Lösung der Aufgabenstellung solche aufweist.

Ein weiterer Ansatz, das sehr rechenintensive Lernverfahren zu beschleunigen, verwendet den einmal berechneten Gradienten mehrmals (Gradient Reuse Algorithm), um dadurch die Zeit zur Berechnung eines neuen Gradienten einzusparen. Unter der Annahme, daß die Gradienten sich nicht stark voneinander unterscheiden, was bei gewissen Problemstellungen der Fall ist, bringt diese Methode auch die erhofften Vorteile.

Interessant erscheint die dynamische Abänderung der Topologie zur Lernzeit, wo Units, die nicht viel zur Problemlösung beitragen, entfernt werden (Pruning), oder auch der gegenteilige Ansatz, Units entsprechend der Komplexität der Aufgabe neu hinzuzufügen. Pruning bringt unter anderem den Vorteil der Einsparung von Berechnungen für Units, die ohnehin nicht zur Problemlösung beitragen. Außerdem wird die Komplexität des Netzes durch das Wegfallen einiger Parameter (Gewichte) gesenkt. Das dynamische Hinzufügen von Units erlaubt mit anfänglich wenigen Units die Grobstruktur der Aufgabe zu erlernen, was durch die geringere Anzahl an Units schneller zu bewerkstelligen ist, um im weiteren Verlauf durch Hinzufügen neuer Units Feinheiten der Aufgabenstellung genauer erlernen zu können.

Weiters sei darauf hingewiesen, daß auch eine gewisse Anzahl (teilweise bis zu 90 %) der Gewichte als fix angesetzt werden kann, da die meisten Aufgaben viele Lösungen zulassen und das Netz in der Lage ist, eine Lösung unter Einbindung der vorgegebenen Gewichte zu suchen.

Generell kann zu den vorgestellten Varianten der Back Propagation bemerkt werden, daß sie für *manche* Problemstellungen vorteilhaft sind, nicht jedoch für alle.

5.5 Competitive Learning

Competitive Learning, von Rumelhart & Zipser (1986) eingehend untersucht, ist eine nicht überwachte (unsupervised) Lernstrategie. Sie teilt die Input-Vektoren in disjunkte Gruppen (*Cluster*), und zwar so, daß die Vektoren eines Cluster einander *ähnlich* sind. Der Name Competitive Learning beruht darauf, daß die Hidden-Units untereinander in Konkurrenz treten, um aktiv zu werden. Diese Grundidee wurde in zahlreichen Variationen ausgearbeitet, die einfachste sei hier erklärt.

Wenn ein Input-Vektor ans Netzwerk angelegt wird, gewinnt die Hidden-Unit mit der *größten Summe über die gewichteten Inputs* den Konkurrenzkampf und wird aktiv – die anderen Hidden-Units schalten ab. Die *gewinnende Unit addiert* einen Teil des aktuellen Input-Vektors zu ihrem *Gewichtsvektor*.

Damit wird auch in Zukunft die Summe der Eingänge dieser Unit größer, da sie ja ihre Gewichte erhöht hat. Um zu verhindern, daß die selbe Hidden-Unit in jedem Fall (bei jedem Eingabemuster) gewinnt, muß den *Gewichten* eine *Beschränkung* auferlegt werden, z.B. daß die Summe der Gewichte (oder die Summe der Gewichtsquadrate) konstant bleibt. Das bewirkt, daß eine Unit, die für einen bestimmten Input-Vektor sensitiv geworden ist, auf andere weniger sensitiv reagiert. Die gewinnende Unit erhöht also nicht mehr einfach ihre Gewichte, sondern muß deren Werte umverteilen.

Competitive Learning ermöglicht eine Generalisierung und Klassifizierung von Mustern, deren Klasseneinteilung unbekannt ist. Mit Competitive Learning kann anschaulich gezeigt werden, wie adaptive Netze wichtige Eigenschaften der Eingabemuster extrahieren können.

Grundlegende Komponenten des Competitive Learning sind:

1) Eine Menge gleichartiger Units mit zufälligen Gewichten, die jede Unit ein wenig anders auf die Eingabemuster reagieren lassen.
2) Begrenzung der Gewichte jeder einzelnen Unit.
3) Konkurrenz unter den Units, um auf ein bestimmtes Eingabemuster zu antworten.

Diese Vorschriften bewirken, daß sich jede Unit auf ein bestimmtes Muster bzw. auf eine Eigenschaft der Eingabemuster *spezialisiert* (pattern classifiers, feature detectors). Competitive Learning ist eine sehr mächtige Strategie mit vielen Variationsmöglichkeiten. Historisch gesehen geht es auf das Perceptron (s. Abschnitt 2.3.1) von Rosenblatt zurück. Weiters haben auch einige andere diese Lernstrategie untersucht und verwendet: Von der Malsburg (1973), Grossberg (1976), Fukushima (1975) und Kohonen (1982).

5.5.1   Der Competitive Learning-Mechanismus

Die Architektur eines Competitive Learning Systems (s. Abb. 5.5.1) ist *hierarchisch* aufgebaut. Die Layers sind mit dem jeweils darüberliegenden Layers erregend verbunden. Im allgemeinsten Fall erhält jede Unit eines Layer ihre Inputs von *jeder* Unit des darunterliegenden Layer und gibt diese an alle Units im darüberliegenden Layer weiter. Innerhalb eines Layer sind die Units in *Cluster* (Gruppen) aufgeteilt, innerhalb derer alle Units *einander hemmen*. Die Units innerhalb eines Cluster treten in Konkurrenz, um auf ein Muster aus einem unteren Layer zu antworten. Je stärker eine Unit antwortet, umso mehr behindert (hemmt) sie die anderen.

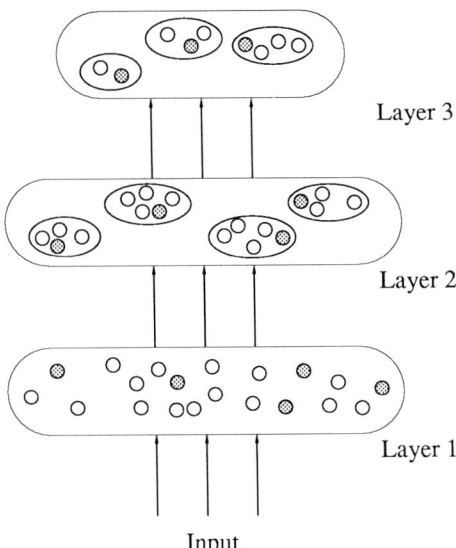

Abb. 5.5.1: Architektur für den Competitive Learning-Mechanismus, der einen hierarchisch in Layers gegliederten Aufbau voraussetzt. Units sind als kleine Kreise, deren Aktivierungen durch schwarz ausgefüllte Kreise dargestellt, die vollständige Verbindung zwischen den Layers ist durch Pfeile angedeutet.

5.5.2 Eine geometrische Interpretation

Um die Wirkungsweise des Competitive Learning zu veranschaulichen, stellten Rumelhart & Zipser (1985) ein einfaches geometrisches Modell vor. Sie verwenden für ihre Untersuchungen folgendes System:

1) Die Units eines Layer werden in einander nicht überlappende Cluster zusammengefaßt. Jede Unit eines Clusters hemmt alle anderen im Cluster. Die Gewinner-Unit erhält den maximalen Wert, alle anderen das Minimum. Das Maximum wurde willkürlich auf 1, das Minimum auf 0 gesetzt.
2) Jede Unit erhält die gleichen Inputs; die Gewichte sind verschieden.
3) Eine Unit lernt nur, wenn sie die Konkurrenz in ihrem Cluster gewinnt.
4) Ein Muster ist binär, wobei aktiv den Wert 1, passiv den Wert 0 hat.
5) Jede Unit hat eine feste Anzahl an Gewichten. Das Gewicht von Unit j zu Unit i sei w_{ij}. Die Summe der Gewichte einer Unit i sei 1 ($\sum_j w_{ij} = 1$).

Eine Unit lernt durch Verschieben der Gewichte zu den aktiven Inputs. Gewinnt eine Unit eine Konkurrenz, werden die Gewichte zu den aktiven Inputs verschoben und dort gleichmäßig verteilt. Formal läßt sich die Lernregel (Gewichtsänderung) für eine Unit i bei der Konkurrenz um das Muster k für alle Eingänge j so angeben:

$$\Delta w_{ij} = \begin{cases} 0 & \text{wenn bei Muster k verloren} \\[2ex] g\,\dfrac{o_{jk}}{n_k} - g\,w_{ij} & \text{wenn gewonnen} \end{cases}$$

wobei o_{jk} den Wert 1 hat, wenn beim Muster k der Eingang j aktiv war, n_k die Anzahl der aktiven Eingänge im Muster k ($n_k = \sum_j o_{jk}$) und g die Lernrate ist.

Das oben beschriebene System läßt sich geometrisch anschaulich interpretieren. Jedes Muster (Input) kann als Vektor aufgefaßt werden. Wenn alle Muster gleich viele aktivierte Units (gleich viele 1) enthalten, haben die zugehörigen Vektoren gleiche Länge und können als Punkte einer N-dimensionalen Kugel interpretiert werden, wobei N die Anzahl der Units im vorhergehenden Layer ist. Jedes x in Abb. 5.5.2 repräsentiert ein Muster. Ähnliche Muster liegen räumlich nahe beisammen; je verschiedener sie sind, desto entfernter voneinander liegen sie.

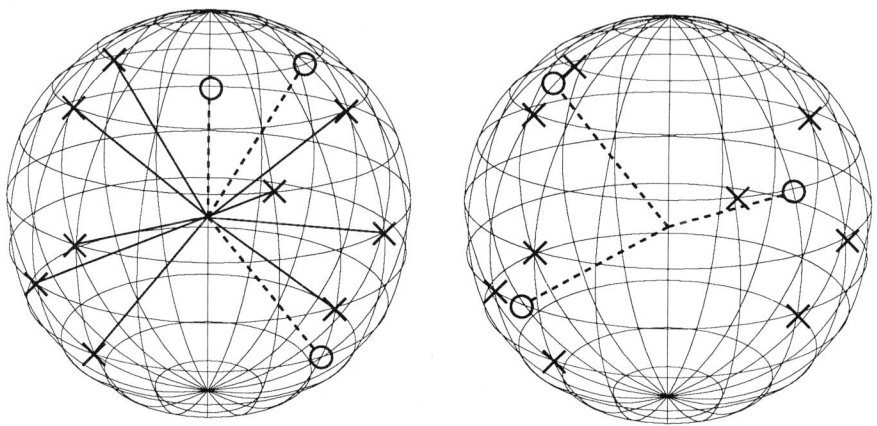

Abb. 5.5.2: Muster- (x) und Gewichtsvektoren (o) in der geometrischen Interpretation des Competitive Learning. In der linken Hälfte der Abbildung sind die Muster und die anfänglich zufälligen Gewichtsvektoren gezeigt. Der Lernvorgang bewirkt, daß sich die Gewichte in Richtung des Zentrums von räumlich zusammengehörigen Mustergruppen bewegen (rechter Teil der Abbildung). Die Aufteilung der Gewichte auf die Mustergruppen im angegebenen Beispiel ist instabil, da vier deutlich räumlich voneinander abgrenzbare Gruppen durch drei Zentren (Gewichte) dargestellt werden sollen.

Auch die Gewichte können als N-dimensionale Vektoren gesehen werden. Da $\sum_j w_{ij} = 1$, haben diese Vektoren in etwa selbe Länge (exakt wäre die Einschränkung $\sum_j w_{ij}^2 = 1$ zu formulieren). Deshalb kommen die Gewichte (nach passender Skalierung) auch ungefähr auf der Kugeloberfläche zu liegen. Abb. 5.5.2 zeigt die Gewichtsvektoren als $\circ$.

Wird dem Netz ein Muster präsentiert, so antwortet die Unit, deren Gewichtsvektor auf der Kugeloberfläche am nächsten liegt. Die Lernstrategie lautet: Immer wenn eine Unit gewinnt (am nächsten ist), wandert sie auf der Kugeloberfläche um den Faktor g in Richtung präsentiertes Muster.

Angenommen es gibt genausoviele Gruppen von Mustern wie Units (mit je einem Gewichtsvektor) in einem Cluster. Nach ausreichendem Lernen werden die Gewichtsvektoren der Units, falls die Mustergruppen entsprechend deutlich ausgeprägt sind, ziemlich in die Mitte der Gruppen gewandert sein. Damit haben die Units (bzw. deren Gewichte) die gemeinsame Struktur in den Mustern entdeckt und erlernt.

5.5.3 Eigenschaften des Competitive Learning

Jeder Cluster klassifiziert die Mustermenge in M Gruppen, wenn M die Anzahl der Units im Cluster ist. Bei ungefährer Gleichverteilung der Muster spricht jede Unit auf etwa die selbe Anzahl von Mustern an. Cluster können als M-äre Klassifizierer angesehen werden, die die Muster genau in M Klassen einteilen, d.h. jedem Muster eine der M Eigenschaften, die eine Klasse charakterisieren, zuordnen. Auf jedes Muster antwortet also genau eine Unit des Clusters.

Gibt es eine Struktur in den Mustern, werden die Muster anhand dieser Struktur aufgeteilt, d.h. wenn es Anhäufungen bei Mustern gibt, so werden sie gefunden (Welcher Art diese Strukturen sind, ist ein anderes Problem).

Wenn die Muster stark strukturiert sind (entsprechend der Anzahl an Units bzw. Klassen), ist die Klassifikation eher stabil. Bei weniger stark strukturierten Mustern kann es passieren, daß zuerst eine, dann eine andere Unit auf das selbe Muster anspricht. Wenn sich die Muster gut klassifizieren lassen, wird das System sehr stabil, und erneute Präsentationen des Musters erzielen immer wieder die selbe Antwort, ohne eine Änderung der Gewichte zu bewirken.

Sind die Muster allerdings nicht gut klassifizierbar, kann es vorkommen, daß ein erneut vorgelegtes Muster die Gewichte verändert und die Antworten von Fall zu Fall unterschiedlich ausfallen. Offensichtlich hängt es stark vom Verhältnis Muster zu Units ab, wie stabil eine Konfiguration werden kann. Zumeist sind weit mehr Muster als Units vorhanden, ein stabiles System ist selten anzutreffen.

Eine korrekte Gruppierung der Muster hängt einerseits von den Anfangsgewichten und andererseits von der Reihenfolge der präsentierten Muster ab. Wenn statt einem Cluster mehrere verwendet werden, können diese die Muster verschiedenartig klassifizieren (oder sogar mehrere voneinander unabhängige Eigenschaften herausarbeiten). Ein Problem dabei ist, daß nicht garantiert werden kann, daß verschiedene Cluster nicht die selbe Eigenschaft erkennen, wo sie doch auch die selben Eingaben erhalten. Eine Abänderung, sodaß eine Hemmung zwischen den Clusters herbeigeführt wird, kann abhelfen.

In der Literatur gibt es zahlreiche Variationen des Competitive Learning. Daß Competitive Learning in der Lage ist, *topographische Abbildungen* (s. Abschnitt 5.9) durchzuführen, wenn *mehrere Hidden-Units* zur selben Zeit *aktiv* sein dürfen und physisch benachbarte Hidden-Units einander weniger stark behindern als weiter entfernte, untersuchten Kohonen (1982) und Amari (1983). Fukushima und Miyake (1982) haben gezeigt, daß ihre Version von Competitive Learning (s. Abschnitt 6.3) mittels eines mehrschichtigen Netzes (Neocognitron) einfache zweidimensionale Figuren an verschiedenen Positionen erkennen kann. Sie verwenden einen Mechanismus, bei dem die Cluster untereinander in Konkurrenz treten, um auf ein Merkmal anzusprechen, und verhindern dadurch, daß sich mehrere Cluster auf das selbe Merkmal spezialisieren.

5.6 Boltzmann-Maschinen

Eine mögliche Anwendung von parallelen Netzwerken sind Suchvorgänge in einer umfangreichen Datenmenge unter einer großen Anzahl von Nebenbedingungen. Um die Problemlösung effizient zu gestalten, müssen zwei Bedingungen erfüllt sein: einerseits muß ein Suchverfahren für parallele Netze gefunden werden; andererseits muß eine interne Repräsentation der Nebenbedingungen gefunden werden, um diese auf die vorhandene Hardware abzubilden.

Im folgenden wird ein allgemeines paralleles Suchverfahren (Boltzmann-Maschinen) beschrieben, das nach dem Prinzip statistischer Mechanik funktioniert, sowie eine Lernregel, die in solchen Systemen die Stärke der Verbindungen verändert.

5.6.1 Prinzipielle Funktionsweise der Boltzmann-Maschine

Die Boltzmann-Maschine ist ein parallel arbeitendes System, das geeignet ist, Optimierungsaufgaben mit einer großen Anzahl von sogenannten "schwachen" Nebenbedingungen zu lösen. Werden bei solchen Aufgaben "starke" Nebenbedingungen verwendet, müssen jene für eine gültige Lösung erfüllt sein (z.B.: Spiele oder Rätsel verwenden solche Bedingungen als Regeln). In manchen Problemstellungen (wie etwa die plausibelste Interpretation eines Musters) werden häufig sogar bei der besten Lösung einige Nebenbedingungen verletzt. Üblicherweise werden für verletzte Nebenbedingungen sogenannte Kosten berechnet. Die Qualität der Lösung ergibt sich dann durch die Gesamtkosten der verletzten Bedingungen. Bei dem Beispiel der Mustererkennung könnten die Kosten als Wahrscheinlichkeit, daß eine Interpretation nicht erfüllt wird, angesehen werden.

Die Boltzmann-Maschine besteht aus einfachen Elementen (Units), die untereinander mit *zweiseitigen* (symmetrischen) Verbindungen verknüpft sind. Eine Unit besitzt nur zwei Zustände: ON oder OFF (binäre Units). Der Zustand ergibt sich aufgrund der Zustände der benachbarten Units und der Gewichte der entsprechenden Verbindungen.

Eine Unit im Zustand ON oder OFF repräsentiert eine Hypothese, die akzeptiert oder abgelehnt wird. Das Gewicht einer Verbindung entspricht einer "schwachen" Bedingung zwischen zwei Hypothesen. Ein positives Gewicht gibt an, daß die Hypothesen einander unterstützen. Das heißt, wenn die eine Hypothese akzeptiert wird, erhöht sich die Akzeptanz der anderen Hypothese. Ein negatives Gewicht gibt an, daß beide Hypothesen nicht gemeinsam akzeptiert werden sollten.

Die Gewichte der Verbindungen sind symmetrisch, das heißt, sie haben in beiden Richtungen die selbe Stärke. Die daraus resultierende Struktur des Systems bezieht sich auf ein Modell, das von Hopfield (1982) beschrieben wurde (s. auch Abschnitt 6.2). Jedem *globalen Zustand* eines solchen Systems kann man einen Wert zuordnen, der in Analogie zu physikalischen Modellen als *Energie* des Zustands oder Systems bezeichnet wird. Diese Energie kann als Fehler- oder Kostenfunktion verstanden werden.

Unter den richtigen Voraussetzungen können die einzelnen Units dazu gebracht werden, diese globale Energie (die Kosten) zu minimieren. Wenn einige Units gezwungen werden, einen bestimmten Zustand anzunehmen, um einen gewissen Input zu repräsentieren, findet das System einen Energiewert unter Berücksichtigung dieser Eingabe.

Die Energie einer Konfiguration kann als Maß dafür interpretiert werden, wie stark die Nebenbedingungen verletzt werden. Um eine gute Lösung zu finden, müssen die Nebenbedingungen möglichst gut erfüllt sein. Dies wird durch Minimieren der Energie erreicht, das System strebt gegen eine bessere Erfüllung der Nebenbedingungen der Problemstellung. Die Energie der globalen Konfiguration wird definiert mit

$$E = -\sum_{i<j} w_{ij} s_i s_j + \sum_i \Theta_i s_i$$

wobei w_{ij} die Stärke der Verbindung zwischen Unit j und i, s_i der Zustand (die Aktivierung) der Unit i (1 wenn Unit i aktiv, sonst 0) und Θ_i ein Schwellwert ist.

5.6.2 Minimierung der Energie- oder Kostenfunktion

Ein einfaches Verfahren, ein lokales Minimum zu finden, besteht darin, jede Hypothese in den Zustand zu versetzen, der die Gesamtenergie verringert. Wenn die Units ihre Entscheidungen asynchron treffen und die Übertragungszeiten vernachlässigbar sind, erreicht das System immer ein lokales Energieminimum (Hopfield, 1982).

Da die Verbindungen symmetrisch sind, kann der Unterschied zwischen der Gesamtenergie, wenn die k-te Hypothese angenommen wird, und der Energie, wenn diese Hypothese abgelehnt wird, für jede Unit lokal berechnet werden. Dieser Energieunterschied beträgt

$$\Delta E_k = \sum_i w_{ki} s_i - \Theta_k$$

Der Beitrag einer Unit zur Minimierung der Energie im System liegt darin, den aktiven Zustand zu übernehmen, wenn die Summe der Eingänge der anderen Units den Schwellwert Θ überschreitet. Das ist die übliche Regel für binäre Schwellwert-Units (s. Abschnitt 4.4.2). Die beiden oben angegebenen Gleichungen können noch weiter vereinfacht werden, da der Beitrag der Schwellwert-Units als konstant betrachtet werden kann (und Konstante bei der Minimierung irrelevant sind).

$$E \;\;=\; -\sum_{i<j} w_{ij} s_i s_j$$

$$\Delta E_k = \;\;\sum_i w_{ki} s_i$$

5.6.3 Störungen zur Überwindung lokaler Minima

Dieser einfache deterministische Algorithmus leidet an der üblichen Schwäche eines Gradientenverfahrens, sich in lokalen Minima zu verfangen. Eine einfache Methode, lokale Minima zu überwinden, ist es, gelegentlich Sprünge über lokale Stellen höherer Energie zu machen, um letztendlich das globale Minimum zu erreichen.

Die Idee eines Algorithmus mit dieser Fähigkeit ist der Analyse thermodynamischer Systeme entlehnt. Seine Adaption für parallele Berechnungen kann folgendermaßen beschrieben werden:

Wenn der Energieunterschied zwischen ON- und OFF-Zustand der k-ten Unit ΔE_k beträgt, ergibt sich der Zustand $s_k = 1$ mit der *Wahrscheinlichkeit*

$$p_k = \frac{1}{1 + e^{\Delta E_k / T}}$$

wobei T einen Parameter darstellt, der Temperatur genannt wird und dessen Wert allmählich gesenkt wird. Der Verlauf der Wahrscheinlichkeitskurve p_k entspricht der sigmoiden Funktion aus Abschnitt 4.3.3. Die Steilheit der Kurve hängt von der Temperatur T ab.

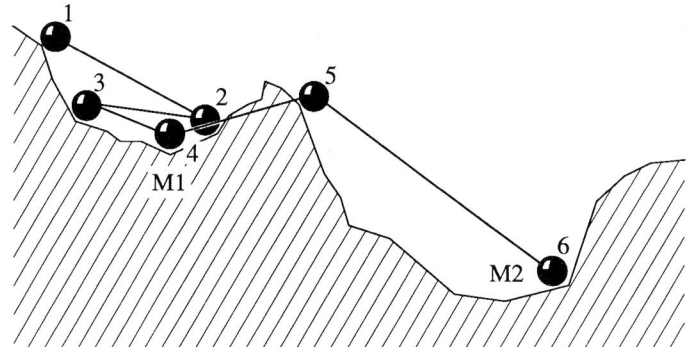

Abb. 5.6.1: Energielandschaft mit zwei Minima (M1 und M2). Durch Zulassen von Sprüngen auf höhere Energieniveaus (3, 5) kann ein lokales Minimum überwunden werden.

Ein Netzwerk, das dieses Verfahren verwendet, erreicht eventuell ein "thermisches Gleichgewicht", wobei sich die globalen Zustände dieses Netzwerks nach der Boltzmann-Verteilung verhalten (Ackley, 1985). Bei niedrigeren Temperaturen werden Zustände niedriger Energie stärker bevorzugt, wobei jedoch längere Zeit zur Erreichung des Gleichgewichts benötigt wird. Bei höheren Temperaturen werden Zustände niedriger Energie weniger stark bevorzugt, aber das Gleichgewicht schneller erreicht.

Eine gute Methode, sowohl die Nachteile der niederen als auch die der höheren Temperatur zu vermindern, ist es, mit hoher Temperatur zu beginnen und diese langsam abzusenken. Bei hoher Temperatur erreicht das Netzwerk schnell ein Gleichgewicht und ignoriert kleine Energieunterschiede. Das Netz findet zuerst einen Bereich, in dem sich das Minimum befinden sollte, und durch Absenken der Temperatur wird in diesem Bereich ein besseres Minimum erreicht (s. Abschnitt 4.4.4).

5.6.4 Lernalgorithmus der Boltzmann-Maschine

Um die Werte der Verbindungen nicht berechnen oder erraten zu müssen, ist auch für Boltzmann-Maschinen ein Lernverfahren entworfen worden. Dem Netzwerk werden sowohl der Input- als auch der gewünschte Output-Vektor präsentiert, daher handelt es sich um ein überwachtes Lernverfahren. Gibt es zu einem Input-Vektor mehrere mögliche Output-Vektoren, werden diese an die Output-Units mit der ihrer Häufigkeit entsprechenden Wahrscheinlichkeit angelegt.

Das Netzwerk wird nach jeder Musterpräsentation abgekühlt, bis es bei einer Temperatur von 1 ein thermisches Gleichgewicht erreicht. In diesem Gleichgewichtszustand mißt jede *Verbindung*, während einer fixen Zeitspanne, den Anteil der Zeit an der Gesamtdauer, bei der beide (verbundenen) Units aktiv sind.

Diese Messung wird für alle Input-Output-Paare durchgeführt, um für jede Verbindung den Wert $<s_i, s_j>^+$ zu bestimmen. Dieser Wert gibt die erwartete Wahrscheinlichkeit an, bei der im Durchschnitt aller Fälle die Units i und j gleichzeitig bei thermischem Gleichgewicht aktiv sind, wobei sowohl Input- als auch Output-Vektoren angelegt sind.

Danach wird die gleiche Messung durchgeführt, während die Output-Vektoren nicht fixiert sind, und ein Wert $<s_i, s_j>^-$ bestimmt. Er gibt die erwartete Wahrscheinlichkeit an, daß bei thermischem Gleichgewicht beide Units aktiv sind, wenn der Output-Vektor nicht präsentiert wird.

Nachdem dem Netz zuerst in beliebiger Reihenfolge alle Input- und Output-Vektoren präsentiert wurden und anschließend nur die Input-Vektoren, wobei das Netz jeweils Wahrscheinlichkeitsmessungen durchführt, werden die Gewichte abhängig von den gemessenen Wahrscheinlichkeiten, und zwar proportional zu der Differenz dieser beiden Werte, verändert:

$$\Delta w_{ij} = \varepsilon \left(<s_i, s_j>^+ - <s_i, s_j>^- \right)$$

ε regelt die Stärke der Gewichtsänderung und entspricht damit einer Lernrate.

Die Anwendung der statistischen Mechanik zur Lösung von Optimierungsproblemen in parallelen Netzen ist ein vielversprechendes Gebiet, das von verschiedenen Forschern unabhängig entdeckt wurde.

5.7 Lernen durch Verstärkung und Belohnung

5.7.1 Grundlegende Version des Verstärkungslernens

Grundprinzip dieses Verfahrens ist es, *lokale Größen* in Abhängigkeit eines *globalen Verstärkungssignales* zu ändern. Dazu werden die lokalen Größen (Gewichte) in Abhängigkeit vom angelegten Input und dem globalen Verstärkungssignal geändert, um eine Beziehung zwischen Eingabe und Verstärkung herzustellen. Das Ziel des Lernens ist die *Erhöhung der erwarteten Verstärkung*.

Die Änderungen, die das Netz vornimmt, um zu lernen, betreffen die *Wahrscheinlichkeitsverteilung* der Muster, die mit den lokalen Größen assoziiert wird. Geht es bei der Boltzmann-Maschine darum, diese Verteilung einer Sollverteilung anzupassen, so ist das Ziel beim Verstärkungslernen, die Verteilung so zu ändern, daß das globale Verstärkungssignal maximal wird. Wenn die Wahrscheinlichkeitsverteilung nach jedem Versuch adjustiert wird, handelt es sich bei diesem Lernverfahren um eine *stochastische Version eines Gradientenverfahrens*.

Lernen durch Verstärkung kann auch assoziativ sein, wenn etwa eine Abbildung von Eingabe- auf Ausgabemuster gelernt wird, wobei das Verstärkungssignal diese Assoziation steuert. Das Verstärkungssignal kann auch eine Art Gedächtnis der Umgebung miteinbeziehen, wenn es von vergangenen Inputs und/oder Outputs abhängt.

Der Vorteil von Lernen durch Verstärken ist, daß dieses Verfahren relativ einfach zu implementieren ist, da im Gegensatz zur Back Propagation der Kommunikationsaufwand zwischen den lokalen Größen entfällt.

Der Nachteil besteht darin, daß das Verfahren bei mehreren lokalen Größen sehr ineffizient wird, sogar im trivialen Fall, wenn alle lokalen Größen *unabhängig* auf das globale Verstärkungssignal hinarbeiten. Das wäre so, als würde jeder Staatsbürger aufgrund des Bruttonationalprodukts (BNP) versuchen zu entscheiden, ob er sinnvoll gearbeitet hat, indem er täglich das BNP (als sein Verstärkungssignal) beobachtet. Die Verstärkung sollte nicht "zu global" sein, sondern das Netz in *schmale Module* aufgeteilt werden, die spezifische Verstärkung erhalten.

Ein zweiter Nachteil besteht darin, daß dieses Verfahren in einem *lokalen Extremum* steckenbleiben kann. Je mehr sich ein Netzwerk darauf konzentriert, eine Kombination von Werten zu finden, die eine höhere Verstärkung ergeben, desto weniger Informationen über die Verstärkung, die durch die Kombination anderer Werte verursacht wird, bekommt es, da es die einmal gewählten Wertkombinationen bis zum lokalen Optimum verbessert.

Ein Vorteil des Verstärkungslernens ist die Unspezifiziertheit des Verstärkungssignales, da die genaue Kenntnis des Sollmusters nicht erforderlich ist. Dies ist eine Möglichkeit, nicht deterministische Antworten einfließen zu lassen.

Bei modularer Aufgliederung des Netze kann die Verstärkung spezifisch für entsprechende Netzteile erfolgen, ohne globales Wissen über die gestellte Aufgabe haben zu müssen.

5.7.2 Lernen mit verzögerter Verstärkung

In vielen realen Systemen besteht eine *Verzögerung* zwischen einer Aktion und der daraus resultierenden Verstärkung. Dadurch entsteht außer dem üblichen Problem, Entscheidungen über verborgene Variablen (auf die sich das Verstärkungssignal genauso beziehen kann oder bezieht) zu treffen, ein *zeitliches Entscheidungsproblem* (Sutton, 1984). Bei der meist verwendeten Version von Back Propagation (in feed forward-Netzen) wird die zeitliche Abfolge explizit festgelegt. Dies geschieht durch die schichtweise Berechnung der Aktivierungen vom Input-Layer in Richtung Output-Layer.

Bei Lernen durch Verstärken ergibt sich die zeitliche Abfolge durch das Assoziieren von Verstärkungswerten mit den Zuständen, die zeitlich unmittelbar nach der Aktion liegen. Bei der verzögerten Version, die den meisten Aufgabenstellungen zugrundegelegt werden muß, wird das Zuordnen von nachfolgenden Verstärkungswerten zu den entsprechenden Zuständen gelernt, d.h. es gibt eine Reihe von Verstärkungssignalen und Zuständen, die zeitlich zwischen Aktion und zugehöriger Verstärkung liegen (Sutton, 1987; Barto & Sutton & Anderson, 1983).

5.7.3 Lernen durch Belohnung

Bei Lernen durch Belohnung (Relative Payoff Procedure) kann jede *Verbindung* als *Schalter* betrachtet werden, der mit einer bestimmten *Wahrscheinlichkeit* geschlossen ist. Wenn der Schalter geöffnet ist, kann kein Signal übertragen werden und die verbundene Unit empfängt den Wert 0. Wenn der Schalter geschlossen ist, wird der Zustand der verbundenen Unit übertragen. Eine *Synapse* kann als eine Menge *parallel* angeordneter *Schalter* betrachtet werden. Jede Unit berechnet eine bestimmte Funktion des Wertes, den sie über die Verbindungen erhält.

Lernen geschieht durch *Ändern der Schalterwahrscheinlichkeiten* mit dem Ziel, das erwartete Verstärkungssignal zu maximieren, und erfolgt in den folgenden vier Schritten:

1. Setzen der Schalterkonfiguration. Für jeden Schalter des Netzes wird aufgrund der momentanen Schalterwahrscheinlichkeit entschieden, ob er den Zustand "offen" oder "geschlossen" annimmt. Diese Entscheidung wird unabhängig für alle Schalter getroffen.
2. Das Netzwerk wird mit dieser Schalterkonfiguration gestartet. Es gibt keine Beschränkungen bei den Verbindungen – Zyklen sind erlaubt. Units können jederzeit externe Eingaben erhalten, die Eingabemuster müssen allerdings gleichbleiben und deren Wahrscheinlichkeitsverteilung unabhängig von den Schalterstellungen sein.
3. Berechnung des Verstärkungssignales. Dies kann jede nicht negative, gleichbleibende Funktion sein, die das Verhalten des Netzwerks charakterisiert und die Eingangswerte empfängt.
4. Aktualisieren der Schalterwahrscheinlichkeiten. Für jeden Schalter, der während des Versuchs geschlossen war, wird dessen Wahrscheinlichkeit um $\varepsilon * R(1-p)$ erhöht. R ist die Verstärkung, die bei diesem Versuch produziert wird, p die Schalterwahrscheinlichkeit und ε ein Koeffizient geringer Größe, die Lernrate. Für jeden offenen Schalter wird dessen Wahrscheinlichkeit um $\varepsilon * R * p$ vermindert.

Wenn ε hinreichend klein gewählt wird, erreicht dieses Verfahren den Höhepunkt der erwarteten Verstärkung.

Für Lernen durch Belohnung kann lediglich das Auffinden eines *lokalen Maximums* garantiert werden. Dieses Verfahren ist sehr einfach und benötigt keine Kommunikation zwischen den Schaltern.

5.8 Genetische Algorithmen

Das Ziel genetischer Algorithmen ist, ein bestimmtes Maß für einen langfristigen Erfolg zu maximieren. Um ein langfristiges Ziel zu erreichen, kann auf zumindest zwei Zeitebenen gearbeitet werden. Die kurzfristigen Systemänderungen ermöglichen eine Anpassung an eine gegebene, fixe Umgebung. Die langfristigen Änderungen erlauben auch eine Anpassung an eine sich ändernde Umgebung, die eine Selektion vornimmt. Die schlechteren Systeme (im Sinne des Maßes) werden eliminiert, die übrigen schaffen neue, leicht veränderte Systeme.

Biologisch gesehen besteht das Modell aus Genotypen und deren Erscheinungsformen, Phänotypen, die in der Umgebung agieren. Lernen in diesem Modell kann auf der Genotypus-Ebene erfolgen, genauso wie auf der Phänotypus-Ebene oder auf beiden Ebenen gleichzeitig. Die Betonung beim genetischen Lernen liegt beim Genotypus-Lernen, eventuell auch bei der Kombination der Ebenen, kaum jedoch beim Phänotypus-Lernen allein, entspricht dies doch dem Lernen eines individuellen Systemteilnehmers und damit den übrigen Lernverfahren.

Lernen kann auch als Änderung in der Wissensstruktur eines Systems, die es ermöglicht, sich bei der wiederholten Stellung einer Aufgabe besser zu verhalten als zuvor, definiert werden. Lernen tritt also auf zumindest zwei Ebenen auf, der makroskopischen Ebene, wo das Verhalten des Systems betrachtet wird, und der mikroskopischen, wo die interne Struktur des Systems verändert wird. Diese zwei Ebenen aufeinander abzustimmen, ist eines der interessanten Probleme.

5.8.1 Grundlegende Version des genetischen Lernens

Genetisches Lernen arbeitet mit einer "Bevölkerung" von "Individuen", die durch ihre Gene charakterisiert sind. Die Individuen pflanzen sich fort, um eine besser angepaßte Population zu generieren. Grundelemente eines genetischen Algorithmus sind:

- Gene: genetische (chromosomenhafte) Darstellung der Lösungen zu einem gegebenen Problem
- Anfangspopulation an Lösungen
- Fitneßfunktion: Qualitätskriterium in Abhängigkeit der Umgebung
- Selektionsmechanismus
- genetische Operatoren (wie Mutation und Rekombination)

Der Ablauf erfolgt im Prinzip nach folgendem Schema:

1. Definition der Initialpopulation
2. Bilden der nächsten Generation aus der alten Population unter Berücksichtigung der genetischen Operatoren
3. Bestimmung der Fitneß aller Individuen und Auswahl der vermehrungswürdigen neuen Population
4. weiter bei Schritt 2 oder Abbruch

Im einfachsten Fall ist jedes Individuum der Bevölkerung ein binärer Vektor und die zwei möglichen Werte jeder Komponente entsprechen den unterschiedlichen Arten eines Gens. Eine Qualitätsfunktion bestimmt die "Fitneß" der Individuen. Das Ziel des Lernens besteht darin, die durchschnittliche "Gesundheit" der Bevölkerung zu erhöhen.

Neue Individuen entstehen dadurch, daß zwei existierende Individuen ausgewählt werden (vorzugsweise mit überdurchschnittlicher Gesundheit) und einige Komponentenwerte von dem einen oder anderen Elternteil übernommen werden (Rekombination).

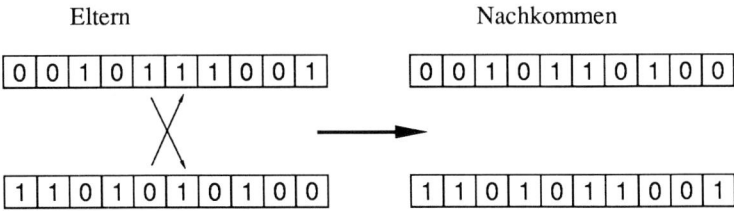

Abb. 5.8.1: Rekombination.

Holland hat gezeigt, daß dies für eine große Klasse von Fitneßfunktionen eine gute Methode ist, um Individuen mit großer Fitneß zu entdecken. Es sind auch andere Formen der Vermehrung vorstellbar, wie etwa nur Mutation eines Gens, kombinierte Rekombination-Mutation oder auch Rekombination von mehr als zwei Genen gleichzeitig, sowie diverse Einschränkungen zur Rekombination, sodaß gewisse Teile eines Gens nur gemeinsam übernommen werden können.

5.8.2 Genetisches Lernen und die Belohnungsregel

Genetisches Lernen und die Belohnungsregel ist eine Kombination von genetischem Lernen und Lernen durch Belohnung.

Jedes Individuum der Generation t+1 hat viele verschiedene Eltern in der Generation t. Kandidaten für die nächste Generation werden folgendermaßen bestimmt: Um die i-te Komponente eines Kandidaten zu ermitteln, wird zufällig ein Individuum der Generation t gewählt und dessen i-te Komponente kopiert. Die Wahrscheinlichkeit, daß die i-te Komponente eines Kandidaten einen bestimmten Wert besitzt, ist die relative Häufigkeit dieses Wertes in der vorigen Generation t.

Ein Selektionsprozeß wählt die Kandidaten aus, die für die nächste Generation bestimmend sind. Die Fitneß eines Kandidaten ist die Wahrscheinlichkeit, daß er die Selektion überlebt. Die ausgewählten Kandidaten erhalten eine Verstärkung von 1, die anderen eine Verstärkung von 0. Nach der Selektion ist die Wahrscheinlichkeit, daß die i-te Komponente einen bestimmten Wert besitzt, der Anteil der erfolgreichen Kandidaten, die diesen Wert besitzen.

Wenn der Wert jeder Komponente durch einen unabhängigen Elternteil bestimmt wird, geht die Information über die Zusammenhänge der verschiedenen Komponenten beim Übergang auf die nächste Generation verloren. Wenn jedoch nur zwei Eltern benutzt werden, wird die Tendenz, Zusammenhänge höherer Ordnung zu erhalten, maximiert. Diese Tendenz kann weiter verstärkt werden, wenn die Komponenten wichtiger Beziehungen nebeneinander liegen und benachbarte Komponenten vom selben Elternteil übernommen werden.

5.9 Topologie-erhaltende Abbildungen und Lernende Vektorquantifizierung (LVQ)

Die von Kohonen (1982) entworfene Lernstrategie der topologie-erhaltenden Abbildungen ist ein nicht überwachtes Verfahren, das in der Lage ist, höherdimensionale Inputs auf niederdimensionale Outputs abzubilden, wobei in den Inputs vorhandene Ordnungsrelationen (Topologien) durch die Abbildung (teilweise) erhalten bleiben. Daher erklärt sich auch die Bezeichnung der topologie-erhaltenden Abbildung. Die Lernstrategie ist dem Competitive Learning (s. Abschnitt 5.5) ähnlich. Der Algorithmus beschreibt Abbildungen, die den in corticalen Arealen gefundenen nahekommen.

5.9.1 Ordnungserhalt

In der Natur zeigen Neurone eine gewisse sinnvolle Ordnung. Diese Ordnung der Neurone ist zum Teil genetisch vorgegeben, vieles aber wird erst durch Selbstorganisation (anhand einströmender Signale) erlernt. Mit Ordnung ist nicht tatsächliche Anordnung der Neurone im Gehirn gemeint.

Betrachtet man Units als Punkte in einem abstrakten Raum, deren *Positionen* durch ihre *Gewichte* beschrieben sind, so unterliegen diese Punkte einer räumlichen Ordnung (wie etwa die relative Position der Punkte zueinander). Ändert man die Gewichte einer Unit, so ändert man deren Position in diesem Raum. Durch Positionsänderungen kann man Units "umordnen" bzw. die Ordnung der Units ändern.

Lernen wird auch bei den topologie-erhaltenden Abbildungen durch Gewichtsänderungen vollzogen, d.h. der Lernprozeß ordnet die Units, indem er ihre Positionen ändert. Die Besonderheit an Kohonens Algorithmus ist ein gewisser *Ordnungserhalt*. Unter Ordnungserhalt versteht man, daß die in den Inputs vorhandene Ordnung durch den Lernprozeß in der (räumlichen) Ordnung der Units als Punkte in dem abstrakten Raum erhalten bleibt.

Die Lernstrategie ändert die Gewichte der Units (und ordnet sie dabei) so, daß die Units eine in den Eingangssignalen vorhandene Ordnungsrelation widerspiegeln. In diesem abstrakten Raum besteht also eine ähnliche Ordnungsrelation zwischen den einzelnen Units, wie sie in den Daten vorhanden ist.

Eine räumlich geordnete interne Darstellung (oder Abbildung) der Inputs scheint notwendig, um die einwirkende Information effektiv in einem internen Modell zu repräsentieren. Diese diversen, durch Selbstorganisation erzeugten Abbildungen beschreiben die Beziehungen zwischen den Eingangssignalen zumeist in einer ein- oder zweidimensionalen Darstellung. Die in den Daten vorhandene *Ordnung* bleibt nicht gänzlich erhalten, sondern nur bezüglich einer (oder zweier) Dimension(en), die als wichtig erachtet werden. In der Natur dürften solche dimensionsreduzierenden Abbildungen eine fundamentale Operation zur Bildung von Abstraktem sein.

5.9.2 Lokale Antworten aufgrund lateraler Interaktion

Die meisten Nervennetze, vor allem jene im cerebralen Neocortex, sind vorwiegend zweidimensionale Neuronenschichten mit starker lateraler Rückkopplung (s. Abschnitt 3.1). In den Gehirnen von Säugern existiert folgende laterale Verbindungsstruktur:

(1) In der näheren Umgebung einer betrachteten Zelle (deren Radius sich in Primaten zwischen 50 bis 100 µm bewegt) sind alle benachbarten Zellen über erregende Synapsen verbunden.

(2) In weiter entfernten Gebieten (Radius zwischen 200 bis 500 μm) herrschen hemmende Verbindungen vor, die dann
(3) von einer schwach erregten Region (bis zu einigen Zentimetern Radius)
    umgeben sind.

Das Hemmungs-Erregungs-Muster zu den benachbarten Zellen (die laterale
Interaktion) wird üblicherweise mit dem "Mexikanischen Hut" beschrieben,
die für eine eindimensionale Anordnung der Units wie in Abbildung 5.9.1
skizziert werden kann.

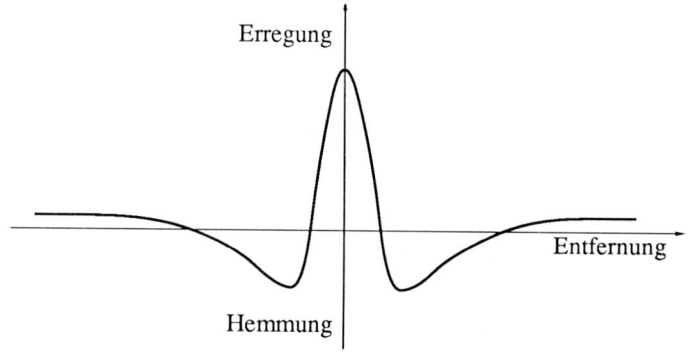

Abb. 5.9.1: Laterales Interaktionsmuster. Die Stärke des erregenden Einflusses auf benachbarte Zellen nimmt mit zunehmender Entfernung ab, wird negativ (geht in Hemmung
über) und wird für relativ weit entfernte Zellen wieder schwach positiv. Diese Funktion
wird als "Mexikanischer Hut" bezeichnet.

Dieses laterale Interaktionsmuster erwirkt die Bildung von lokalisierten Antworten, die nicht über viele Units verstreut sind, sondern in einer einzigen
Unit oder in einer Gruppe von Units als geschlossene Regionen von Aktivierungen zum Ausdruck kommen. Lokalisierte Antworten kann man sich als
Zentren der Aktivierungsgruppe vorstellen. Gruppierungseffekte sind für die
Selbstorganisation brauchbar. Der Grad der Rückkopplung ist modifizierbar
und steuert die Größe der entstehenden Gruppen.

Dieses Gruppenbildungsphänomen entsteht auch unter Verwendung anderer
Rückkopplungsmuster und es ist keineswegs ausgeschlossen, daß biologische Neurale Netze sich derer bedienen. Die Rückkopplung muß nicht nur
auf physiologischer Ebene passieren, sondern kann durchaus auch biochemisch sein. Wie auch immer sie zustande kommt, das zentrale Phänomen der
Selbstorganisation ist die Bildung von Aktivitätsgruppen in einem bestimmten Bereich. Eine Gruppe entsteht offensichtlich rund um eine Zelle mit lokal
maximaler Erregung.

Um einen Algorithmus zur Gruppenbildung zu definieren, reicht es, zuerst
die maximal aktivierte Unit zu finden und weiters eine gewisse Anzahl an

Units rund um dieses Maximum zu definieren, die dann eine Gruppe bilden. Der Radius der Gruppe wird günstigerweise zeitabhängig gewählt, sodaß er langsam abnimmt. Die genaue Form der Gruppe spielt dabei keine bedeutende Rolle.

5.9.3   Topologie-erhaltende Abbildungen

Im Selbstorganisationsprozeß soll ein mehrdimensionales Signal in ein ein- oder zweidimensionales Feld abgebildet werden. Alle Units erhalten die selben Eingangssignale. Für den Fall einer Vorverarbeitung der Signale darf dadurch die Ordnung in den Daten nicht verloren gehen.

Ein einfaches System mit topologie-erhaltender Abbildung hat ein lineares Feld von (Ausgabe-) Units, die alle die selben Eingabemuster erhalten. Die Eingabemuster $\{x_i : i=1,2,...\}$ unterliegen einer beliebigen Ordnungsrelation R in einer beliebigen Metrik oder Topologie, sodaß $x_1 R x_2 R ... R x_n$. Diese Ordnung besteht in Hinsicht auf ein einzelnes Merkmal, das in der Repräsentation implizit ist. Die Eingabemuster x_i sind also hinsichtlich der Relation R geordnet und dementsprechend indiziert.

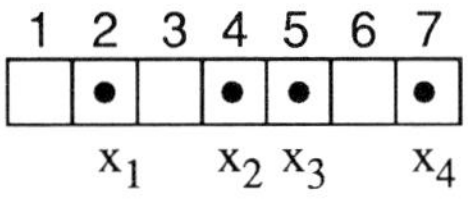

Abb. 5.9.2: Beispiel einer eindimensionalen topologie-erhaltenden Abbildung. Die Rechtecke repräsentieren die in einem linearen Feld angeordneten Units, die von 1 bis 7 indiziert sind. Die Punkte in den Units stellen Aktivierungen dar. Die Eingabemuster x_i sind unter den auf sie maximal ansprechenden Units gezeichnet.

Betrachtet man die Bilder $o(x_i)$ der Eingabemuster x_i, so unterliegen diese auch einer bestimmten Ordnung. Sei $o_j(x_i)$ die Antwort der Unit j auf das Muster i. Dann sind die in einem linearen Feld angeordneten Units, die auf ein Muster reagieren, ebenfalls geordnet. Seien die Units in diesem Feld indiziert (wie in Abb. 5.9.2), so reagiert auf das nach der Relation R mit kleinstem Index versehene Muster (x_1) eine bestimmte Unit (im Beispiel die Unit 2) mit maximaler Aktivierung. Die Abbildung heißt dann geordnet, wenn auf ein *Muster* mit größerem Index eine *Unit* mit größerem Index antwortet, und dies für alle beliebigen Kombinationen von Eingabemustern und maximal reagierenden Units gilt.

Ein System erzeugt eine eindimensionale topologie-erhaltende Abbildung, wenn für $i_1 < i_2 < ... i_k ...$ gilt

$$oi_1(x_1) = \max_i \{o_i(x_1): i=1,2,...,n\}$$
$$oi_2(x_2) = \max_i \{o_i(x_2): i=1,2,...,n\}$$
$$oi_3(x_3) = \max_i \{o_i(x_3): i=1,2,...,n\} \quad \text{usw. für alle } x_i.$$

Die obige Definition ist einfach auf ein mehrdimensionales Feld an Units generalisierbar. Die Topologie des Feldes bestimmt sich dann aus der Definition der Nachbarn einer Unit. Ebenso kann die zwischen den Eingabemustern bestehende Beziehung (oder topologische Ordnung) mehr als nur eine Ordnungsrelation sein, d.h. die Eingabemuster können nach mehreren Merkmalen oder Eigenschaften geordnet sein. Wenn eine Unit mit maximaler Antwort auf ein Muster als dessen Abbild betrachtet wird, so sei die gesamte Abbildung als geordnet bezeichnet, wenn die topologischen Beziehungen zwischen den Eingabemustern und zwischen den Abbildern "ähnlich" sind.

Da die Dimensionalität der Eingabemuster (des Signalraumes) beliebig, und somit deutlich größer als zwei, sein kann (Neurone im Cortex erhalten auch bis zu 10000 Inputs), sei zum Begriff der topologischen Ähnlichkeit folgendes angemerkt:

Das zweidimensionale Medium liefert eine Art Projektionsabbild der höherdimensionalen Muster. Wenn der höherdimensionale Musterraum Anhäufungen oder Verzweigungen enthält, so werden diese möglichst als Anhäufungen respektive Verzweigungen abgebildet. Diese Abbildung muß keinesfalls eine parallele oder orthogonale Projektion sein, sondern sucht vielmehr automatisch (dynamisch) eine für jeden Teil der Abbildung optimale Orientierung im Signalraum. Um das zu illustrieren, sei auf Abbildung 5.9.3 hingewiesen. Sie zeigt eine "verdrehte" Signalverteilung (in diesem Fall dreidimensional und mit durchgezogenen Linien dargestellt), die auf einen ebenen Punktraster, wo Verbindungen zwischen den Punkten mit Hilfslinien (strichliert) angedeutet sind, abgebildet wird.

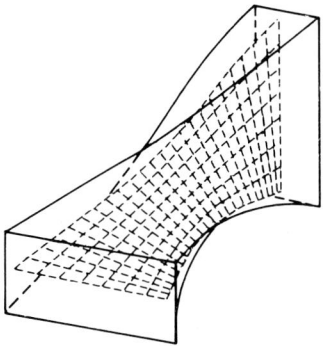

Abb. 5.9.3: Beispiel einer dimensionsreduzierenden Abbildung (aus T. Kohonen, 1989).

5.9.4 Der Algorithmus in diskreten Zeitschritten

Der Algorithmus zur Gewichtsänderung (zur Ordnung der Units), der die topologische Ordnung der Eingabemuster in den Units erhält, läßt nur Units in der Nachbarschaft jener Unit, die dem Eingabemuster am ähnlichsten ist, lernen. (Im Vergleich dazu lernt beim Competitive Learning (s. Abschnitt 5.5) nur die am stärkstem auf ein Muster ansprechende Unit.) Die Gewichtsänderung ist proportional zur Differenz zwischen dem Eingabemuster und dem jeweiligen Gewichtsvektor der lernenden Unit. Der Algorithmus kann wie folgt beschrieben werden:

Sei t ein ganzzahliger Zeitindex, w_i ein Vektor aller zur Unit i führenden Gewichte und x(t) das Eingabemuster zum Zeitpunkt t, dann wird die dem Muster x(t) ähnlichste Unit c sobestimmt, daß gilt

$$\| x(t) - w_c(t) \| = \min_i \{ \| x(t) - w_i(t) \| \}$$

und die Gewichtsänderung nach der Vorschrift

$$w_i(t+1) = w_i(t) + \alpha(t)(x(t) - w_i(t)), \quad \text{für } i \in N_c$$
$$w_i(t+1) = w_i(t) \qquad\qquad\qquad \text{sonst}$$

durchgeführt. Die topologische Nachbarschaft $N_c = N_c(t)$, eine Funktion des diskreten Zeitindex, kann auf verschiedenste Weise definiert werden. Simulationen haben gezeigt, daß die besten Ergebnisse erzielt werden, wenn sie zu Beginn relativ groß ist und im Zeitverlauf schrumpft. An den Rändern des Feldes ist diese Nachbarschaftsregion nicht zur Gänze ausgefüllt, was zu Randeffekten führt.

Die Lernrate $\alpha(t)$ wird üblicherweise im Zeitverlauf langsam kleiner. Praktischerweise kann sie als linear mit der Zeit t abfallende Funktion gewählt werden, wobei der Selbstorganisationsprozeß bei $\alpha(t) = 0$ automatisch endet.

Die geeignete Wahl von Lernrate und Nachbarschaft wird am besten aufgrund von Erfahrungswerten getroffen. Hilfreich sei hier die Feststellung, daß die Erzeugung der Abbildung in zwei Phasen mit leicht unterschiedlicher Ausrichtung vor sich geht. Zuerst wird die korrekte Ordnung der Gewichte angestrebt. Dann konvergiert die Abbildung asymptotisch zu den endgültigen Positionen der Gewichte. Dabei wird die gefundene Ordnung nicht mehr verändert, sondern die Gewichte bewegen sich innerhalb des von den Nachbarn abgesteckten Bereichs auf ihre endgültigen Positionen. Die Konvergenzphase kann 10 bis 100 Mal länger dauern als die Ordnungsfindung, wobei eine kleine Lernrate vorzuziehen ist.

Zusammenfassend geschieht die Selbstorganisation aufgrund folgender zwei Schritte:
(1) Finde die ähnlichste Unit (aufgrund einer vorgegebenen Norm)
(2) Erhöhe die Ähnlichkeit (durch Gewichtsänderung) dieser Unit und ihrer topologischen Nachbarn

Damit werden auch die Nachbarn der Unit i auf ein bestimmtes Muster $x(t_1)$ sensiviert und sprechen in weiterer Folge leichter auf ein dem Muster $x(t_1)$ ähnliches Muster $x(t_2)$ an.

5.9.5 Beispiele einfacher Abbildungen

Die folgenden Beispiele zeigen die Tendenz der Gewichtsvektoren, die Verteilung der Eingabemuster in geordneter Weise zu approximieren. Zur besseren Darstellung wurden die Eingabemuster zweidimensional gewählt, mit gleichmäßiger Zufallsverteilung im angegebenen Gebiet.

Die Gewichtsvektoren w_i werden als Punkte im selben Koordinatensystem wie die Eingabemuster gezeigt. Jeder Punkt des Rasters in der Abbildung 5.9.4 zeigt eine Unit, deren Position durch ihre Gewichte bestimmt ist. Zur Veranschaulichung der Nachbarschaftsbeziehungen wurden Verbindungslinien zwischen benachbarten Units eingezeichnet.

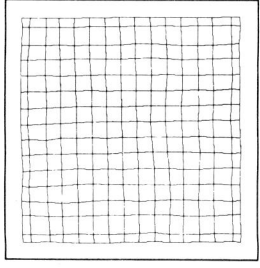 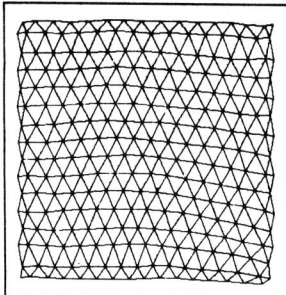

Abb. 5.9.4: Geordnete Gewichtsverteilung. Nach Selbstorganisation sind die Units (Gewichte) geordnet. Die Eingabemuster stammen aus dem durch das stark umrandete Quadrat gekennzeichneten Gebiet mit zufälliger, gleichmäßiger Verteilung. Im linken Teil der Darstellung hat jede Unit vier Nachbarn, im rechten Teil sechs, bis auf die Rand-Units (aus T. Kohonen, 1989).

Die Abbildung 5.9.4 zeigt den Endzustand der Gewichtsvektoren. Die einzelnen Units haben sich deutlich auf unterschiedliche Eingabemuster sensiviert, jedoch in geordneter Weise. Ein stark sichtbarer Randeffekt verursacht die leichte Kontraktion der topologie-erhaltenden Abbildung an den Rändern. Die Dichte der Gewichtsvektoren am Rand ist entsprechend höher. Je größer das Feld (an Units) ist, desto geringer wird diese Kontraktion.

Für die Abbildung 5.9.5 wurden gleichmäßig verteilte Eingabemuster aus einem dreieckigen Gebiet verwendet, um einerseits (linke Bildhälfte) ein zweidimensionales, rechteckiges Feld an Units zu trainieren, bzw. andererseits (rechte Bildhälfte) ein eindimensionales, lineares Feld.

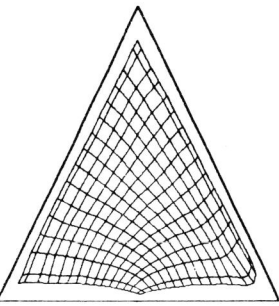 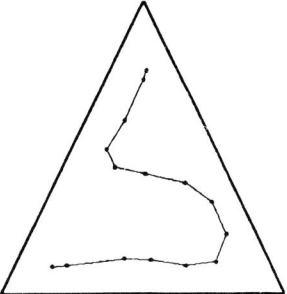

Abb. 5.9.5: Gewichtsverteilung in einem rechteckigen Feld (links) und in einem linearen Feld an Units (rechts) (aus T. Kohonen, 1989).

Von besonderem Interesse ist eine Dimensionsreduktion, wie im rechten Teil der Abbildung 5.9.5 ersichtlich, wo die Eingabemuster zweidimensional sind, das Feld an Units aber nur eindimensional ist. Lineare Felder tendieren oft dazu, höherdimensionale Verteilungen in sogenannten Peano-Kurven zu approximieren.

Die Orientierung der topologie-erhaltenden Abbildung ist rein zufällig und hängt von der Wahl der Anfangsgewichte ab, wie z.B. die Lage des vierten Eckpunktes des rechteckigen Feldes innerhalb eines Dreiecks (s. Abb. 5.9.5). Gespiegelte oder punktsymmetrische Varianten sind ebenso möglich.

Zwischenphasen des Selbstorganisationsprozesses sind in den Abbildungen 5.9.6 und 5.9.7 gezeigt. Die Anfangsgewichte wurden aus einer kleinen kreisförmigen Region in der Mitte des betrachteten Signalraumes gewählt. Die Struktur entwickelt sich im Zeitverlauf. Die Beispiele zeigen wieder ein zweidimensionales und ein eindimensionales Feld an Units.

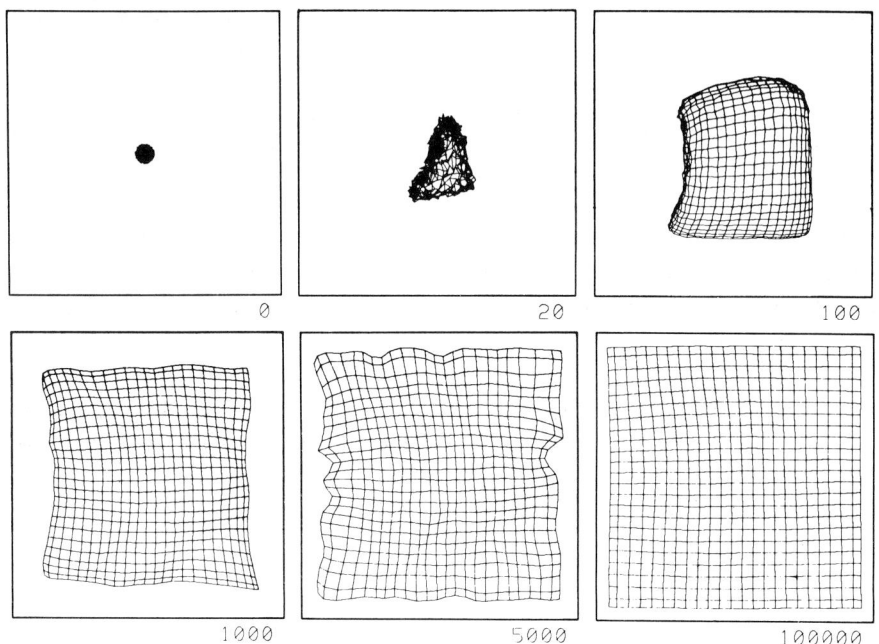

Abb. 5.9.6: Entwicklung der Gewichtsvektoren eines zweidimensionalen Feldes im Laufe der Selbstorganisation. Die Zahl rechts unter den Bildern gibt die Anzahl der Lernschritte an (aus T. Kohonen, 1989).

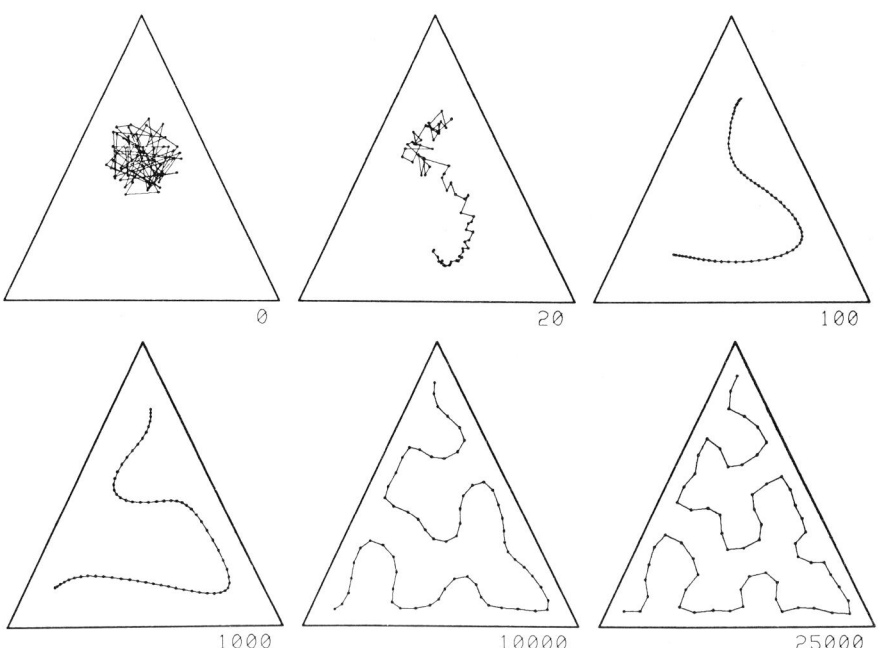

Abb. 5.9.7: Entwicklung der Gewichtsvektoren eines eindimensionalen Feldes im Laufe der Selbstorganisation. Die Zahl rechts unter den Bildern gibt die Anzahl der Lernschritte an (aus T. Kohonen, 1989).

Die Zufallsverteilung der Eingabemuster kann durchaus komplexer sein, wie etwa die für Abbildung 5.9.8 gewählte, wo die Eingabemuster im stark umrandeten Gebiet gleichmäßig verteilt sind. Wieder wird versucht, die Struktur der Eingabemuster mit einem zweidimensionalen Feld zu approximieren.

Die mathematische Erklärung dieser Phänomene ist eher umfangreich und bei Kohonen nachzulesen. Hier sei nur eine Motivation der Ideen gegeben und Selbstorganisation in ihrer *einfachsten* Form beschrieben.

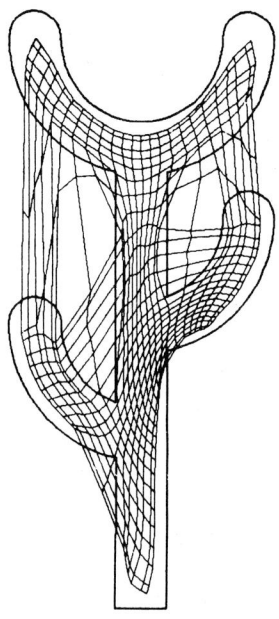

Abb. 5.9.8: Gewichtsverteilung für eine strukturierte Verteilung der Eingabemuster (aus T. Kohonen, 1989).

Bis auf die Ränder sind die Gewichte gleichmäßig verteilt, wie auch immer die Dimensionalität der Eingabemuster und des Feldes an Units ist. Für eine zweidimensionale Verteilung der Eingabemuster und ein lineares Feld an Units sei dies an Abbildung 5.9.9 veranschaulicht.

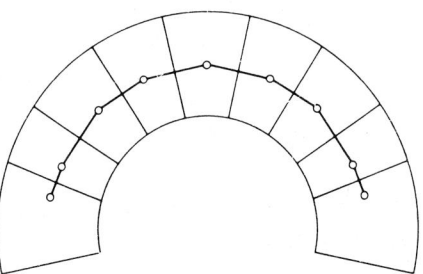

Abb. 5.9.9: Voronoi-Diagramm. Aufteilung des zweidimensionalen Musterraumes in Regionen (dünne Linien) aufgrund einer linearen Anordnung der Gewichtsvektoren (kleine Kreise, mit stark durchgezogenen Linien verbunden; aus T. Kohonen, 1989).

Das Gebiet, aus dem die Eingabemuster stammen, wird durch die Gewichte in Regionen unterteilt, was einem sogenannten Voronoi-Diagramm entspricht. Für beliebige Dimensionen erfolgt eine Unterteilung des R^n in Regionen, für die gilt, daß alle Punkte x (Muster) den selben Gewichtsvektor w_i (Unit) als nähesten Nachbarn haben. Es ist leicht zu sehen, daß diese Regionen von Flächen begrenzt werden, die normal auf die Verbindunglinie zwischen zwei Gewichtsvektoren w_i und w_j stehen. In Abbildung 5.9.9 sind diese Regionen für ein Beispiel im R^2 gezeigt.

5.9.6 Anordnung der Gewichtsvektoren

Es werden jeweils nur Gewichtsvektoren w_i aus der Nachbarschaftsmenge N_c verändert. Diese Nachbarschaft ist zeitabhängig und wird zunehmend kleiner, bis sie gegen Ende der Selbstorganisation nur mehr die Unit c selbst enthält. Prinzipiell muß die Nachbarschaftsmenge N_c nicht zwingend auf eine Unit reduziert werden. Das Mitlernen der Nachbar-Units bewirkt die Ordnung der Units. Sobald die Units allerdings geordnet sind, lassen die Gewichtsänderungen die Units nur mehr zu ihren endgültigen Positionen konvergieren und sind schon sehr klein. Die "ordnende Kraft" der Nachbarschaft ist in dieser Konvergenzphase nicht mehr notwendig.

Zwei einander entgegenwirkende Tendenzen bestimmen die Selbstorganisation. Einerseits versuchen die Gewichtsvektoren der Units, die Verteilung der Eingabemuster zu beschreiben, andererseits tendiert die lokale Interaktion zwischen den benachbarten Units dazu, die Kontinuität in den (zweidimensionalen) Eingabemustern zu erhalten. Als Ergebnis dieser beiden Kräfte versuchen die Gewichtsvektoren das Gebiet der Eingabemuster wie eine Oberfläche zu bedecken und gleichzeitig eine Form anzunehmen, die die Orientierung (und damit die Struktur) der Eingabemuster optimal wiedergibt.

Eine Folge des oben beschriebenen Phänomens ist, daß die Anordnung der Gewichtsvektoren automatisch in der Lage ist, die zwei Dimensionen des Eingabemusterraumes zu beschreiben, wo die Eingangsvektoren starke Varianz aufzeigen. Dies soll anhand der in Abbildung 5.9.10 veranschaulichten Beispiele für ein eindimensionales Feld demonstriert werden.

Angenommen, das System besteht aus fünf Units, die in einem linearen Feld angeordnet sind. Die Eingabemuster $x = (x_1, x_2)$ stammen aus einer zweidimensionalen Verteilung. Die relative Varianz von x_1 gegenüber x_2 wird stufenweise verändert und die Effekte auf die Gewichtsvektorenanordnung gezeigt.

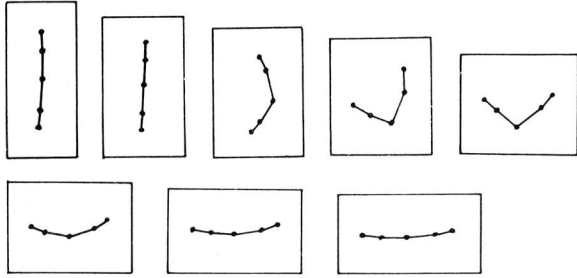

Abb. 5.9.10: Automatische Wahl der Dimension, die in der Abbildung widergespiegelt wird (aus T. Kohonen, 1989).

Wenn eine der Varianzen deutlich größer als die andere ist, bilden die Gewichtsvektoren eine nahezu gerade Linie. Wird der Unterschied in den Varianzen verringert, versuchen die Gewichtsvektoren möglichst viel von der Fläche in Form einer Peano-Kurve abzudecken. Dabei ist der Übergang von einer geraden Linie zur Peano-Kurve ziemlich scharf.

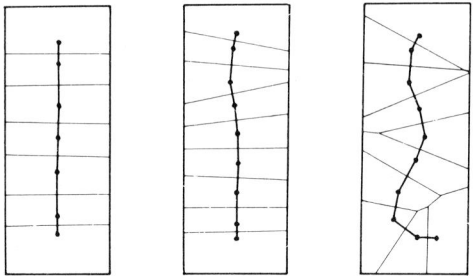

Abb. 5.9.11: Anordnung der Gewichtsvektoren bei unterschiedlichen Längen des linearen Feldes an Units. Die Nachbarschaft jeder Unit im linearen Feld ist wieder durch die etwas stärker gezogene Verbindungslinie zwischen den Units angedeutet (aus T. Kohonen, 1989).

In Abbildung 5.9.11 sind die Varianzen fix, allerdings wurde die Länge des Feldes vergrößert. Es sind auch die Regionen, in die die Eingabemuster durch die Gewichtsvektoren geteilt werden, eingezeichnet. Es scheint, als ob das Limit für die gerade Linie ungefähr bei einer quadratischen Region liegt, von der eine Unit beeinflußt wird (also ihre eigene Region und die der beiden benachbarten Units).

5.9.7 LVQ – Lernende Vektor-Quantifizierung

Die lernende Vektor-Quantifizierung ist ein Lernverfahren für Klassifizierungsaufgaben. Das Lernergebnis wird durch überwachtes Lernen erzielt. Das Prinzip ist der Perceptron-Idee sehr verwandt, einfach und dennoch effektiv.

Die Methode ist offensichtlich ein "nearest neighbour"-Verfahren, da der geringste Abstand von einem unbekannten Vektor zu einem Vektor aus der Referenzmenge gesucht wird. Man wählt eine feste Anzahl an Referenzvektoren für jede Klasse, deren Werte in einem Lernprozeß optimiert werden.

Das Lernverfahren weist eine gewisse Ähnlichkeit mit der Perceptron-Lernregel auf, zeigt aber zumindest folgende Unterschiede. In der Lernphase wird nur der näheste Nachbar verändert. Die Referenzvektoren werden sowohl bei korrekter als auch bei falscher Klassifizierung verändert, während beim Perceptron nur bei falscher Klassifikation eine Änderung der Gewichte vorgenommen wird.

Betrachten wir ein einfaches "nearest neighbour"-Verfahren, das K Referenzvektoren $w_i \in R^n$, i=1,2,...,K optimal im n-dimensionalen Raum der Mustervektoren $x \in R^n$ anordnet, sodaß die Referenzvektoren (Gewichtsvektoren) w_i die Verteilung der Mustervektoren x widerspiegeln und beschreiben.

Die Anfangswerte für die Referenzvektoren w_i seien die ersten K Beispiele der Mustervektoren. Alle weiteren Mustervektoren werden für den Lernprozeß verwendet. Wenn nur eine beschränkte Anzahl an Mustervektoren vorhanden ist, werden diese in zufälliger Reihenfolge immer wieder verwendet. Sei w_c jener Gewichtsvektor unter allen w_i, der den geringsten Abstand $\| x - w_c \|$ (in beliebiger Metrik) zum Mustervektor x hat. Dieser Gewichtsvektor w_c wird so verändert, daß der Abstand $\| x - w_c \|$ abnimmt. Für die Euklidische Metrik ist die Gewichtsänderung (in diskreter Zeit) beschrieben durch

$$w_c(t+1) = w_c(t) + \alpha(t) \, (x(t) - w_c(t))$$
$$w_i(t+1) = w_i(t) \qquad \text{für } i \neq c$$

wobei $\alpha(t)$ wieder eine monoton fallende Funktion des Zeitparameters t ist, eine Lernrate, vorzugsweise deutlich kleiner als 1.

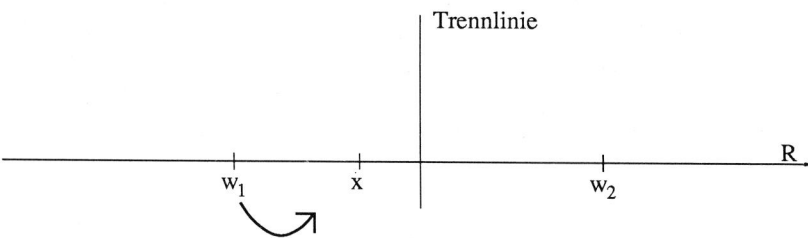

Abb. 5.9.12: Effekt des Lernverfahrens auf den nähesten Gewichtsvektor w_1 im eindimensionalen Fall.

Ist die Klassifikation des Mustervektors x bekannt, kann diese genutzt werden, um das Verfahren zu verbessern.

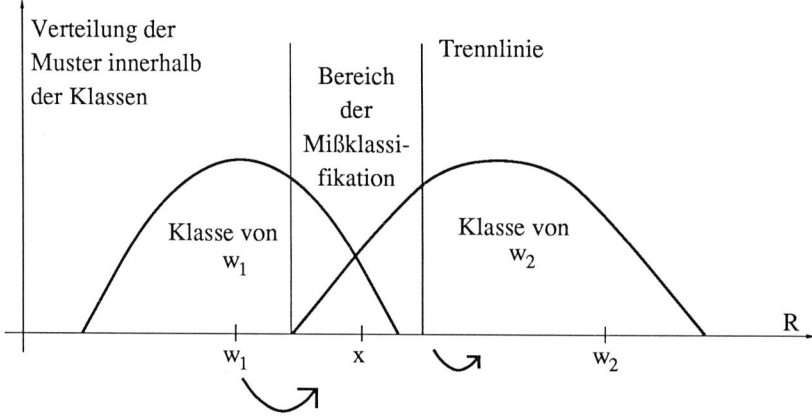

Abb. 5.9.13: Effekt des Lernverfahrens auf den nähesten Gewichtsvektor w_1 im eindimensionalen Fall unter Berücksichtigung der Klassenzugehörigkeit des Mustervektors x.

Betrachten wir eine Situation wie in Abbildung 5.9.13 dargestellt. Das einfache "nearest neighbour"-Verfahren bewirkt eine Verschiebung des Gewichtsvektors w_1 in Richtung Mustervektor x. Ist x allerdings aus der Klasse von w_2, so wird dadurch der Bereich der Mißklasifikationen vergrößert, da ja ein Verschieben eines Gewichtsvektors ein Verschieben der Trennlinie nach sich zieht.

Da für Mustererkennungsaufgaben die Trennfläche zwischen den Klassen und nicht die Musterverteilung innerhalb der Klassen möglichst gut beschrieben werden soll, kann das oben beschriebene Verfahren dahingehend verbessert werden. Die neue Version geht wieder von Gewichtsinitialisierungen mit den ersten K Mustern aus. Dann werden die Gewichtsvektoren *bezeichnet*, entweder anhand dieser zu anfangs verwendeten Muster oder anhand anderer Mustervektoren, deren Klassenzugehörigkeit bekannt ist. Die Verteilung der zur Bezeichnung verwendeten Mustervektoren x auf die verschiedenen Klassen, ebenso wie die relative Anzahl an Gewichtsvektoren, die *eine* Klasse repräsentieren, müssen mit der Wahrscheinlichkeitsverteilung der Muster auf die Klassen in Einklang stehen. Jeder Gewichtsvektor erhält dann die Bezeichnung jener Klasse, in die die Mehrheit der in seiner Region vertretenen Muster fallen.

Dann wird gelernt. Das Trainingsset besteht aus Musterbeispielen mit bekannter Klassifizierung, es handelt sich also um ein überwachtes Lernverfahren. Sei der Trainingsvektor x(t) aus der Klasse S_R. Sei der näheste Gewichtsvektor w_c mit der Klasse S_S bezeichnet. Das Lernverfahren, das richtige Klassifizierungen belohnt und falsche bestraft, ist wie folgt formuliert

$$w_c(t+1) = w_c(t) + \alpha(t) \, (x(t) - w_c(t)) \qquad \text{wenn } S_S = S_R$$
$$w_c(t+1) = w_c(t) - \alpha(t) \, (x(t) - w_c(t)) \qquad \text{wenn } S_S \neq S_R$$
$$w_i(t+1) = w_i(t) \qquad \text{für } i \neq c$$

Wie bisher wird nur der näheste Vektor w_c verändert, die Richtung der Änderung hängt allerdings von der Korrektheit der Klassifikation ab. Nach der Konvergenz zu den asymptotischen Werten ist der Signalraum R^n abermals nach einer Voronoi-Zerlegung unterteilt.

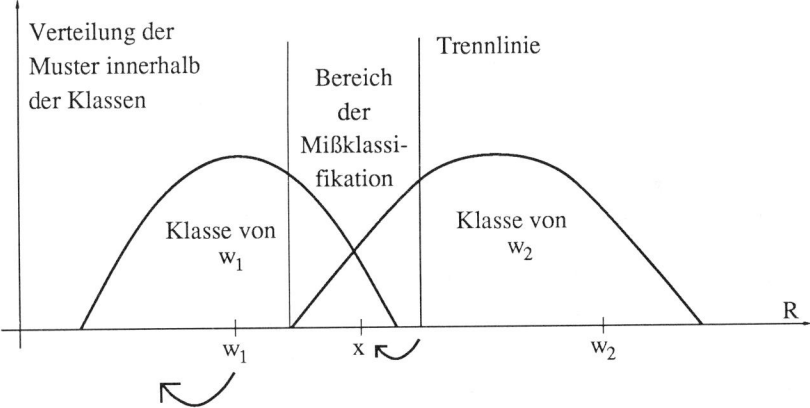

Abb. 5.9.14: Effekt von LVQ auf den nähesten Gewichtsvektor w_1 im Falle einer Mißklassifikation des Mustervektors x.

Ist der näheste Gewichtsvektor w_1 nicht der Repräsentant der Klasse, in die der Mustervektor x fällt ($x \in S_S, w_c \in S_R$, $S_S \neq S_R$), so bewirkt LVQ ein *Abrücken* des Gewichtsvektors w_1 vom Muster x und damit eine Verschiebung der Trennlinie, sodaß sich der Bereich der Mißklassifikatinen verkleinert. Der primäre Effekt der Vorzeichen obiger Gleichung ist die Minimierung der Mißklassifikationen.

6 Modelle

6.1 NETtalk (Sejnowski & Rosenberg, 1986)

Wegen seiner historischen Bedeutung sei hier ein Neurales Netz vorgestellt, das englischen Text lesen und aussprechen kann. Englisch ist eine der schwierigsten Sprachen bezüglich Aussprache. Die meisten Regeln, um Buchstaben zu Lauten zu transformieren, haben zahlreiche Ausnahmen und sind oft kontextabhängig. So ist der Vokal "a" in fast allen Wörtern, die auf "ave" enden lang – mit Ausnahme von "have". Und manche Wörter, wie "survey", "address" oder "access" variieren die Aussprache nach ihrer syntaktischen Rolle.

Ein existierendes System produziert in einem eingeschränkten Bereich verständliche Aussprache unter Verwendung von folgenden zwei Methoden: zuerst wird das Wort in einem Aussprachelexikon nachgesehen; wenn es dort nicht gefunden werden konnte, wird eine Reihe phonologischer Regeln angewendet. Phoneme[1] mit entsprechender Betonung werden anhand von Transformationsregeln und digitaler Sprachsynthese zu Sprachlauten umgewandelt.

Die Verwendung Neuraler Netze ist ein anderer Ansatz zur Wissensrepräsentation, da hier das Wissen über viele Units verteilt ist. Das Netzwerk ist regelfolgend, aber nicht regelbasiert in dem Sinn, daß Regeln explizit einprogrammiert wurden. Nach einer Lernphase allerdings verhält es sich, als ob es Regeln folgen würde, da der verwendete Lernalgorithmus die vorhandenen Regelmäßigkeiten auffindet.

Bis kurz vor der Implementierung von NETtalk war Lernen in mehrschichtigen Netzen ein ungelöstes Problem und von manchen als unmöglich betrachtet. Der Lernalgorithmus für Boltzmann-Maschinen ist in der Lage, Merkmale zu finden, die es dem Netz erlauben, anhand von Beispielen zu generalisieren. Auch Back Propagation ist ein Lernalgorithmus für mehrschichtige Netze, der gute Merkmale finden kann.

NETtalk zeigt, daß ein relativ kleines Netz fähig ist, die meisten signifikanten Regeln der englischen Aussprache und einige Ausnahmen zu erlernen. NETtalk kann jeden beliebigen Dialekt jeder Sprache erlernen und direkt in Hardware implementiert werden.

---

[1]Ein Phonem ist die kleinste, unterscheidbare Einheit einer Sprachäußerung.

6.1.1 Aufbau von NETtalk

Das Netz besteht aus sigmoiden Units, die die gewichtete Summe der Eingangssignale über eine sigmoide Funktion transformieren. Alle Signale
(Aktivierungen und Gewichte) im Netz haben kontinuierliche Werte. Die
Gewichte der Verbindungen können positiv oder negativ sein. Jede Unit hat
einen Schwellwert, der von der gewichteten Summe subtrahiert wird. Dieser
Schwellwert wird im Netz so dargestellt, daß eine zusätzliche Unit, die konstant das Ausgangssignal 1 liefert, mit jeder Unit im Netz verbunden ist und
über das Gewicht dieser Verbindung den Schwellwert bildet. Dadurch kann
der Schwellwert mit der Lernprozedur gelernt werden.

Die Unit i berechnet, wie schon bekannt, ihren Netto-Input als gewichtete
Summe ihrer Eingänge ($net_i = \sum_j w_{ij} o_j$) und transformiert diesen Netto-Input
über die sigmoide Funktion (s. Abschnitt 4.3) zu ihrem Output-Signal.

Das Netz ist hierarchisch in drei Layers aufgebaut (s. Abb. 6.1.1): es besteht
aus einem Eingangs-Layer, einem Hidden-Layer und einem Ausgangs-Layer.
Information fließt vom Eingangs-Layer in Richtung Ausgangs-Layer, wie es
in einem feed forward-Netz üblich ist.

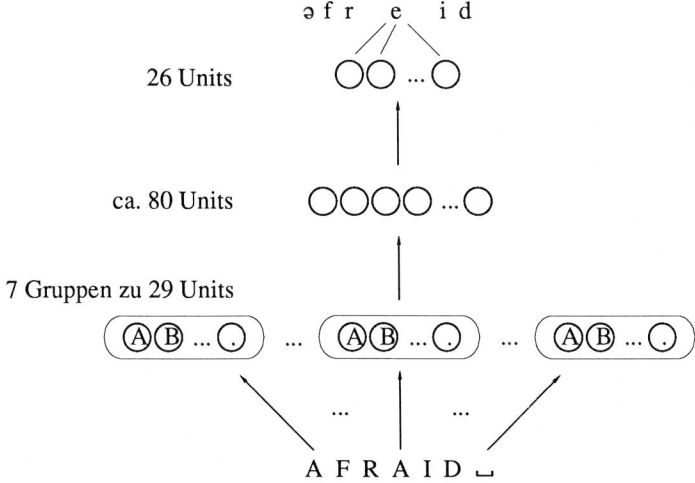

Abb. 6.1.1: Struktur von NETtalk.

6.1.2 Repräsentation der Buchstaben und Phoneme

Der Input-Layer besteht aus sieben Gruppen, die beiden anderen Layers aus jeweils einer Gruppe. Jede Gruppe im Input-Layer kodiert einen Buchstaben des Eingabetextes, sodaß dem Netz sieben Buchstaben gleichzeitig präsentiert werden.

Der gewünschte Output des Systems ist ein korrektes Phonem, das dem mittleren der sieben Buchstaben entspricht. Die anderen sechs Buchstaben (je drei links und rechts) bieten einen unterstützenden Kontextausschnitt. Der Text wird Buchstabe für Buchstabe abgearbeitet und in Phoneme umgewandelt. Pro Schritt wird die Aussprache eines Buchstabens bestimmt. Für den Großteil der in der englischen Sprache existierenden Wörter ist dieser Kontext von sechs Buchstaben ausreichend, um eine eindeutige Bestimmung der Aussprache zu ermöglichen.

Die Buchstaben werden lokalistisch in jeder der sieben Gruppen durch 26 Units (eine pro Buchstabe des Alphabets) plus drei zusätzlichen Units für Interpunktion und Wortgrenzen dargestellt. Der Input-Layer besteht demnach aus 203 Eingabe-Units, die in 7 Gruppen zu je 29 Units angeordnet sind.

Die Phoneme des Output-Layer sind durch 23 Artikulationsmerkmale dargestellt. Drei weitere Units kodieren Betonung und Silbengrenzen. Die Darstellung ist verteilt, da jede Unit an der Repräsentation mehrere Phoneme beteiligt ist. Der Output-Layer besteht somit aus 26 Units.

Die Hidden-Units dienen dem Netz dazu, um eine geeignete interne Repräsentation zur Lösung der gestellten Aufgabe zu finden.

6.1.3 Lernalgorithmus

Das Netz wurde mit dem Lernverfahren Back Propagation (s. Abschnitt 5.3) trainiert. Zwei verschiedene Textquellen wurden als Trainingsdaten des Netzes verwendet: einerseits ein von einem Kind gesprochener Text, andererseits ca. 20000 Wörter aus einem Wörterbuch. Ungefähr 1000 Wörter des Wörterbuch (entsprechend den häufigst verwendeten Wörtern der englischen Sprache) wurden tatsächlich verwendet, um das Netz zu trainieren.

Die Gewichte wurden nach der folgender Version der Back Propagation verändert

$$w_{ij}(t+1) = \alpha \, w_{ij}(t) + (1 - \alpha) \, \varepsilon \, \delta_i \, o_j$$

wobei w_{ij} das Gewicht von der Unit j zur Unit i ist, α eine Lernrate, die den Einfluß des alten Gewichtes (und auch die Fehlerkorrektur) steuert, ε (bzw. $(1 - \alpha) \, \varepsilon$) die (eigentliche) Lernrate, die die Stärke der Fehlerkorrektur bestimmt. δ_i ist das von übergeordneten Layer berechnete Fehlersignal.

α wurde typischerweise auf 0.9 gesetzt, ε auf 2.0, womit die eigentliche Lernrate zur Fehlerkorrektur 0.2 betrug. In den meisten Simulationen wurde das Fehlersignal nur dann rückpropagiert, wenn die Abweichung größer als 0.1 war. Die Gewichte wurden mit Zufallszahlen zwischen -0.3 und 0.3 initialisiert.

6.1.4 Ergebnisse

Kontinuierlicher Text ist schwieriger zu erlernen, da die selben Phoneme unterschiedlich ausgesprochen werden. Nach zirka 50.000 Präsentationen war das Netz fähig, diese mit 95% Richtigkeit auszusprechen. Die Unterscheidung zwischen Vokalen und Konsonanten wurde früh getroffen. Das Netz ersetzte jedoch anfangs alle Vokale durch denselben und alle Konsonanten durch einen einzigen. In einem weiteren Schritt wurden Wortgrenzen erkannt. Nach einigen Durchläufen durch das Trainingsset waren viele Worte, nach etwa 10 Durchläufen der gesamte Text verständlich.

Die Generalisierungsfähigkeit des Netzes wurde anhand eines vom selben Kind stammenden Textes getestet, der viele neue Wörter enthielt. Das Netz las und sprach diesen Text mit 78% Richtigkeit. Die Generalisierungsfähigkeit von (mehrschichtigen) Perceptrons ist also, wie schon Rosenblatt vor Jahren behauptet hat, sehr gut.

Bei der Verwendung der 1000 häufigsten Wörter der englischen Sprache stößt man auch auf das Problem der Ausnahmen, die darunter überdurchschnittlich zahlreich vertreten sind. Diese Problemstellung wurde auch dazu verwendet, den Einfluß der Anzahl der Hidden-Units auf die Lernfähigkeit zu untersuchen. Ohne Hidden-Units wurde eine Richtigkeit von 82% erreicht. Das beste Ergebnis mit 98% Richtigkeit konnte mit 120 Hidden Units erzielt werden, wobei jedoch zu bedenken ist, daß die Aussprachevariationen von natürlicher Sprache entfallen sind. Bei einem Test mit den restlichen Wörtern des Wörterbuches konnte eine Genauigkeit von 77% erreicht werden.

Eine weitere beachtenswerte Eigenschaft ist die Reaktion auf teilweise Zerstörung. Selbst bei Vernichtung vieler Verbindungen sinkt die Leistung des Netzes nur graduell (auf ca. 40% bei starker Beschädigung) und ist durch erneutes Trainieren schnell wieder hergestellt. Diese Eigenschaft wird der verteilten Darstellung in den Hidden Units zugeschrieben.

Etwa die selben Ergebnisse werden unter Verwendung des Lernalgorithmus für Boltzmann-Maschinen erzielt.

6.2   Hopfield-Netze

Die Arbeit von Hopfield zeigt die formale Analogie zwischen einem Netz aus Neuronen-ähnlichen Elementen mit symmetrischen Verbindungen (nichtlineares, analoges System), genannt Hopfield-Netze, und einer Entdeckung des letzten Jahrzehnts in der Physik, den spin-glass-Modellen, die aus einer zufälligen Mischung von ferromagnetischen und anti-ferromagnetischen interagierenden spins bestehen und keinen "Nettomagnetismus" zur Schau stellen. Die interessante Eigenschaft dieser spin-glass-Modelle ist ihre Fähigkeit, unter entsprechender Temperatur verschiedene ungeordnete spin-Muster zu speichern. Hopfield-Netze haben ähnliche Eigenschaften.

6.2.1   Grundmodell

Das ursprüngliche Modell verwendet binäre Schwellwert-Units (zumeist mit den Werten 0 und 1). Jedes Neuron i hat zwei verschiedene Zustände, die mit V_i bezeichnet werden. Jedes Neuron ist mit jedem anderen verbunden. Die Netze zeigen keinen hierarchischen Aufbau. Alle Neurone sind sowohl Input- als auch Output-Units. Inputs an ein Neuron i kommen von zwei Quellen: ein externer Input I_i und Inputs von anderen Neuronen. Der Gesamt-Input H_i eines Neurons i ist demnach

$$H_i = \sum_{j \neq i} T_{ij} V_j + I_i$$

wobei T_{ij} die Verbindungsstärke von Neuron j zu Neuron i angibt. In der bisher gebräuchlichen Notation entspricht dies

$$net_i = \sum_{j \neq i} w_{ij} o_j + I_i$$

Das Modell beschreibt die Zustandsänderungen der Neurone im Verlauf der Zeit (die konzeptuell kontinuierlich ist). Jedes Neuron untersucht seine Inputs zu einem zufälligen Zeitpunkt und geht in den aktivierten Zustand über (setzt seinen Zustand V_i auf 1), wenn der Gesamt-Input H_i seinen Schwellwert Θ_i übersteigt.

$$V_i \rightarrow 1 \quad \text{wenn} \quad \textstyle\sum_{j \neq i} T_{ij} V_j + I_i > \Theta_i$$
$$V_i \rightarrow 0 \quad \text{sonst}$$

Die Untersuchung der Inputs ist ein stochastischer Prozeß, der mit einer durchschnittlichen Rate stattfindet. Die Zeitpunkte der Untersuchung eines Neurons sind von denen der anderen Neurone unabhängig. Es findet ein sogenanntes *asynchrones Update* (s. Abschnitt 4.6) statt.

Das Hopfield-Modell ist so konstruiert, daß es – bei symmetrischen Verbindungen T_{ij} – die Energiefunktion

$$E = -\tfrac{1}{2} \textstyle\sum\sum_{i,j,\, i \neq j} T_{ij} V_i V_j \; - \; \sum_j V_j I_j \; - \; \sum_j \Theta_j V_j$$

minimiert. Der Schwellwert Θ wird in den weiteren Ausführungen mit 0 angenommen, was keine grundlegende Änderung des Modells bewirkt, allerdings die Energiefunktion vereinfacht auf

$$E = -\tfrac{1}{2} \textstyle\sum\sum_{i,j,\, i \neq j} T_{ij} V_i V_j \; - \; \sum_j V_j I_j$$

Die Verbindungen sind symmetrisch, wenn jede Verbindung von Neuron j zu Neuron i (T_{ij}) in selber Stärke und Qualität (verstärkend oder hemmend) auch von Neuron i zu Neuron j (T_{ji}) vorliegt; formal gesehen, wenn gilt

$$T_{ij} = T_{ji} \quad \text{für alle } (i, j)$$

Diese Einschränkung ist zwar biologisch nicht zu rechtfertigen, hat aber den Vorteil, daß dadurch garantiert werden kann, daß das System zu einem stabilen Zustand (in endlich vielen Schritten) konvergiert und nicht zwischen mehreren Zuständen (wo die Energiefunktion Minima aufweist) oszilliert. Probleme, die nur durch oszillierendes Verhalten von Netzen erklärt werden können, können mit diesem Ansatz daher nicht behandelt werden.

Das System minimiert die obige Energiefunktion und gelangt dabei in einen stabilen Zustand, von denen es mehrere gibt, allerdings nicht mehr als Elemente (Units) im Netz sind. Es können in einem Hopfield-Netz ebensoviele Muster gespeichert werden, wie es stabile Zustände hat. Die Anzahl dieser Zustände hängt von der zugelassenen Fehlertoleranz ab. Verlangt man Fehlerfreiheit, so können maximal N/4 * ld N Muster gespeichert werden. Läßt man 5% Fehler zu, so sind immerhin schon 0.14*N Muster darstellbar (aus 2^N möglichen Konfigurationen).

Die Energiefunktion selbst ist eine globale Größe, die von einem einzelnen Neuron nicht wahrgenommen wird. Sie ist unsere Art zu verstehen, wie sich das System verhält.

Ein ähnliches Konzept ist das der Entropie in einem einfachen Gas. Wir verstehen, daß, sollte ein Ungleichgewichtszustand vorherrschen, in dem alle Gasmoleküle in einer Ecke des Raumes versammelt sind, sehr bald wieder ein Gleichgewicht eintreten wird. Wir erklären uns das dadurch, daß die Entropie in einem isolierten Gas so lange ansteigt, bis sie überall gleich ist, also nicht mehr ansteigen kann, obwohl das einzelne Molekül davon gar keine Ahnung hat, sondern bloß seinen Newtonschen Bewegungsregeln folgt.

Ein Nachteil der Hopfield-Netze ist, daß sie sich in lokalen Minima der Energiefunktion verfangen, die nicht den gewünschten stabilen Zuständen entsprechen müssen, die nur eine Teilmenge der Menge aller Minima bilden. Um dem abzuhelfen, wird der deterministische Minimierungsvorgang so abgeändert, daß gelegentliche (zufällige) Sprünge in Zustände höherer Energie zulässig sind (s. Boltzmann-Maschinen, Abschnitt 5.5.).

6.2.2 Analoge Implementierung

Die Neurone zeigen ein sigmoid-monotones Ein-Ausgabeverhalten, welches durch eine Funktion

$$V_j = g_j(H_j)$$

beschrieben wird, die das Ausgangssignal V_j des Neurons j abhängig von seinem Eingangssignal H_j angibt. Zur Vereinfachung des Modells wird angenommen, daß die Zeitkonstanten der Neurone vernachlässigbar sind, d.h. eine Veränderung des Potentials im Soma der Zelle i eine sofortige Änderung der Leitfähigkeit in einer postsynaptischen Zelle j hervorruft. Nichtsdestotrotz definiert ein Eingangswiderstand ρ_j, der zu einem Eingangskondensator C_j führt, eine Zeitkonstante des Neurons, ähnlich wie die Zellmembran einen Scheinwiderstand in einem biologischen Neuron hervorruft.

Die Eingangssignale aller synaptischen Verbindungen eines Neurons werden analog aufsummiert. Jedes Neuron hat zwei Ausgangskanäle, wobei einer erregend und der andere (invertierte) hemmend wirkt. Die Signalstärke reicht von 0 bis 1, bzw. von −1 bis 0. Eine Synapse zwischen zwei Neuronen wird durch eine Leitung T_{ij} hergestellt, die einen Ausgang des Neurons j mit einem Eingang des Neurons i verbindet. Diese Leitung wird durch einen Widerstand

$$R_{ij} = 1 / |T_{ij}|$$

realisiert. Zusätzlich führen in das Netz noch externe Leitungen zu jedem Neuron j, das so durch ein systemunabhängiges Signal I_j beeinflußt werden kann. Die folgende Differentialgleichung beschreibt, wie sich die Zustandsvariablen H_i der Neurone unter dem Einfluß der synaptischen Signale anderer Neurone im Netz über die Zeit verändern:

$$C_i \, dH_i/dt = \Sigma_i(T_{ij}*V_i) - H_i/R_i + I_i$$

mit $V_i = g_i(H_i)$, wie oben definiert, und $1/R_i = 1/\rho_i + \Sigma_j \, 1/R_{ij}$. Zur Vereinfachung des Netzes werden zusätzlich die Annahmen getroffen: $g_i = g$, $R_i = R$, $C_i = C$ für alle i.

Dividiert man obige Gleichung durch C und redefinert man T_{ij}/C als T_{ij} und I_i/C als I_i, so erhält man

$$dH_i/dt = \Sigma_i(T_{ij}*V_i) - H_i/(R*C) + I_i$$

Diese Gleichung drückt die Eingangssignale H_i als Summe dreier Quellen aus:
- postsynaptische Signale, die im Neuron i durch präsynaptische Aktivität des Neurons j ausgedrückt wird
- Ableitsignale aufgrund des endlichen Eingangswiderstandes R_i des Neurons i
- Eingangssignale I_i von externen Quellen

In Computersimulationen von Hopfield-Netzen muß diese Differentialgleichung durch numerische Integration gelöst werden.

6.2.3 Anwendungsgebiete für Hopfield-Netze

Für eine bestimmte Problemklasse eignen sich Hopfield-Netze besonders gut, und zwar für Optimierungsprobleme mit Nebenbedingungen (mit komplexen kombinatorischen Lösungsmengen). Derartige Problemstellungen sind etwa Signalerkennung und -dekodierung, Mustererkennung, Objekterkennung und Spracherkennung. In biologischen Problemstellungen ist eine gute und schnell erzielte Lösung einer besseren, aber aufwendiger zu berechnenden Lösung vorzuziehen. Diese Eigenschaft, glaubt man, mit Neuralen Netzen realisieren zu können: schnell relativ gute Lösungen von Optimierungsaufgaben zu bieten.

Wie gut Hopfields Ansatz solche Probleme lösen würde, kann derzeit nicht beurteilt werden, was jedoch nicht am Modell selbst liegt, sondern an der Schwierigkeit, diese Probleme geeignet zu formulieren.

Die beiden Konzepte, die Netzdefinition und die Energiefunktion, bilden ein Modell, das uns erklärt, wie Hopfield-Netze rechnen, und das uns hilft, Optimierungsprobleme auf Neurale Netze abzubilden. Der Netzwerkaufbau entspricht dabei allen möglichen Lösungen des Optimierungsproblems. Dazu werden geeignete Synapsen T_{ij} und Eingangssignale I_i gewählt. Dann konstruiert man eine geeignete Energiefunktion E, so daß E proportional zur Kostenfunktion des Optimierungsproblems ist, wenn Konfigurationen erreicht wurden, die mögliche Lösungen darstellen. Hat das Netz einen stabilen Zustand erreicht, muß man die Lösung aus dem Netz dekodieren.

Zur Demonstration, wie Hopfield-Netze arbeiten, wählte man mathematische Problemstellungen mit ähnlich hoher kombinatorischer Komplexität, wie zum Beispiel ein inhaltsadressierter Speicher oder das Traveling Salesman Problem (TSP). Im folgenden wird auf das TSP näher eingegangen, wo ein Verkäufer jede der gegebenen N Städte genau einmal besuchen muß. Gesucht ist ein Reiseplan, der die gesamte Weglänge minimiert. Dieses Problem ist ein Klassiker unter den Optimierungsproblemen mit Nebenbedingungen. Es ist einfach zu beschreiben, mathematisch gut charakterisiert und sehr schwierig zu lösen. Hopfield & Tank zeigten, daß bestimmte Hopfield-Netze gute Lösungen (nicht aber den kürzesten Weg) finden können.

Die Lösung dieses Problems ist eine geordnete Liste der N Städte, in der jede Stadt genau einmal vorkommt. Diese Liste soll so durch das Netz repräsentiert werden, so daß die endgültige Position einer Stadt durch die Zustände von N Neuronen bestimmt ist. Bei einer Rundreise von beispielsweise zehn Städten, würde folgendes Zustandsdiagramm die Stadt A auf Position 6 der Tour festlegen:

0 0 0 0 0 1 0 0 0 0

Nachdem N Städte besucht werden sollen, benötigt man N solcher Repräsentationsschemata und somit $N*N = N^2$ Neurone, die untereinander vollständig verbunden werden. Eine gültige Lösung für eine Fünf-Städte-Rundreise wäre z. B.:

	1	2	3	4	5
A	0	1	0	0	0
B	0	0	0	1	0
C	1	0	0	0	0
D	0	0	0	0	1
E	0	0	1	0	0

welche die Reiseroute C-A-E-B-D festlegt. Nachdem jede Stadt auf der Rundreise genau einmal besucht werden soll und zu einem Zeitpunkt nur ein Besuch stattfinden kann, außerdem N Wege gleiche Länge haben und darüberhinaus je zwei Wege symmetrisch zueinander sind, gibt es N!/2N verschiedene Reisemöglichkeiten. Der Aufbau des Netzes ist mit diesen Bestimmungen festgelegt.

Nun muß eine geeignete Definition der Energiefunktion erfolgen, um sicherzustellen, daß Zustände für lokale Minima der Energiefunktion gültige Lösungen repräsentieren. Dies kann in zwei Anforderungen gegliedert werden. Erstens muß die Energiefunktion *gültige* Lösungen favorisieren, wo jede Stadt genau einmal besucht wird und nur eine Stadt zu einem Zeitpunkt (in Matrixschreibweise also in jeder Spalte und in jeder Zeile jeweils genau ein 1). Zweitens muß die Energiefunktion solche Zustände bevorzugen, die Reisen mit *kurzen Weglängen* darstellen. Daraus ergibt sich eine Energiefunktion der Form (durch die Matrixschreibweise wird jedes Neuron mit einem doppelten Index versehen)

$$
\begin{aligned}
E = \; & \frac{A}{2} \; \sum_X (\sum_i \; (\sum_{j \neq i} (V_{Xi} \, V_{Xj}))) + \\
& + \frac{B}{2} \; \sum_i \; (\sum_X \; (\sum_{Y \neq X} (V_{Xi} \, V_{Yi}))) + \\
& + \frac{C}{2} \; (\sum_X (\sum_i \; (V_{Xi} - N)))^2 + \\
& + \frac{D}{2} \; \sum_X (\sum_{Y \neq X} (\sum_i \; (d_{XY} \, V_{Xi} \, (V_{Y,i+1} + V_{Y,i-1}))))
\end{aligned}
$$

Die erste Bedingung wird durch die ersten drei Terme der Gleichung sichergestellt, wobei der erste Term Null wird, wenn jede Stadt nur einmal besucht wird, der zweite, wenn nur eine Stadt auf einmal besucht wird, und der dritte, wenn N Städte besucht werden. Die zweite Bedingung wird durch den vierten Term garantiert, der Informationen über die einzelnen Weglängen enthält. Wurde ein gültiger Weg gefunden, so repräsentiert das gefundene Minimum der Energiefunktion die Länge der Tour, da die anderen Terme 0 werden und der letzte Term die Distanzen der gefundenen Lösung summiert.

Durch Umsortieren der Terme obiger Gleichung in quadratische (enthalten die Zustände zweier Neurone) und in lineare (enthalten jeweils den Zustand eines Neurons) können die Verbindungen und die Inputs an die Neurone angegeben werden.

Die Verbindungen sind

$$T_{Xi,Yj} = -A \delta_{XY} (1 - \delta_{ij}) \qquad \text{"hemmende Zeilenverbindungen"}$$
$$\phantom{T_{Xi,Yj} =} -B \delta_{ij} (1 - \delta_{XY}) \qquad \text{"hemmende Spaltenverbindungen"}$$
$$\phantom{T_{Xi,Yj} =} -C \qquad\qquad\qquad\quad \text{"globale Hemmung"}$$
$$\phantom{T_{Xi,Yj} =} -D \, d_{XY} (\delta_{Y,i+1} + \delta_{Y,i-1}) \qquad \text{"Datenterm"}$$

wobei (das Kronecker-Delta) $\delta_{ij} = 1$ wenn i=j, 0 sonst.

Der Datenterm beschreibt, welches spezifische TSP zu lösen ist, während die ersten drei Terme (die Nebenbedingungen) für jedes TSP verwendet werden können. Mit dieser Energiefunktion, die die Dynamik des Netzes steuert, sollte das Netz eine Lösung berechnen, indem es einen Endzustand erreicht, der die Form einer Permutationsmatrix hat und, bedingt durch den Datenterm, einen kurzen Weg aufweist.

Nachdem sehr viele symmetrische Lösungen existieren und das System von sich aus nicht entscheiden kann, zu welcher es konvergieren soll (genauso wie ein Bleistift sorgfältig auf den Tisch gestellt nicht weiß, in welche Richtung er umfallen soll), wird das System in einen zufällig erzeugten, verzerrten Ausgangszustand gebracht, der die Symmetrie durchbricht und von welchem aus es konvergieren kann.

Eine zusätzliche Erweiterung macht es dem Netz unvergleichlich leichter, zu einer gültigen Lösung zu konvergieren, nämlich die Vorgabe einer Stadt als Ausgangspunkt, das heißt, ein Neuron von vornherein und nach jedem Iterationsschritt auf Eins zu setzten. Damit wird dem System ein Richtung vorgegeben, in die sich die Energiefunktion bewegen kann.

Bei Simulationen mit dem von Hopfield vorgegebenen Parametersatz (A, B, C, D) zur Gewichtung der einzelnen Terme der Energiefunktion gelang die Erreichung eines gültigen Zustands in 60% der Fälle, wobei die Qualität der Lösungen im allgemeinen als sehr gut, allerdings nicht als ausgezeichnet bezeichnet werden kann. Die Lösungen wurden meist nach etwa 48 Iterationen, also in einer sehr kurzen Zeitspanne, erzielt.

Das System scheint sehr empfindlich auf die Wahl der Parameter zu sein. Wird beispielsweise durch Gewichtung des letzten Terms der Energiefunktion eine bessere Lösungen stärker favorisiert, dann terminiert das System in den seltensten Fällen mit einer guten Lösung, denn es nimmt die Energiestrafe für ungültige Lösungen in Kauf, um insgesamt zu einem niedrigeren Niveau zu konvergieren. Die Wahl der Parameter scheint, neben der geeigneten Formulierung der Problemstellungen, das größte Problem der Hopfield-Netze zu sein. Zu deren Verteidigung sei angeführt, daß sie auf Grund ihrer analogen und parallelen Natur nicht für eine Simulation auf digitalen Computern in sequentieller Weise, sondern zur Implementierung in analogen und parallelen Verstärkernetzwerken konzipiert wurden.

6.3 Fukushimas Neocognitron

Das Neocognitron ist ein Neurales Netz für visuelle Mustererkennung. Das Modell verwendet ein selbstorganisierendes (nicht überwachtes) Lernverfahren, d.h. es lernt, Muster ohne explizite Vorgabe der gewünschten Klassen zu klassifizieren. Es teilt Muster aufgrund von geometrischer Ähnlichkeit in Klassen. Nach vollständiger Selbstorganisation ist seine Struktur dem hierarchischen Modell des visuellen Systems von Hubel & Wiesel (1973) ähnlich. Es handhabt leichte Verschiebungen, Größenänderungen und Verformungen der Muster.

6.3.1 Biologische Inspiration

Über die Mustererkennung im Gehirn von höheren Säugern ist bei weitem noch nicht alles bekannt, weshalb Fukushima ein eigenes, vom biologisch bekannten etwas abweichendes Modell verwendet. Das heißt, dort wo die damals bekannten Modelle keine Theorien mehr aufzuweisen hatten (etwa nach den ersten vier Schichten im visuellen Cortex), entwickelte er eigene, ohne den Anspruch auf biologische Plausibilität aufrecht zu erhalten.

Das Cognitron (1975), ein Vorläufer des Neocognitron, ist ein Modell, wie Mustererkennung beim Menschen funktionieren könnte. Es gibt in der Literatur noch einige andere Modelle, die biologische Erkenntnisse auf ihre Art weiterdenken. Die Probleme all dieser Modelle lagen bei den bekannten Problemen der Musterverarbeitung: *Translation, Rotation und Größenänderung* der Muster und bei deren Störung und Verformung.

Nach dem Modell von Hubel & Wiesel hat der visuelle Cortex folgende Struktur:

1.) Lateral Genicular Body (LGB) (abgebildete Rezeptoren)
2.) simple cells
3.) complex cells
4.) low order hypercomplex cells (LOHC)
5.) high order hypercomplex cells (HOHC)

Es scheint, als ob das neurale Netz zwischen den LOHC und HOHC ähnlich wie das neurale Netz zwischen den simplen und komplexen Zellen aufgebaut ist. In dieser hierarchischen Struktur tendieren die Zellen (Units) einer höheren (weiter von der Eingabe entfernten) Schicht generell dazu, selektiv auf eine komplexere Eigenschaft des Eingabe-Musters zu antworten und haben zugleich auch ein größeres rezeptives Feld (s. Abschnitt 3.2). Das heißt, die bearbeitete und damit erkannte Fläche vergrößert sich mit der Tiefe der Schichten und ebenso die Trennschärfe (Selektivität) zwischen verschiedenen (ähnlichen) Mustern.

Das ursprüngliche Modell von Hubel & Wiesel bedurfte nach der Durchführung von Experimenten (beispielsweise der Nachweis der Existenz monosynaptischer Verbindungen vom LGB zu den simplen Zellen, die im Hierarchie-Modell nicht berücksichtigt waren) einiger marginaler Anpassungen, konnte aber bis heute in seiner Gesamtkonzeption, die den Hauptinformationsfluß im visuellen System beschreibt, beibehalten werden.

Hubel & Wiesel sagen allerdings nicht, welche Art von Zellen es in höheren Schichten gibt. Einige Zellen im infero-temporal Cortex (z.B. Assoziationsfelder) des Affen sollen selektiv auf spezifischere und kompliziertere Eigenschaften ansprechen (beispielsweise: Dreiecke, Quadrate, Umriß einer Affenhand) und ihre Antworten sind kaum mehr von Verschiebungen oder Größenveränderungen beeinflußt. Diese Zellen könnten der sogenannten "Großmutterzelle" (für jedes bekannte Objekt gibt es eine eigene Zelle, die darauf anspricht) entsprechen.

Von diesem physiologischen Wissen ausgehend erweiterte Fukushima das Hierarchie-Modell, indem er die Existenz ähnlicher Strukturen in höheren Ebenen annahm. Im erweiterten Modell sollen die auf höchster Ebene liegenden Units nur auf ein Eingabe-Muster reagieren, ohne Beeinflussung durch Verschiebung und Größenänderung. Dem Neocognitron liegt dieses erweiterte Hierarchie-Modell zugrunde. Nach vollständiger Selbstorganisation ist die Antwort der Units der höchsten Schicht nur von der Form des Eingabemusters (in ähnlicher Größe) abhängig, d.h. es hat die Fähigkeit der positionsinvarianten Mustererkennung.

6.3.2 Struktur des Netzes

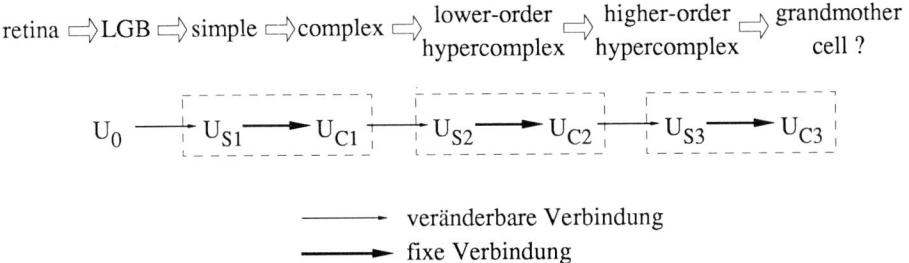

Abb. 6.3.1: Struktur des Neocognitron im Vergleich zum Hierarchie-Modell von Hubel & Wiesel.

Das Neocognitron besteht aus Modulen (strichlierte Vierecke), denen der Input-Layer U_0 vorangeht. Jedes dieser Module besteht aus zwei Layers, einem S-Layer und einem C-Layer. Der dem Input-Layer nähere Layer eines Moduls ist der S-Layer (entspricht im Hierarchie-Modell von Hubel & Wiesel den simplen Units und LOHC), der höhere ist der C-Layer (entspricht den komplexen Units und den HOHC nach Hubel & Wiesel). Es sind nur die Synapsen zu den S-Zellen (Units im S-Layer) modifizierbar, die zu den C-Zellen sind fix.

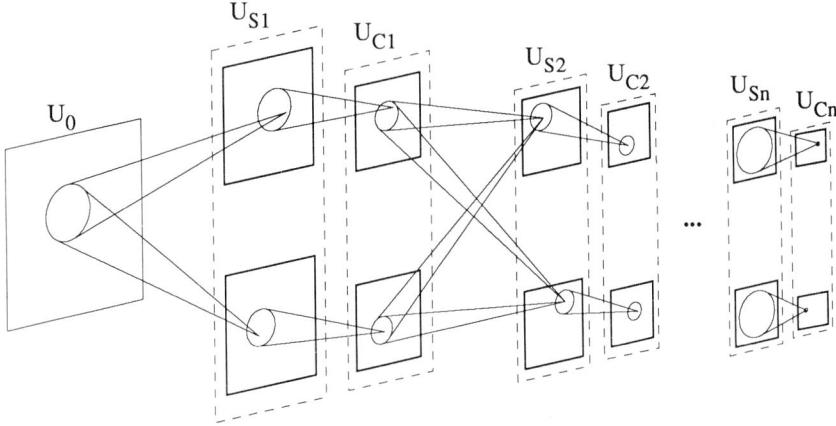

Abb. 6.3.2: Aufbau des Neocognitron.

In jedem Layer (strichliert) gibt es für jedes zu erkennende (Teil-) Muster eine Plane (dick umrandet). Jede Plane besteht aus so vielen Units wie es verschiedene Positionen (Koordinatenpaare) in ihrem rezeptiven Feld gibt. Da

bindungsstruktur zum tieferen (darunterliegenden) Layer, es sind lediglich die Positionen der präsynaptischen Units parallel verschoben. D.h. innerhalb einer Plane haben alle Units rezeptive Felder mit der selben Funktion, jedoch an verschiedenen Positionen – also benötigt man für jede Position im Gesichtsfeld eine Unit pro Plane, und pro zu erkennendem (Teil-) Muster eine Plane.

Die Verbindungen zum S-Layer verarbeiten die Zusammensetzung des Musters (wird gelernt), die Verbindungen zum C-Layer die zulässige Lagevariation der Musterkomponenten (fix vorgegeben).

Der Input-Layer U_0 besteht aus einem zweidimensionalen Feld von Photorezeptoren. Der Output eines Photorezeptors sei $U_0(\mathbf{n})$, wobei $\mathbf{n} = (n_x, n_y)$ die zweidimensionalen Koordinaten innerhalb des Feldes sind.

Sei $U_{SL}(k_L, \mathbf{n})$ der Output einer S-Zelle in der k_L-ten Plane im L-ten Modul, sowie $U_{CL}(k_L, \mathbf{n})$ der Output einer C-Zelle in der k_L-ten Plane des selben Moduls, wobei $\mathbf{n}$ die zweidimensionalen Koordinaten sind, die die Position des rezeptiven Feldes im Input-Layer U_0 angeben.

In Abbildung 6.3.2 sind die Verbindungen zwischen den Layers schematisiert. Jedes stark umrandete Viereck stellt ein Plane dar, jedes vertikale dünne Viereck, indem einige dieser Planes enthalten sind, einen Layer. In dieser Abbildung hat jeder Layer afferente (zu ihm hinführende) Verbindungen von Units in den Ellipsen des vorangehenden Layers. Die Ellipse zeigt für die S-Zellen nicht die tatsächlichen Verbindungen, sondern die möglichen – die S-Synapsen sind ja soweit modifizierbar, daß sie auch nicht vorhanden sein können. (Es wurde in jeder Plane jeweils nur eine Unit dargestellt.)

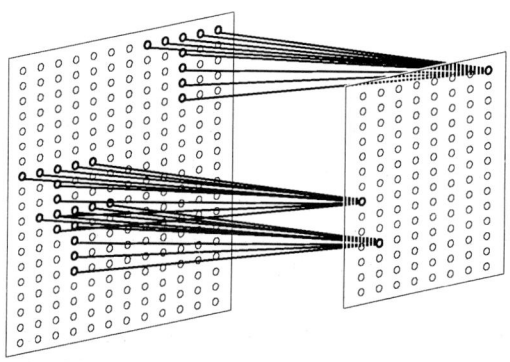

Abb. 6.3.3: Beispiel für eine Verbindungsstruktur zwischen den Planes aufeinanderfolgender Layers, die mehrmals (lageverschoben) eingezeichnet ist.

Wie aus Abbildung 6.3.2 ersichtlich, ist das rezeptive Feld der näher beim Input-Layer liegenden Units relativ (auf den bearbeiteten Ausschnitt des Input-Layer bezogen) kleiner. Je weiter vom Input-Layer entfernt sich eine Unit befindet, desto größer wird der bearbeitete Ausschnitt. In der letzten Schicht ist das rezeptive Feld einer Unit so groß, daß es das gesamte Gesichtsfeld (den gesamten Input-Layer) umfaßt; eine Plane besteht nur mehr aus einer Unit, die angibt, ob das von ihr erkennbare Muster angelegt wurde oder nicht.

Prinzipiell sind die S-Zellen und C-Zellen erregende Units, das heißt die efferenten (von den Units wegführenden) Synapsen sind erregend. Es gibt aber auch hemmende Units in den S- und C-Layers.

Die mathematische Beschreibung der Outputs der Units erfolgt auszugsweise. Alle Units des Netzes sind konzeptuell analog, d.h. die Inputs und Outputs einer Unit sind analoge, nichtnegative Werte proportional zur Feuerfrequenz biologischer Neurone.

S-Zellen haben hemmende Inputs, ähnlich wie beim Cognitron. Der Output einer S-Zelle in der k_L-ten Plane im L-ten Modul sei definiert durch

$$u_{SL}(k_L,\mathbf{n}) = r_1 \, \varphi \left[\frac{1 + \sum\limits_{k_{L-1}=1}^{K_{L-1}} \sum\limits_{m \in S_L} a_L(k_{L-1},\mathbf{v},k_L)\, u_{CL-1}(k_{L-1},\mathbf{n}-\mathbf{m})}{1 + \dfrac{2\, r_1}{1 - r_1}\, b_L(k_L)\, v_{CL-1}(\mathbf{n})} - 1 \right]$$

wobei $\varphi[x] = \left\{ \begin{array}{ll} x & x \geq 0 \\ 0 & x < 0 \end{array} \right\}$

Für L=1 bedeutet in der obigen Gleichung $u_{CL-1}(k_{L-1},\mathbf{n})$ soviel wie $u_0(\mathbf{n})$ und $K_{L-1} = 1$. Die Verbindungsstärken von erregenden respektive hemmenden Units beschreiben $a_L(k_{L-1},\mathbf{m},k_L)$ und $b_L(k_L)$. Wie bereits erwähnt, haben alle S-Zellen einer Plane identische (parallel verschobene) Input-Verbindungsstärken. Deshalb enthalten $a_L(k_{L-1},\mathbf{m},k_L)$ und $b_L(k_L)$ auch kein Argument $\mathbf{n}$ für die Positionsangabe des rezeptiven Feldes der Unit $u_{SL}(k_L,\mathbf{n})$.

Je größer der Parameter r_1 ist, desto *selektiver* antwortet die Unit auf eine bestimmte Eigenschaft. Deshalb sollte r_1 kompromißhaft zwischen der *Toleranz* für Verformungen und der Fähigkeit zur *Trennschärfe* zwischen ähnlichen Mustern gewählt werden.

Die Gleichungen für hemmende S-Zellen sowie für C-Zellen sind der Literatur zu entnehmen. Die Effektivität der Gleichung für hemmende S-Zellen hat Fukushima schon für das Cognitron bewiesen und daher den bewährten Ansatz hier wieder verwendet – er eignet sich sehr gut, um die Fähigkeit einer geschickten Auswertung der Ähnlichkeit zweier Muster zu erreichen.

Der Bereich aus dem eine einzelne Unit ihre Inputs erhält, d.h. der Summationsbereich S_L, ist für hemmende und erregende Units identisch. Die Größe des Bereichs S_L ist für das vorderste Modul (L=1) sehr klein und wird für höhere Module mit wachsendem L größer.

Nach vollständiger Selbstorganisation (s. Abschnitt 6.3.3) formieren sich zahlreiche "feature extracting cells" mit selber Funktionalität innerhalb einer Plane, wo sich nur die Positionen ihrer rezeptiven Felder unterscheiden. Wenn also ein Stimulus-Muster eine Antwort einer bestimmten S-Zelle bewirkt, so antwortet bei *Verschiebung* des Musters im Input-Layer eine andere S-Zelle der *selben* Plane.

Die synaptischen Verbindungen vom S-Layer zum C-Layer sind unveränderlich. Dabei ist eine Gruppe von S-Zellen (jeweils aus einer S-Plane) mit den C-Zellen verbunden. Die Verbindungsstärken für die C-Zellen sind so gewählt, daß eine C-Zelle immer dann stark anspricht, wenn zumindest eine S-Zelle innerhalb ihres Verbindungsbereichs einen großen Output liefert. Wenn also ein Muster, das einen großen Output einer S-Zelle bewirkt, verschoben wird, so bleibt die Antwort der C-Zelle unverändert, da es ja eine andere präsynaptische S-Zelle der selben Plane erkennt. Quantitativ haben C-Zellen hemmende Inputs ähnlich den S-Zellen, ihre Outputs aber zeigen eine Sättigung.

6.3.3 Lernen im Neocognitron: Selbstorganisation

Die Selbstorganisation des Netzes erfolgt durch ein nicht überwachtes Lernverfahren. Dazu werden dem Netz wiederholt die zu lernenden (Eingabe-) Muster vorgelegt. Eine grundlegende Annahme im Neocognitron-Modell ist, daß alle S-Zellen in einer Plane die gleiche Funktionalität haben. Es ist nicht bekannt, ob in realen Nervensystemen Selbstorganisation unter diesen Bedingungen stattfindet. Selbst wenn, so weiß man nicht, über welche Mechanismen die Selbstorganisation abläuft. Die Richtigkeit dieser Annahme wird durch synaptische Verbindungen zwischen Retina und optischem Tectum, nicht nur in der Entwicklung des Embryo sondern auch bei der Regeneration in erwachsenen Amphibien und Fischen, erhärtet.

Unter obigen Voraussetzungen werden die Synapsen nach folgender Vorschrift verstärkt: Zuerst werden "Repräsentative Zellen" in jedem S-Layer ausgewählt, nachdem das Muster angelegt wurde. "Repräsentativ" sind Units mit großen Outputs, ihre Anzahl ist aber auf eine pro Plane beschränkt.

Die Input-Synapsen a_L und b_L für die Unit $u_{SL}(k,\mathbf{n})$ werden verstärkt um

$$\Delta a_L(k_{L-1},\mathbf{m},\hat{k}_L) = q_1\, c_{L-1}(\mathbf{m})\, u_{CL-1}(k_{L-1},\hat{\mathbf{n}}-\mathbf{m})$$

und

$$\Delta b_L(\hat{k}_L) = \frac{q_1}{2}\, v_{CL-1}(\hat{\mathbf{n}})$$

Die Synapsen a_L und b_L sind modifizierbar und führen zu den S-Zellen der k_L-ten Plane. q_1 ist eine positive Konstante, die die Lerngeschwindigkeit angibt, c_L sind fixe, erregende Synapsen, v_{CL} hemmende Units. Die Unit $u_{SL}(\hat{k}_L,\hat{\mathbf{n}})$ sei dabei die "Repräsentative Zelle", die anderen werden um den selben Wert wie sie verstärkt. Die Anfangswerte für a_L sind kleine positive Werte, sodaß die Selektivität noch relativ schwach ist und die Orientierung der Units in den S-Planes noch divergiert. Die Werte sind nicht zufällig gewählt, sondern eine Funktion von (k_L/K_L) und $|\,k_{L-1}/K_{L-1} - k_L/K_L\,|$ und $\mathbf{m}$. Die Anfangswerte für b_L sind 0.

Die Auswahl der "Repräsentativen Zellen"

Wenn die S-Planes eines S-Layer hintereinander angeordnet werden wie in Abbildung 6.3.4 und eine Gruppe von S-Zellen in jeder Plane betrachtet wird, so wird die Konstruktion einer Column ersichtlich: Eine Column enthält Units aus allen S-Planes mit ungefähr dem selben rezeptiven Feld aber unterschiedlichen Merkmalen, auf die sie ansprechen (da jede Plane ein anderes (Teil-) Muster erkennt).

Es gibt viele solcher Columns in einem S-Layer, die einander auch überlappen können (d.h. eine Unit kann zu mehreren Columns gehören).

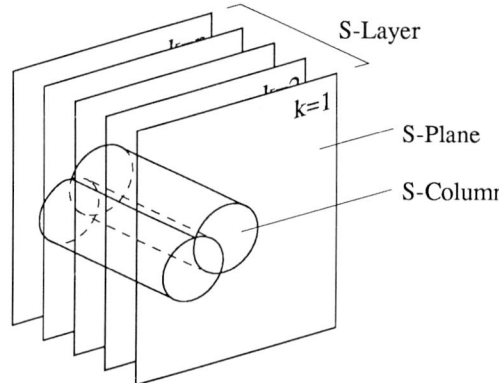

Abb. 6.3.4: Columns.

In jeder Column ist jene Unit Kandidat für die "Repräsentative Zelle", die den größten Output erzielt. Dadurch können aber mehrere Units in einer Plane als Kandidaten erwählt worden sein, da mehrere Columns gleichzeitig betrachtet werden. In diesem Fall wird nur jene mit dem größten Output in dieser Plane die "Repräsentative Zelle" dieser Plane. Tritt nur ein Kandidat auf, so ist ohne weitere Bedingungen diese Unit die erwählte. Gibt es keine Kandidaten, so wird in dieser Plane keine "Repräsentative Zelle" bestimmt.

Diese Auswahl stellt sicher, daß das Netz auf nur ein Merkmal für das betreffende rezeptive Feld anspricht und jede Plane auf *eine* Eigenschaft des Musters selektiv wird. Es tritt keine Redundanz auf, wo mehrere Planes auf die selbe Eigenschaft ansprechen. Es werden nur wenige Units (Planes) wirklich aktiv – ein Muster enthält im allgemeinen nur einen geringen Teil der erkennbaren Eigenschaften.

Eine Plane im Neocognitron entspricht etwa einer erregenden Unit im Cognitron. Die Lernstrategie ist prinzipiell die selbe.

6.3.4 Funktionsweise

Zum leichteren Verständnis sei hier ein Beispiel der Funktionsweise des Netzes nach der Selbstorganisation gezeigt, das allerdings kein Testbericht einer konkreten Simulation ist sondern nur nur das Prinzip veranschaulichen soll. Angenommen das Neocognitron hat die Muster "A","B" und "C" gelernt. Nach dem Lernen haben sich folgende "feature extracting cells" gebildet:

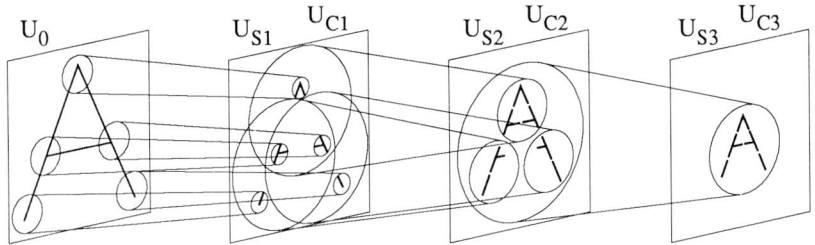

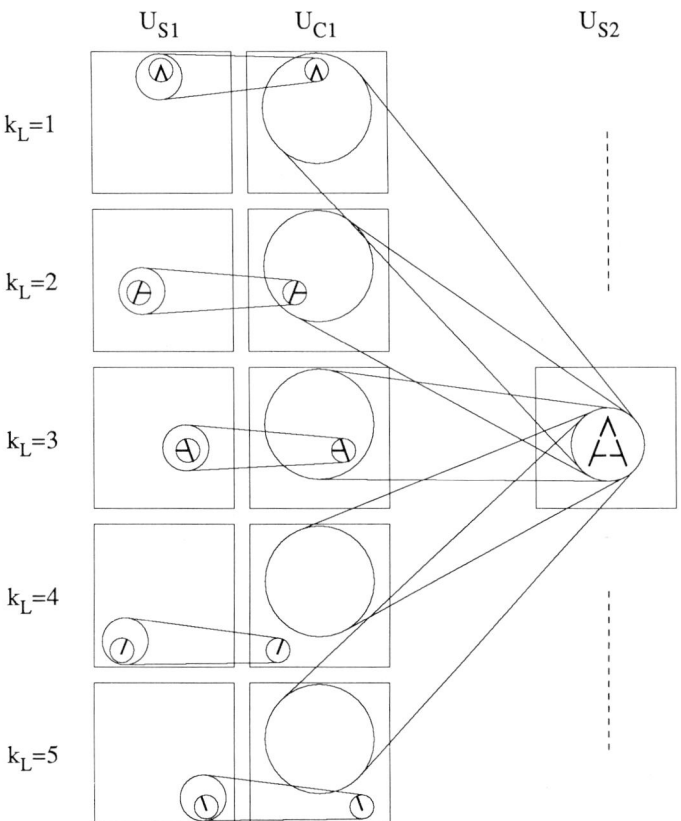

Abb. 6.3.5: Nach der Selbstorganisation.

Die S-Plane mit $k_L=1$ im Layer U_{S1} besteht aus einem zweidimensionalen Feld, das die Form ∧ erkennt. Da das Eingabe-Muster "A" die Form ∧ an der Spitze enthält, antwortet eine S-Zelle im oberen Teil dieser S-Plane mit großem Output (s. unterer Teil in Abb. 6.3.5).

Eine C-Zelle in der darauffolgenden C-Plane (C-Plane im Layer U_{C1} mit $k_L=1$) ist mit einer Gruppe von S-Zellen dieser S-Plane verbunden. In Abbildung 6.3.4 beispielsweise hat die C-Zelle synaptische Verbindungen von den S-Zellen in dem linierten ersten Kreis und sie antwortet, wenn eine dieser S-Zellen einen großen Output liefert.

Die C-Zelle antwortet also auf ein $\wedge$ innerhalb eines bestimmten Bereiches im Input-Layer, ihre Antwort ist weniger positionsempfindlich als die der präsynaptischen S-Zellen. Da die C-Plane mehrere derartige C-Zellen enthält, die in der Nähe der Spitze liegen, antworten auch mehrere C-Zellen auf das Teilmuster $\wedge$ in "A". Im Layer U_{C1} gibt es noch eine Reihe anderer C-Planes, für die Muster $/-$ und $-\backslash$ beispielsweise.

Im nächsten Modul enthält jeder S-Layer Signale von den C-Planes des Layer U_{C1}. Die Unit in U_{S2} erhält also Inputs von allen Units in den dünnlinierten Kreisen des Layers U_{C1}. Die Input-Synapsen werden derart verstärkt, daß sie nur dann antworten, wenn die Muster $\wedge$, $/-$ und $-\backslash$ in der Konfiguration wie etwa $/-^{\wedge}-\backslash$ in ihrem rezeptiven Feld auftritt. Daher erwirkt das Muster "A" großen Output bei der S-Zelle ein wenig über der Mitte der S-Plane. Wenn das Muster in sich über eine Toleranzgrenze verschoben wird, liefert die Unit keinen Output mehr. Diese S-Zelle überprüft auch, ob andere Eigenschaften, etwa die unteren Endstriche von "A", nicht in ihrem rezeptiven Feld liegen. Die hemmende Unit v_{C1}, mit hemmender Verbindung zu dieser S-Zelle, spielt dabei eine wichtige Rolle.

Durch mehrmalige Anwendung dieses Aufbauprinzips von S- und C-Layers erhalten die Units nach und nach ein weiteres (größeres) rezeptives Feld, je mehr Module ihnen vorgeschaltet sind. Gleichzeitig steigt auch die Toleranz gegenüber einer Verschiebung des Musters. D.h. im letzten Layer U_{C3} antwortet eine C-Zelle, wenn "A" vorgelegt wird, ohne Rücksicht auf die Position von "A". In Abbildung 6.3.4 wurde nur eine Unit, die auf "A" reagiert gezeichnet, die Units für "B" und "C" im letzten Layer verhalten sich analog und befinden sich im selben Layer.

Der Eindruck entsteht, als ob man sehr viele "feature extracting" Planes benötigte, um eine große Anzahl von Mustern erkennen zu können. Das ist aber nicht der Fall. Mit *steigender Anzahl der Muster* steigt auch die Anzahl *gemeinsamer Eigenschaften* in verschiedenen Mustern. D.h. daß vor allem die Planes nahe dem Input-Layer nicht nur jeweils für ein Muster verwendet werden, sondern, für umso mehr verschiedeneMuster, je mehr gelernt werden. Deshalb wächst die Anzahl der Planes nicht so stark an, wie vielleicht erwartet.

Dieser Mustererkennungsalgorithmus kann informationstheoretisch auch so betrachtet werden: Das Eingabemuster wird mit gelernten (vorgegebenen) Standardmustern verglichen, die zuvor in Form einer räumlichen Verteilung der synaptischen Verbindungen ins Netz gebracht wurden. Der Vergleich findet nicht durch direktes Pattern Matching in einem weiten visuellen Feld statt, sondern durch stückweises Pattern Matching in vielen kleinen Feldern. Nur wenn die Muster sich nicht bis zu einer gewissen Toleranz in jedem visuellen Feld unterscheiden, wird es im Neocognitron als erkannt betrachtet.

Dieser stückweise Vergleich geht nicht auf einmal vor sich, sondern kaskadenartig, Modul für Modul. D.h. der Output einer Stufe wird an die jeweils nächste weitergegeben. Mit jeder Stufe steigt die Toleranz für die Verschiebung ein wenig, das visuelle (rezeptive) Feld wird größer. In der letzten Stufe kann die Gesamtinformation simultan betrachtet werden.

Selbst wenn das Muster nicht mit einem gelernten Standardmuster in allen Teilen des visuellen Feldes übereinstimmt, heißt das nicht sofort, daß die Muster verschieden sind. Angenommen, der obere Teil des Musters stimmt mit einem Standardmuster an einer bestimmten Stelle überein, und gleichzeitig stimmt der untere Teil des Eingabe-Musters mit dem selben Standardmuster an einer anderen Stelle überein. Da das Pattern Matching in der ersten Stufe parallel in kleinen visuellen Feldern stattfindet, werden die zwei (Teil-) Muster von Neocognitron als gleich erkannt – trotz Verformung.

Fukushima hat einige Erweiterungen des Neocognitron vorgestellt. In einer frühen Variante verwendet er hemmende Rückverbindungen, um die Erkennung von relevanten Merkmalen zu beschleunigen. Nachfolgende Versionen greifen das Konzept der Rückverbindungen eingehender auf und erlauben auch erregende rückläufige Verbindungen. Diese Varianten bezeichnet er mit "Associative Recall". Die erwünschte Wirkung liegt in der Vervollständigung gestörter Muster über rückläufige Verbindungen. Die Idee ist biologisch plausibel, da nachweislich exzitatorisches Feedback existiert. Um ein endloses Feedback zu verhindern, wird das Modell um eine Stabilitätserkennung erweitert.

Auch diese Version wurde noch erweitert, sodaß das Netz während der Erkennung das Muster in schon bekannte Teile zerlegt, die einzeln erkannt werden. In höheren Layers erkannte Merkmale unterdrücken über rückläufige Verbindungen das Erkennen von Merkmalen, die nicht zu diesem Muster (oder in seine Klasse) gehören. Außerdem gibt es einen Gewöhnungsmechanismus, durch den die Aktivierung der Zellen mit der Zeit nachläßt. Wird ein aktiviertes Merkmal nicht verstärkt, verschwindet es wieder.

Diese letzte Version gleicht einer Suche nach *vermuteten* Merkmalen, da durch das Feedback die vermeintlich vorhandenen Merkmale verstärkt, die anderen jedoch gehemmt werden. Die Gewöhnung ist extern von einem "Neuromodulator" gesteuert. Die Stabilitätserkennung findet hier ein Analogon: sind die Aktivierungen mehrerer Units des letzten Layer zugleich über dem Schwellwert, so bleibt nur der größte Output aktiv. Dann werden die wegführenden Verbindungen auf 0 gesetzt, wodurch ein anderes Muster erkannt werden kann. Wenn keine Unit aktiv ist, wird die Selektivität gesenkt.

6.4 Adaptive Resonance Theory (ART)

Für Demonstrationszwecke werden verschiedene Teile eines ART-Netzes isoliert und ihre Funktionsweise beschrieben. In ihrer Gesamtheit funktionieren die einzelnen Teile subtiler. D.h. in jedem Stadium ist die hier angegebene Beschreibung aufgrund ihrer Unvollständigkeit inkorrekt. Zum Verständnis ist diese Art der Beschreibung jedoch besser geeignet, als das korrekte komplexe Netz in seiner Gesamtheit vorzustellen. Obwohl es also unvollständig ist (schon allein durch das Weglassen der kompletten mathematischen Beschreibung, wo der interessierte Leser auf die Literatur verwiesen werden muß), so soll hier die prinzipielle Idee nähergebracht werden, sodaß die zugehörige technische Literatur nicht gänzlich undurchschaubar wirkt. Die ART-Netze von Grossberg & Carpenter (1976) haben viele Vorläufer und einige, sehr trickreiche Eigenheiten, auf die hier nicht im Detail eingegangen wird.

Die ART-Architektur wurde für einige verschiedene Applikationen verwendet, wird aber einfacherweise als ein Gerät zur Klassifizierung von Eingabemustern verstanden. Idealerweise werden dem Netz Muster präsentiert, die dann klassifiziert werden sollen, d.h. ein aktives Neuron stellt die bestimmte Kategorie dar. Das ART-Netz kann Muster ohne einen ständig anwesenden, allwissenden Lehrer klassifizieren und wiedererkennen, d.h. ohne dem Netz bekanntzugeben, zu welcher Kategorie ein bestimmtes Muster gehört.

Einer der tiefgreifendsten Punkte, denen sich ART zuwendet, umfaßt Stabilität und Plastizität: jedes Mustererkennungssystem muß plastisch (oder änderbar) sein, um auf neue Inputs antworten und neue Kategorien bilden zu können. Andererseits muß das System stabil genug sein, wenn gestörte oder irrelevante Stimuli präsentiert werden. Wir werden sehen, wie ART verschiedene Interaktionsysteme dazu verwendet.

6.4.1 Aufbau und Funktion des Grundsystems

Das Herzstück eines ART-Netzes besteht aus zwei miteinander verbundenen Layers, F_1 und F_2 (s. Abb. 6.4.1). Das Eingabemuster führt zu Aktivitäten in den Neuronen aus F_1, dem Eigenschaften-extrahierenden Layer. Wenn beispielsweise das Eingabemuster eine Pixeldarstellung von Druckbuchstaben darstellt, dann wäre einen natürliche Wahl für die Anzahl der Neurone in F_1 ein Neuron pro Pixel. Wenn das Eingabemuster Geschmacksrichtungen miteinbezieht, wie z.B. bei der Weinkost, dann wählt man für jede Eigenschaft des Weins ein Neuron, z.B. trocken, herb, fruchtig, blumig.

Das Eingabemuster führt zu einer Aktivität in den Neuronen im Layer F_1, wo Eigenschaften der Muster entdeckt werden. Diese Aktivitäten stellen ein Kurzzeitgedächtnis dar, da die Neurone nach Wegnahme des Eingabemusters schnell wieder in den Ruhezustand zurückfallen. Die Aktivierungen in F_1 bewirken in den Neuronen des Layer F_2 eine Aktivierung, nachdem sie über die synaptischen Verbindungen zwischen F_1 und F_2 gefiltert wurden (die Stärke dieser Verbindungen ist in Abbildung 6.4.1 durch die Größe der vollen Kreise dargestellt). Jedes Neuron in F_2 stellt eine Kategorie dar. (Im Buchstabenbeispiel also einen einzelnen Buchstaben; im Weinbeispiel eine Klassifizierung des Weins, wie "schlecht", "gut" oder "Beaujolais").

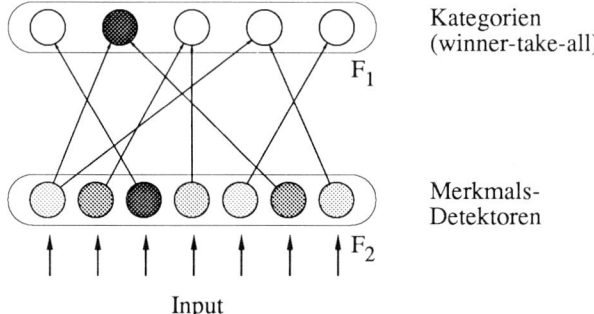

Abb. 6.4.1: Das Herzstück eines ART-Netzes zur Musterklassifizierung. Es besteht aus zwei Layers, F_1 und F_2. Die Eingabe führt zu Aktivitäten in den Neuronen von F_1, wo Eigenschaften extrahiert werden. Die Aktivitäten dieses Kurzzeitgedächtnisses sind durch Schattierungen dargestellt. Die Aktivität wird über Verbindungen zu den Neuronen in F_2 übertragen. Jedes Neuron aus F_2 summiert seine Eingänge (von F_1-Neuronen kommend) und antwortet. Dann, in einer von vielen Versionen, konkurrieren die Neurone, sodaß ein Gewinner mit maximaler Aktivierung als einziger aktiv bleibt.

Für viele Anwendungen braucht man kategoriale Wahrnehmung, d.h jedes Eingabemuster fällt in genau eine Kategorie. Um dies mit ART zu erreichen,

treten die Neurone aus F_2 miteinander in einen Wettbewerb (über nicht abgebildete Verbindungen innerhalb des Layer). Eine mögliche Organisation des
Layer F_2 ist eine Winner-take(s)-all (WTA) Strategie (s. Abschnitt 5.5, Competitive Learning), d.h. nur das am stärksten aktivierte Neuron bleibt aktiv,
alle übrigen werden inaktiv.

Das einfache Netz aus Abbildung 6.4.1 wird in zahlreichen Abwandlungen
bei vielen Modellen gefunden. Allerdings ist es alleinstehend kaum interessant. Lernen in diesem Netz wird von Grossberg kurz vorgestellt, obwohl
er gezeigt hat, daß es bezüglich dem Erlernen neuer Kategorien instabil ist:
ein bestimmtes Neuron in F_2 kann einmal die eine Kategorie, dann wieder
(nach einigen Lernschritten) eine andere darstellen. Oder anders ausgedrückt: ein bestimmtes Eingabemuster wird einmal von dem einen Neuron
klassifiziert, und das nächste Mal vielleicht von einem anderen. Offensichtlich ist ein Netzwerk ohne stabile Kodierung nur beschränkt verwendbar.

6.4.2   ART1 mit Aufmerksamkeitssteuerung

Zur Vermeidung dieser Effekte muß eine subtilere Architektur verwendet
werden. ART1 erreicht das durch eine sogenannte Aufmerksamkeitsaus-
lösung (top-down-priming oder attentional priming, s. Abb. 6.4.2).

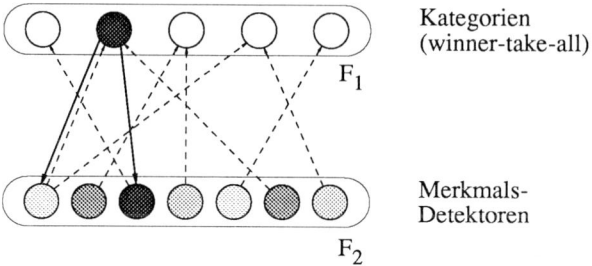

Abb. 6.4.2: ART1. Die Aktivitäten der Kategorie-Neurone (F_2) führen über einen top-
down-Filter zu Aktivitäten in den Neuronen von F_1. Im angegebenen Beispiel verstärkt die
Aktivität des zweiten Neurons in F_2 die Aktivität des ersten und dritten Neurons in F_1. Allgemein ist jedes Neuron aus F_1 mit jedem in F_2 sowohl auf- als auch abwärts verbunden.

Das Abwärts-Signal (top-down) stellt eine Art Schablone oder Menge ent-
scheidender Eigenschaften einer Kategorie dar. Ein Neuron in F_1 kann also
zwei Eingaben erhalten: eine vom Eingabemuster, und die zweite als sogenannte Abwärtsauslösung.

Während der Kategorisierung führen die auf- und abwärts gerichteten Signale zu einer Resonanz der neuralen Aktivitäten, wodurch die entscheidenden

Eigenschaften in F_1 verstärkt werden und somit auch stärkste Aktivität aufweisen. (Genau diese Resonanz wird auch für bidirektionale Assoziativspeicher verwendet.)

Um die Verwendung dieser Resonanz zu veranschaulichen, nehmen wir z.B. bei einer visuellen Musterkennungsaufgabe an, daß ein bestimmtes Neuron den Buchstaben B darstellt (Abb. 6.4.3a). Nehmen wir weiters an, dies sei auch das Eingabemuster.

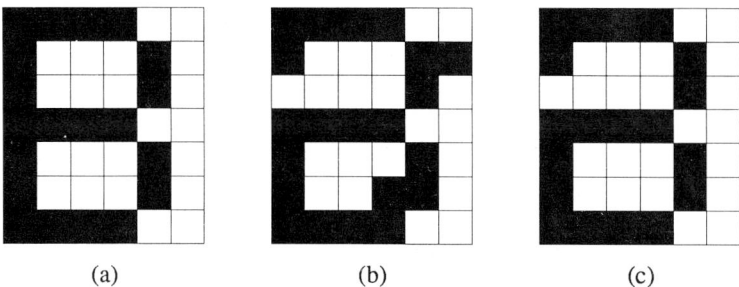

(a)   (b)   (c)

Abb. 6.4.3: (a) Die Abwärts-Schablone eines Neurons in F_2, das die Kategorie B darstellt, ist mit allen entscheidenden Eigenschaften in F_1 verbunden, die ein gutes B (wie gezeigt) darstellen. Nehmen wir an, daß die aufwärts gerichtete Eingabe ein gestörtes B (b) ist, das mit der Schablone viele Eigenschaften gemein hat, jedoch an manchen Stellen verschieden ist. In diesem Fall werden also die Eigenschaften der abwärts wirkenden Schablonen und der aufwärts wirkenden Eingabe verstärkt: die Aktivität in F_1 ist folglich eine bessere Darstellung von B (c) als die tatsächliche Eingabe. (Manchmal werden aufgrund der Resonanz sogar alle Eigenschaften der Schablone in F_1, wie in (a), aktiv.)

6.4.3 Lernen in ART1

Nachdem nun beschrieben wurde, wie eine Resonanz zwischen den Eingaben und den Kategorien zustandekommen kann, stellt sich die Frage, wie sich das Netz dementsprechend organisiert, wie es lernt. Wie schon erwähnt, repräsentieren die Aktivitäten in F_1 und F_2 ein Kurzzeitgedächtnis. Wie üblich wird ein Langzeitgedächtnis in den synaptischen Verbindungen kodiert, d.h. in der Verbindungsstärke gespeichert – in ART sowohl in den aufwärts als auch in den abwärts gerichteten Verbindungen. Lernen ist auch hier ein Ändern dieser Verbindungsstärken. Ohne mathematisch näher darauf einzugehen, möge es ausreichen zu erwähnen, daß die Stärke anwächst, wenn sowohl post- als auch präsynaptische Neurone aktiv sind, also eine weitere Abwandlung der Hebb-Regel. Allgemein steigt die Stärke der Verbindung, wenn beide miteinander verbundenen Neurone aktiv sind, und sie sinkt, wenn nicht.

Das Aufmerksamkeitsnetz hat aber noch ein Problem. Klarerweise erwarten wir, daß die F_1-Neurone aktiv sind, wenn eine Eingabe anliegt. Das vorgestellte Modell verhält sich auch so. Wenn aber keine Eingabe anliegt und ein Neuron in F_2 aktiv ist, dann repräsentiert diese Aktivität die Antizipation (Vorwegnahme, Erwartung) eines bestimmten Musters. Wenn ART1 nur aus dem beschriebenen Aufmerksamkeitssystem besteht und weiters ein Neuron in F_2 aktiv ist, so führt dies über den Abwärtsfilter zu einer Aktivität in F_1, was wiederum die Aktivität des F_2-Neurons verstärkt. Es besteht also die Möglichkeit einer Resonanz ohne Eingabe, ähnlich einer Halluzination, was in einem selbsttätigen Mustererkennungssystem nicht toleriert werden kann.

6.4.4 ART1 mit zusätzlicher Kontrolleinheit

Das ART1-Netz hat ein Subnetz, eine Kontrolleinheit zur Aufmerksamkeitserregung, um diesen Effekt der autonomen Resonanz zu verhindern. Das Kontrollsystem kann in einem gewissen Sinn zwischen Schablone und Eingabe unterscheiden (Abb. 6.4.4).

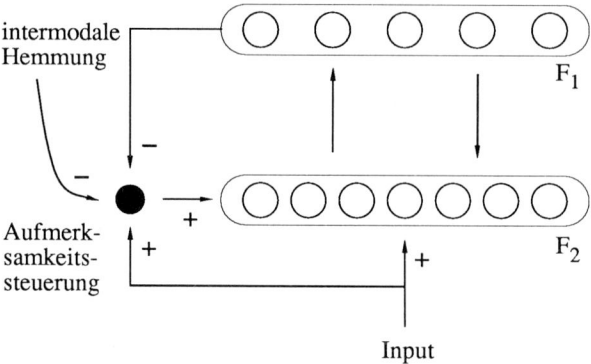

Abb. 6.4.4: Die Aufmerksamkeitssteuerung erlaubt dem Layer F_1, zwischen abwärts und aufwärts gerichteten Signalen zu unterscheiden. Solange die Eingabe anliegt, ist die Aufmerksamkeit groß und ermöglicht starke Aktivität in F_1. Wenn keine Eingabe anliegt, bewirkt die Aufmerksamkeitskontrolle eine Unterdrückung der F_2-Aktivität in F_1.

Die Aufmerksamkeitskontrolle hat drei Eingaben und eine Ausgabe, nämlich das (erregende) Eingabemuster, ein (hemmendes) Aktivitätssignal von F_2 und eine intermodale Hemmung. Die Ausgabe fungiert als Gesamtverstärkungssignal für F_1-Aktivitäten. Wenn nur ein F_2-Neuron aktiv ist, wird dadurch das Kontrollsystem gehemmt, sodaß die Verstärkungswirkung in F_1 unterbleibt. Selbst die eingebaute Auslösung reicht nicht aus, um eine Aktivität in F_1 hervorzurufen. Folglich bleibt die Aktivität in F_1 zu gering, um eine signifikante aufwärts gerichtete Aktivität, und damit Resonanz, auszulösen. Wenn allerdings eine Eingabe anliegt, wird die Aufmerksamkeitskontrolle erregt und damit F_1 forciert. Carpenter und Grossberg nennen das die 2/3-Regel, da zumindest zwei der drei Eingaben an die Kontrolleinheit aktiv sein müssen, damit in F_1 eine signifikante Aktivierung auftreten kann.

Um die Rolle der intermodalen Hemmung zu verstehen, nehmen wir an, daß das ART-Netz zum Weinkosten verwendet wird. Wie aus eigener Erfahrung bekannt ist, passiert es bei einer Party sehr leicht, daß man sich interessiert unterhält und nebenbei ißt und trinkt. Obwohl man beispielsweise Wein trinkt, wird man kaum bemerken, wie er schmeckt – die Aufmerksamkeit liegt bei gänzlich Anderem. So ähnlich funktioniert die intermodale Hemmung. Die Steigerung der Aufmerksamkeit in Richtung auditives System erniedrigt oder hemmt die Aufmerksamkeit für andere Dinge, wie etwa das Geschmackssystem. Im allgemeinen hilft es den momentan uninteressanten Teil der einströmenden Signale auszufiltern.

6.4.5 Entdeckung von Neuem und Kategoriegrößen

Wie fein oder grob sind die Kategorien in ART? Das ART-System hat geschickt entworfene Untereinheiten, das Orientierungssystem, das zur Entdeckung von Neuem dient, und damit kontrolliert, wie fein oder grob Kategorien zu sein haben.

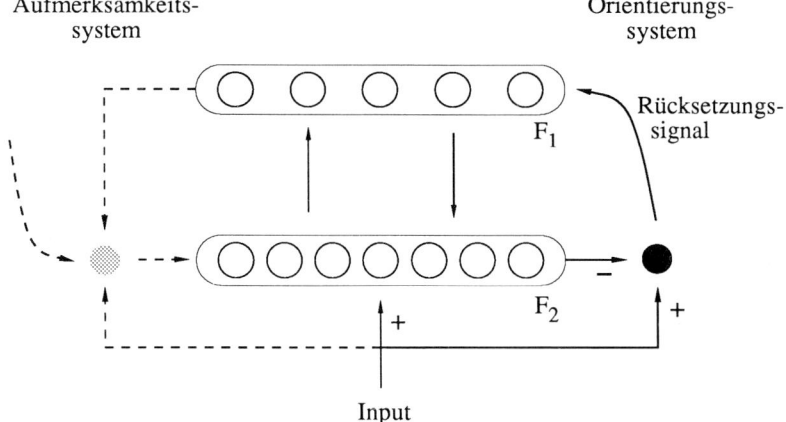

Abb. 6.4.5: Das Orientierungssystem dient zur Entdeckung von Neuem, indem ein Rücksetzungssignal an F_2 gesendet wird, wenn sich die vom Eingabemuster erzeugte Aktivität deutlich von der aufgrund der Kategorie-Schablone erzeugten unterscheidet.

Das Orientierungssystem ist sehr einfach: es hat zwei Eingaben und eine Ausgabe, nämlich (1) die Daten selbst und (2) die Gesamtaktivität in F_1, und als Ausgabe ein zu F_2 führendes Rücksetzungssignal. Das Eingabemuster wird über erregende Verbindungen an das Orientierungssystem und über hemmende an F_1 angelegt (s. Abb. 6.4.5). Das Orientierungssystem funktioniert so, daß die Präsentation eines Eingabemusters zu einer Erregung des Orientierungssystems führt. Aktive Neurone in F_1 senden hemmende Signale an das Orientierungssystem. Unter normalen Umständen übersteigt diese Hemmung die vom Eingabemuster verursachte Erregung, und das Orientierungssystem bleibt inaktiv. Nehmen wir aber an, daß dem Netz ein gänzlich neues Muster präsentiert wird, ein Muster das sich deutlich von früheren unterscheidet, sodaß nur wenige Eigenschaften mit einer vorher kodierten Schablone einer Kategorie übereinstimmen, die meisten aber deutlich verschieden sind. Nun wird zuerst ein Neuron in F_2 aktiv, nämlich jenes, das die meisten Eigenschaften mit dem neuen teilt. Mehr kann das Aufmerksamkeitssystem nicht tun.

Offensichtlich ist das aber nicht die Kategorie, in die das Eingabemuster fällt, da es sich doch deutlich von den anderen Vertretern dieser Kategorie unterscheidet. Genau da setzt das Orientierungssystem ein. Das aktive F_2-Neuron führt über die abwärts gerichteten Verbindungen zu einer Aktivität in F_1. Allerdings ergibt sich ein starkes Abweichen der Aktivitäten in F_1, wodurch die Aktivitäten in F_1 verringert werden. Damit kann F_1 das Orientierungssystem nicht mehr sehr stark hemmen, und das Eingabemuster aktiviert es. Damit erkennt es, daß ein neues, nie zuvor gesehenes Muster anliegt, und muß verhindern, daß die Neurone in F_2 das neue Muster zu erlernen versuchen und damit die vorher kodierten Kategorien verlernen.

Das wird bewerkstelligt, indem das Orientierungssystem, wenn aktiviert, ein starkes Rücksetzungssignal an F_2 sendet, um das Kurzzeitgedächtnis durch Abschalten jeglicher Aktivität in F_2 zu löschen. Wenn das zuvor aktive F_2-Neuron inaktiv ist, kann das Eingabemuster neuerlich zu einer Aktivität in F_1 führen und, da die F_2-Neurone inaktiv sind, sucht das Netz nach einer anderen Kategorie, nach einem anderen Neuron. Wenn ein Neuron gefunden werden kann, so kodiert es das Eingabemuster. Wenn nicht, wenn alle bisherigen F_2-Neurone inaktiv bleiben, muß ein neues Neuron in F_2 aktiviert und eine neue Kategorie gebildet werden.

Oben wurde erwähnt, daß das Orientierungssystem ein Rücksetzungssignal an F_2 sendet, wenn Schablone und Muster deutlich unterschiedlich sind. Um den Begriff deutlich in das System einzubeziehen, gibt es in einem ART-Netz den Parameter ρ, Wachsamkeit (vigilance parameter) genannt, der als Maß für die Unterschiedlichkeit zwischen Schablone und Muster dient und der angibt, welche Abweichung toleriert wird, bevor das Orientierungssystem das Rücksetzungssignal an F_2 sendet. Wenn ρ groß ist (hohe Wachsamkeit), reicht ein relativ geringer Unterschied schon aus, um das Orientierungssystem zu aktivieren. Bei kleinem ρ reagiert das System weitaus toleranter, bevor eine neue Kategorie gesucht wird.

Um wieder auf das Weinbeispiel zurückzukommen, wenn es nur zwei Kategorien Wein gibt (guten und schlechten) und die Wachsamkeit gering ist (es irrelevant ist, subtile Differenzen zwischen den verschiedenen Weinen festzustellen), so schmeckt jeder neu verkostete Wein entweder "gut" oder "schlecht". Die Kodierung von "gut" und "schlecht" wird auch eher diffus sein. Wenn aber das Interesse steigt, die Wachsamkeit erhöht wird, so werden die zwei Kategorien "gut" und "schlecht" nicht ausreichen. Das Netz wird also diese beiden Kategorien testen, feststellen, daß beide zu stark abweichen, und somit eine neue Kategorie in einem neuen Neuron in F_2 einrichten. So kann z.B. die neue Kategorie "halbsüßer, fruchtiger Wein" generiert werden. Je höher die Wachsamkeit (wie etwa bei einem professionellen Weintester), desto feiner die Kategorien.

6.5 Kohonens Spracherkennung

Das von Kohonen entworfene System erkennt (Text über) Phoneme aus ihm präsentierten, vorverarbeiteten Frequenzspektren gesprochener Sprache. Zur Aufbereitung des "rohen Frequenzspektrums" ist eine statistische Analyse notwendig, die die Daten entsprechend vorverarbeitet.

Als Lernalgorithmus wird das ebenfalls von Kohonen entwickelte Verfahren der topologie-erhaltenden Abbildungen (s. Abschnitt 5.9) verwendet, da bekannt ist, daß das Gehirn geordnete topographische Abbildungen bildet, sodaß verschiedene Neurone optimal auf diverse Signalqualitäten antwortet. Der Algorithmus findet eine derartige topologie-erhaltenden Abbildung des Signalraumes (der Frequenzspektren) automatisch, sodaß eine ziemlich hohe Erkenngenauigkeit erzielt wird.

Das System wurde für Finnisch und Japanisch implementiert, wo (bei korrekter Orthographie des Ausgabesystems) bis zu 90 % Genauigkeit erreicht wird.Die erkannten Phoneme werden (ohne Verwendung eines Neuralen Netzes) zu Text transkribiert. Die meisten Fehler werden durch Koartikulation verursacht, der verbleibende Anteil am Fehler kann durch eine automatisch generierte Grammatik reduziert werden. Ohne ein Modell der Sprache, das sehr rechenintensiv wäre, erzielt der implementierte "phonetic typewriter" für unbeschränkten Text eine bis zu 97 prozentig richtige Ausgabe in Echtzeit.

6.5.1 Bio-Analogie

Ausgehend von einer Betrachtung der Funktionsweise des Gehirns, drängt sich die Annahme auf, daß künstliche Neurale Netze prinzipiell in der Lage sein sollten, gesprochene Sprache zu erkennen. Um den Aufbau eines Neuralen Netzes an das biologische Vorbild anzupassen, ist ein Verständnis der grundlegenden Signalverarbeitungsprinzipien im Detail notwendig. Künstliche Wahrnehmung braucht einen Rahmen, in dem frühe sensorische Eindrücke "aufbewahrt" werden und der zumeist "Speicher" genannt wird. Etwas allgemeiner könnte man es mit "interner Repräsentation" sensorischen Wissens bezeichnen. Eines der ersten Probleme ist, deren physikalische Struktur zu erschließen.

Einige Anregungen bietet eine Betrachtung des Cortex, speziell von Säugetieren, der hauptsächlich in zweidimensionalen Schichten strukturiert ist und dessen Areale in der Mehrzahl auf verschiedene sensorische Modalitäten spezialisiert sind. In diesen Arealen, und besonders in den frühen sensorischen, reagieren die zahlreichen Zellen auf viele abstrakte Qualitäten der sensorischen Stimuli in geordneter Weise. In den auditiven Arealen beispielsweise gibt es eine Skala für verschiedene akustische Frequenzen, in visuellen Arealen gibt es sogenannte Farbabbildungen, Abbildungen für Orientierung von Liniensegmenten, etc. In manchen Tieren, für die das Gehör ein wichtiges Mittel zur Orientierung ist (wie die Eule), wurden solche Abbildungen im akustischen Bereich gefunden. Fledermäuse haben ihr internes Koordinatensystem anhand der Echoverzögerungen der von ihnen ausgesendeten Signale im Cortex abgebildet. Es scheint, als ob eine zweidimensionale geometrische Abbildung (oder eine abstrakte "Vorstellung" der sensorischen Merkmalsdimensionen) eine der zentralsten Prinzipien zur Organisation "interner Repräsentationen" im Gehirn wäre.

Kohonen entwickelte in den vergangenen Jahren einen Algorithmus (s. Abschnitt 5.9), der automatisch wenige (üblicherweise zwei) der wichtigsten Merkmalsdimensionen aus einem mehrdimensionalen Signalraum extrahiert und die Signale in einem niederdimensionalen Koordinatensystem graphisch darstellt, z.B. als zweidimensionale Abbildung. Die gewählten Merkmalsdimensionen sind nicht für den gesamten Musterraum gleich, sondern werden für jede Region des Musterraums optimal dynamisch bestimmt; die Abbildung zur Dimensionsreduktion ist demnach nicht-linear, aber trotzdem kontinuierlich, und spiegelt zumeist eher die lokale Topologie als eine globale Metrik des Musterraumes wider.

6.5.2 Automatische Spracherkennung

Das Spracherkennungssystem geht von Spektogrammen (Frequenzspektrum im Zeitverlauf) aus, um daraus Phoneme, nicht aber ganze Wörter zu erkennen. Die Sprachen Finnisch und Japanisch wurden gewählt, da die Phoneme der Wörter dieser Sprachen leicht aus stationären Eigenschaften der Spektogramme zu unterscheiden sind und die Orthographie von Finnisch und romanisiertem Japanisch fast gänzlich phonemisch ist. Der Erkennung von Englisch kann man wahrscheinlich ganze Wörter zugrundelegen, wobei Plural und Genetiv als separate Wörter betrachtet werden. Das ist in vielen Sprachen wegen der zahlreichen Präfixe, Suffixe und Endungen (wie z.B. im Deutschen) nicht möglich.

Die meisten Komplikationen ergeben sich bei gemeinsamer Aussprache mehrerer Phoneme (Koartikulation). Um dem abzuhelfen, reicht es nicht, die Erkennung einzelner Phoneme zu verbessern, sondern man muß auch syntaktische Regeln der Sprache in Betracht ziehen.

Das führte zu einer zweistufigen Systemkonfiguration. Zuerst erzeugt das akustische Modul, basierend auf den oben erwähnten phonotopischen Abbildungen, eine phonetische Transkription der geäußerten Sprache. Mögliche Fehler dieser Transkription (aufgrund von Koartikulation und Variationen in der Sprache) werden in einer Nachverarbeitungsphase anhand von grammatikalischen Regeln korrigiert, die automatisch aus gesprochenem Text gebildet und zur Fehlerkorrektur verwendet werden.

6.5.3 Akustische Vorverarbeitung des Sprachsignals

Physiologische Fakten der sensorischen Organe, die dem Hören zugrunde liegen, sollen nicht außer Acht gelassen werden. Die grundlegende Verarbeitung im äußeren, mittleren und inneren Ohr ist eine Frequenzanalyse, basierend auf den Schwingungen des Trommelfells. Die spektrale Dekomposition der Sprachsignale wird über die auditiven Nervenbahnen zum Gehirn geleitet. Jede Spitze einer Druckwelle erzeugt separate Ausbrüche neuraler Impulse. Das Ohr leitet eine Art räumlich-zeitliche Information zusätzlich zum Amplitudenspektrum weiter. Anders ausgedrückt, scheint eine Synchronisation neuraler Impulse mit den akustischen Signalen, Phaseninformation tragend, stattzufinden. Die ersten Stufen der Spracherkennung, so könnte man daher fordern, sollten schon Detektoren enthalten, die die Operationen der sensorischen Rezeptoren so vollständig wie möglich simulieren.

Biologische Neurale Netze können sich auch an Signalübergänge schnell und auf nichtlineare Weise anpassen. Dieses Wissen haben sich viele physikalische "Ohrmodelle" zu nutze gemacht, die sowohl die mechanischen Eigenschaften des Innenohrs als auch chemische Übertragung in seinen Haarzellen beschreiben.

Trotz der Kenntnis dieser biologischen Fakten entschied sich Kohonen für die Verwendung konventioneller Methoden zur Frequenzanalyse bei der Vorverarbeitung der Sprachsignale. Der Grund liegt in der Schnelligkeit und Genauigkeit der digitalen Fourieranalyse und darin, daß digitale Filterung gut ausgearbeitet ist. Digitale Signalverarbeitung ist eine Standardmethode in der Telekommunikation. Die Entscheidung war also eine typisch ingenieursmäßige. Kohonen glaubt auch, daß das verwendete selbstorganisierende Netzwerk viele verschiedene Arten der Vorverarbeitung handhaben und kleine Unzulänglichkeiten, so lange diese nicht inkonsistent sind, kompensieren kann. Einige Experimente haben diese Annahme auch bestätigt: so konnten z.B. keine großen Unterschiede in der Erkennungsgenauigkeit für stationäre und transiente Phoneme festgestellt werden, obwohl jene unterschiedliche Arten von dynamischem Abtasten benötigen.

Das Mikrophonsignal muß zuerst für den Mustererkennungsalgorithmus vorbereitet werden. Ungefähr den physikalischen Eigenschaften des Innenohrs entsprechend werden zuerst einige Verbesserungsoperationen durchgeführt, wonach das Sprachsignal zu Kurzzeitspektren analysiert wird. Da die unterschiedlichen Signale, die der Sprechapparat erzeugt, gegenseitig abhängig sind, scheint eine Auflösung von einer Dritteloktave in der spektralen Zerlegung ausreichend, um die einzelnen Phoneme zu unterscheiden; ein Kompromiß zwischen Genauigkeit und Rechenzeit scheint zu sein, 15 Frequenzkanäle über die Skala der hörbaren Töne zu verteilen. Die technischen Details der akustischen Vorverarbeitung sind bei Kohonen nachzulesen.

6.5.4 Der Algorithmus zur Spracherkennung

Es gibt einige Varianten des Algorithmus, der die vorhin besprochenen Abbildungen erzeugen kann. Hier soll eine rechnerisch einfache Version vorgestellt werden, die im allgemeinen sehr verläßliche Abbildungen erzeugt.

Nehmen wir eine zweidimensionale Anordnung der Units (Neurone) in einem sechseckigen Raster an (s. Abb. 6.5.1). Jeder Unit i wird ein zeitabhängiger Gewichtsvektor (alle ihre Gewichte in einem Vektor zusammengefaßt) $w_i(t) \in R^n$, $t = 0, 1, 2, \dots$ zugeordnet. Die Anfangswerte $w_i(0)$ können zufällig gewählt werden. Angenommen, ein Input-Muster in Form des Vektors $x(t) \subset R^n$ wird an alle Units gesendet und gleichzeitig mit allen $w_i(t)$ vergli-

chen. Die folgenden zwei Regeln definieren einen Prozeß, der die oben beschriebene Abbildung durch Selbstorganisation erzeugt, wenn eine ausrei-
chende Anzahl an statistisch verteilten Input-Vektoren zur Verfügung gestellt
werden.

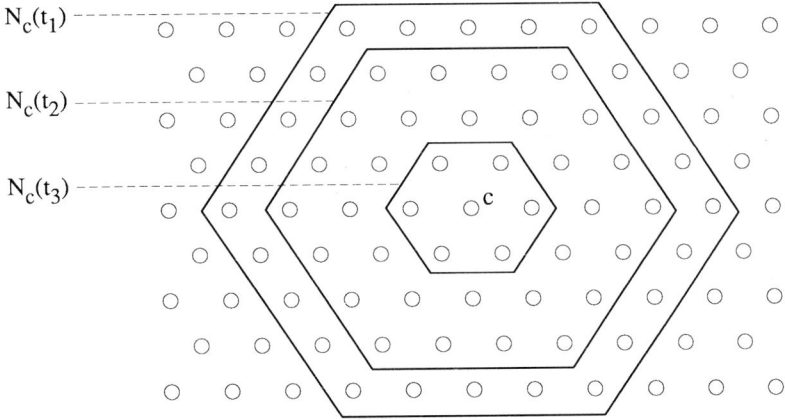

Abb.6.5.1: Anordnung der Units in einem sechseckigen Raster mit Nachbarschaftsmengen
$N_c(t_1)$, $N_c(t_2)$ und $N_c(t_3)$, die im Zeitverlauf schrumpfen ($t_1 < t_2 < t_3$).

Regel 1: Finde eine Unit c, deren Gewichtsvektor $w_c(t)$ am besten mit dem
Mustervektor x(t) übereinstimmt:

$$\| x(t) - w_c(t) \| = \min_i \{ \| x(t) - w_i(t) \| \}$$

Der Algorithmus ist relativ stabil gegenüber verschiedenen Normen; im einfachsten Fall wird die Euklidische verwendet.

Regel 2: Ändere die Gewichtsvektoren von Unit c und ihren *topologischen
Nachbarn*: die topologische Nachbarschaft N_c, wie in Abb. 6.5.1 dargestellt,
bezieht sich auf Rasterpunkte und ändert sich im Zeitverlauf. Die Gewichtsänderungen sind in diesem Modell definiert durch:

$$w_i(t+1) = w_i(t) + \alpha(t).[x(t) - w_i(t)] \qquad \text{für } i \in N_c,$$
$$w_i(t+1) = w_i(t) \qquad \text{für } i \notin N_c.$$

$\alpha(t)$ ist ein realer, positiver skalarer Parameter, eine Lernrate, die im Zeitverlauf immer kleiner wird ($0 < \alpha(t) < 1$). Angenommen, der Prozeß enthält
t_2 Schritte, dann wird $\alpha(t)$ praktischerweise wie folgt gewählt:

$$\alpha(t) = k_1(1 - t / t_1) \qquad \text{für } 0 \leq t \leq t_1,$$
$$\alpha(t) = k_2(1 - t / t_2) \qquad \text{für } t_1 < t \leq t_2,$$

Die Zeitpunkte t_1 und t_2 hängen von der Dimensionalität des Rasters und nicht der des Eingangsvektors x(t) ab. In Experimenten wurden k_1=0.1, k_2=0.008, t_1=10 000 und t_2=90 000 gewählt. Der Radius von N_c verringerte sich während $0 \leq t \leq t_1$ linear von 12 auf 1 und blieb danach konstant.

Bedenkt man, daß die Gewichtsvektoren w_i innerhalb der Nachbarschaft N_c dazu tendieren, dem Eingangssignal x(t) adaptiv zu folgen, so bedeutet das, daß die Units beginnen, selektiv auf das ausschlaggebende Eingangsmuster sensitiviert zu werden. Das geschieht allerdings nur in der Nachbarschaft der am besten übereinstimmenden Unit. Für ein anderes Muster umfaßt die Nachbarschaft andere Units, die auf dieses Eingangsmuster sensitiviert werden. Dadurch werden verschiedene Teile des Netzes auf verschiedene Eingangsmuster adaptiert.

Diese Anpassung des Netzes an die Muster ist geordnet, als ob eine kontinuierliche Abbildung des Signalraumes im gesamten Netz gebildet würde. Die Kontinuität dieser Abbildung erklärt sich schon aus der einfachen Tatsache, daß die Vektoren w_i aus einer gewissen Region gleichartig verändert werden, wodurch im Verlauf des Prozesses die benachbarten Werte geglättet werden. Die Ordnung dieser Werte ist allerdings ein sehr subtiles Phänomen, für dessen Erklärung und Beweis auf Kohonen verwiesen wird.

6.5.5 Phonem-Abbildungen

Die einfachste Form einer phonotopischen Abbildung, die durch Selbstorganisation entsteht, wird Phonem-Abbildung genannt. Im Finnischen gibt es 21 Phoneme: u, o, a, æ, ø, y, e, i, s, m, n, ŋ, l, r, j, v, h, d, k, p, t. Um diese Phoneme in netzgerechter Form darzustellen, wurden Kurzzeitspektren von Äußerungen dieser Phoneme verwendet. Die Spektren wurden alle 9.83 ms ausgewertet und über eine 256-Punkt FFT (Fast Fourier Transform) berechnet, von wo durch geeignete Gruppierung der Kanäle je ein Vektor mit 15 Komponenten gebildet wurde.

Alle spektralen Beispiele wurden in der natürlichen Reihenfolge ihrer Äußerung verwendet und dem Algorithmus präsentiert, auch jene aus Übergangsgebieten. Die erzeugte Abbildung stellt also die statistische Verteilung natürlicher Sprachwellen dar. Während der Lernphase (Adaptation) wurden die Spektren weder segmentiert noch bezeichnet: jedes in den Sprachwellen vorhandene Merkmal trug zur Selbstorganisation der Abbildung bei. Nach der Adaptation wurde die Abbildung unter Verwendung bekannter stationärer Phoneme kalibriert. Diese Abbildung ähnelt der aus der Phonetik bekannten Formantenkarte. Der größte Unterschied liegt darin, daß für die Abbildung vollständige Spektren, und nicht, wie sonst üblich, nur zwei der Resonanzfrequenzen verwendet wurden, um Ähnlichkeitsrelationen zwischen zwei Punkten in der Abbildung zu definieren. Es ist allerdings nicht möglich, explizit anzugeben, welche zwei Eigenschaftsdimensionen in der Abbildung widergespiegelt werden. Die Abbildung kann als Ähnlichkeitsgraph aufgefaßt werden, in dem der Abstand zwischen zwei Punkten (hinsichtlich ihres Euklidischen Abstands) ungefähr proportional zur Unterschiedlichkeit im Originalspektrum ist.

Die Erkennung von Phonemen ist ein Entscheidungsprozeß, in dem die endgültige Genauigkeit nur von der Rate der Mißklassifikationen abhängt. Es ist daher der Versuch, den Fehler mittels eines entscheidungskontrollierten (überwachten) Lernverfahrens zu minimieren, notwendig, indem Trainingsmuster von Sprachspektren mit bekannter Klassifizierung verwendet werden. Praktisch genügt es, 100 Wörter zu diktieren, die unter Verwendung der "automatischen Segmentierungsmethode" (s. unten) analysiert werden, um die Abbildung zu verfeinern. Diese Methode verwendet das unten angegebene überwachte Lernverfahren. Da auch hier eine Reihe von Lernschritten notwendig sind, bis sich das System asymptotisch dem gewünschten Zustand nähert, wird das (100 Wörter umfassende) Trainingsset immer wieder (eventuell in zufälliger Ordnung) durchgegangen.

Angenommen, die Abbildung ist schon erzeugt und soll nun verfeinert werden. Die neuen Trainingsmuster x(t) werden wieder mit jedem w_i verglichen, in diesem Fall wird aber in jedem Schritt nur ein "Gewinner" ausgewählt und mit c indiziert. Die w_i werden dann wie folgt verändert:

$$w_c(t+1) = w_c(t) + \alpha(t)\,(x(t) - w_c(t)),$$

wenn x(t) und $w_c(t)$ in der selben Klasse,

$$w_c(t+1) = w_c(t) - \alpha(t)\,(x(t) - w_c(t)),$$

wenn x(t) und $w_c(t)$ in verschiedenen Klassen,

$$w_i(t+1) = w_i(t) \quad \text{für } i \neq c$$

Hier ist $\alpha(t)$, ähnlich wie vorher, eine zeitlich abfallende Lernrate.

Nach dem Lernen werden die w_i solche Werte angenommen haben, daß die Klassifikation nach dem "nearest neighbour"-Prinzip, bei Vergleich von x und w_i, sehr ähnlich einem Bayes-Klassifizierer ist. Die Entscheidungsoberfläche, die durch diese *Lernende Vektor-Quantifizierung* (LVQ, s. Abschnitt 5.9.7) definiert ist, ist stückweise linear.

6.5.6 Transiente Phoneme

Generell verhalten sich die Spektren von Konsonanten dynamischer als jene von Vokalen; die stationären Intervalle vieler Konsonanten sind kurz. Andererseits sind die stationären Parameter vieler Konsonanten sehr ähnlich. Es erscheint vorteilhaft, die Übergänge von Konsonanten zu Vokalen genauer zu untersuchen, um jene zu identifizieren. In diesem System wird die Übergangsinformation in einer eigenen Abbildung (der transienten Abbildung) kodiert und nur anhand von transienten Spektren trainiert, um die dynamischen Effekte mit höherer Auflösung zu beschreiben. Das System wurde in zwei Versionen entwickelt: eine für Finnisch, die zweite für Japanisch.

Für Japanisch wurden vier transiente Abbildungen erzeugt, um die folgenden Fälle zu unterscheiden:
  (1)   stimmlose Stoplaute (k, p, t) und
        gutturale Stops (Vokale am Anfang einer Äußerung)
  (2)   stimmlose Stoplaute (k, p, t) ohne Vergleich mit den gutturalen
  (3)   stimmhafte Stoplaute (b, d, g)
  (4)   Nasale (m, n, ŋ)

Für Finnisch genügt die Unterscheidung zwischen den Stoplauten (k, p, t) und den gutturalen Stops in einer einzigen transienten Abbildung. Die Unterscheidungsgenauigkeit für die transienten Abbildungen ist 90% im Mittel. Die Verwendung von transienten Abbildungen brachte eine Verbesserung der gesamten Erkennungsgenauigkeit von 6-7%.

6.5.7 Kompensation der Koartikulationseffekte

Aufgrund von Koartikulationseffekten (Transformation des Sprachspektrums aufgrund benachbarter Phoneme) treten systematische Fehler in der phonemischen Transkription auf. So wurde beispielsweise das finnische Wort *hauki* (Spitze) fast immer als der Phonemstring /haouki/ erkannt. Der Vorschlag liegt also nahe, eine Transformationsregel der Form /aou/ → /au/ einzuführen, um den Fehler zu korrigieren. Allerdings sollten Kontexteffekte nicht außer Acht gelassen werden, die mehrere Phoneme betreffen können.

Allerdings mag es Hunderte von verschiedenen Rahmen oder Kontexten benachbarter Phoneme geben, in denen ein bestimmtes Phonem auftritt. Um diese automatisch zu finden, hat Kohonen eine Spezialmethode entwickelt.

6.5.8 Implementierung des Systems

Das Spracherkennungssystem wurde auf einem PC/AT mit zwei zusätzlichen Boards entwickelt, von denen eines für die Vorverarbeitung, das andere für die phonemische Erkennung eingesetzt wird. Die Nachverarbeitung findet auf dem PC selbst statt.

Das System paßt sich an den jeweiligen Sprecher an. Dazu ist ein Trainingsset von 100 Worten ausreichend, um die Standardabbildung auf den neuen Sprecher abzustimmen, was ca. 10 Minuten am PC dauert. Der dazu verwendete Algorithmus basiert auf LVQ (s. Abschnitte 6.6.5 und 5.9.7). Ein schnelles automatisches Segmentierungsprogramm, das die Phonemprototypen aus den Beispielen bildet, gibt es auch.

Die kombinierte Segmentierungs- und Bezeichnungsgenauigkeit der akustischen Prozessors für unkorrigierte Phoneme variiert zwischen 80% und 90%, je nach Sprecher und Komplexität des Textes. Die endgültige Richtigkeit des orthographisch korrigierten Textes variiert zwischen 92% und 97%, auf einzelne Buchstaben bezogen. Die Genauigkeit hängt von Sprecher und der Menge an Sprachinhalt, der in den Regeln kodiert ist, ab.

Bei der Erzeugung von orthographisch korrektem Text beträgt die durchschnittliche Korrekturzeit pro Wort etwa 300 ms, der Erkennungsprozeß fällt fast gänzlich mit der Äußerung zusammen.

Die oben vorgestellte neurale Spracherkennung ist eine Anwendung von neuralen Verarbeitungsprinzipien. Das System enthält auch technische, nicht-neurale Lösungen. Diese von der Praxis motivierte Wahl zeigt uns, daß hochentwickelte, ausgereifte Neurale Netze-Modelle in der Lage sind, künstliche Daten zu handhaben (zu klassifizieren). Allerdings treten Schwierigkeiten auf, wenn natürliche, stochastische Signal verarbeitet werden sollen. Natürliche Repräsentationen sind nicht in disjunkte Mengen getrennt, womit eines der Hauptprobleme die Minimierung von Mißklassifikationen ist. Dieser Aspekt tritt aber nur zum Vorschein, wenn man Neurale Netze wirklich mit der realen Welt interagieren läßt.

7 Simulationen

Wie sich schon aus einem Vergleich natürlicher Neurone (Kap. 3) und künstlicher, formaler Neurone (Kap. 4) erahnen läßt, besteht zwischen der *biologischen* Vorlage und dem physikalisch/*informationstheoretischen* Modell ein nicht zu vernachlässigender Unterschied. Dieser begründet sich nicht nur in den verschiedenen Zielsetzungen, ob nun tatsächlich ein Gehirn modelliert werden soll oder das Interesse mehr auf Seite der Implementierung brauchbarer Hard- und Softwarelösungen liegt. Der Unterschied liegt auch in der Modellbildung oder Simulation selbst begründet.

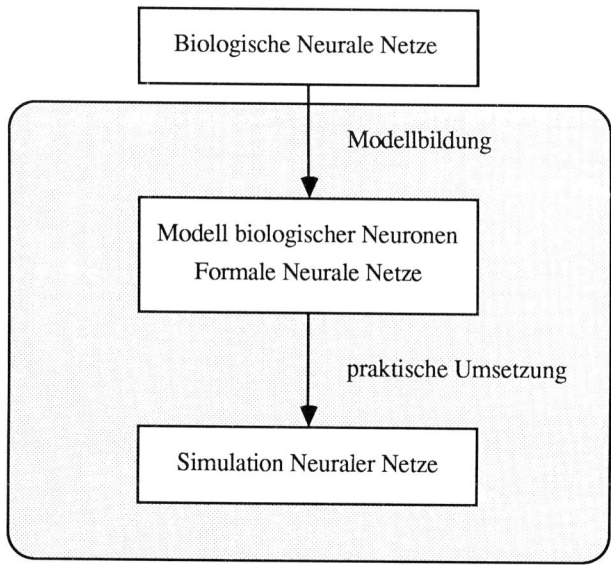

Abb. 7.1: Ebenen der Modellbildung. Natürliche Nervennetze dienen als Vorlagen der Simulation. Aus ihnen wird ein (reduktionistisches) Modell gebildet, sei es ein biologisch plausibles Modell oder ein für bestimmte Zwecke entworfenes Formalmodell. Auch diese zweite Ebene kann (oder muß) simuliert werden, z.B. in Software auf einem Digitalrechner.

Die Abbildung 7.1 zeigt in der ersten Ebene biologische Vorbilder der zu simulierenden Netze. Aus ihnen werden Modelle gebildet, indem für eine Aufgabenstellung relevante Teilfunktionen dieser Systeme (also etwa der informationsverarbeitende Aspekt) miteinbezogen werden. Die übrigen Aufgaben und Eigenheiten dieser Systeme (wie etwa Selbsterhaltung oder Wachstum) werden in reduktionistischer Betrachtung außer Acht gelassen. Mit anderen Worten fallen durch diesen Übergang von real existenten Nervennetzen zu funktional/operationalen (physikalischen) Modellen einige Aspekte weg, die unter den gewählten Gesichtspunkten nicht von Bedeutung sind. Eine weitere Schwierigkeit beim Übergang zu einen Nervennetz-Modell liegt in fehlenden Ergebnissen der Gehirnforschung, vor allem bezüglich des Zusammenhangs primärer Informationsverarbeitung und höherer kognitiver Prozesse.

Ab der zweiten Ebene befinden wir uns mitten im Interessensgebiet der Neuralen Netze-Forschung, unabhängig davon, ob es nun um eine biologisch orientierte Modellierung der Funktionsweise von Nervennetzen oder um den Entwurf leistungsfähiger Algorithmen geht (s. grau gefärbter Bereich der Abb. 7.1). Sieht man diese formalen Modelle losgelöst von ihren biologischen Vorbildern (jene also als reine Anregung zu eigenständigen Theorien), so kann man nicht einmal von Simulationsfehlern sprechen. Es gibt aber auch eine nicht zu übersehende Richtung der Neuralen Nezte-Forschung, vor allem in den USA, die sich sehr wohl um eine möglichst gute und genaue Modellierung der Natur (etwa des Gehirns und seiner kognitiven Fähigkeiten auf neuraler Ebene) bemüht. In diesem Sinne sind auch hier Überlegungen zu systematischen Simulationsfehlern von Bedeutung.

Die Umsetzung formaler Modelle auf (eine Softwaresimulation auf) Digitalrechnern birgt eine weitere Quelle simulationsbedingter Abänderungen des Ausgangssystems. Die Möglichkeiten auf dieser Simulationsebene sind weitreichend. Die Implementierungen in Hardware reichen von einer idealen, aber technisch (zumindest für reale Anwendungen) noch nicht umsetzbaren parallelen Hardwarekonzepten über sogenannte semi-parallele Rechner, die einige Prozessoren zur Verfügung stellen und in mehr oder weniger Nervennetz-ähnlichen Architekturen in Erscheinung treten, bis hin zu rein seriellen Implementierungen auf herkömmlichen Rechnern. Daneben bleiben noch zahlreiche Varianten der Software-Simulation je nach gewählter Hardware.

Die der Implementierung zugrundeliegende Hardware kann einerseits speziell auf den Verwendungszweck zugeschnitten, andererseits ein beliebiger allgemein verwendbarer Rechner sein. Die Spezialhardware erlaubt eine direkte Implementierung der Aufgabe mit entsprechenden (analogen) Bauelementen. In den meisten Fällen ist eine Serialisierung nicht zuletzt zur Einsparung von Bauteilen vonnöten. Die Bauteile sind vorzugsweise optisch oder elektronisch.

Bei der Verwendung von allgemeinen (Parallel-) Rechnern ist eine Serialisierung fast immer notwendig, da die Anzahl der zur Verfügung stehenden Elemente vergleichsweise klein ist. Selbst bei feinmaschigen Parallelrechnern wie etwa der Connection Machine ist die Anzahl der Prozessoren (Verarbeitungselemente) zumeist nicht ausreichend, um jeder Unit einen davon exklu-

siv zuzuordnen. Mit abnehmender Feinmaschigkeit gelangt man über grob-
maschige Mehrprozessorsysteme (z.B. Transputer, DAP) zu herkömmlichen
Einprozessorrechnern. Die Simulation auf allgemein verwendbaren Rechner
ist zudem noch stark von der darauf ablaufenden Software abhängig.

Spezialhardware

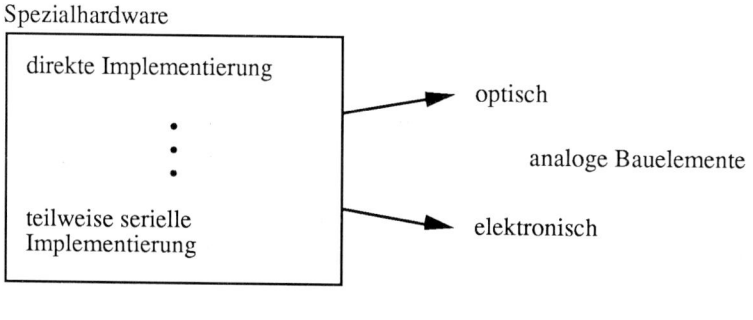

Allgemein verwendbare Rechner
und Parallelrechner   Software

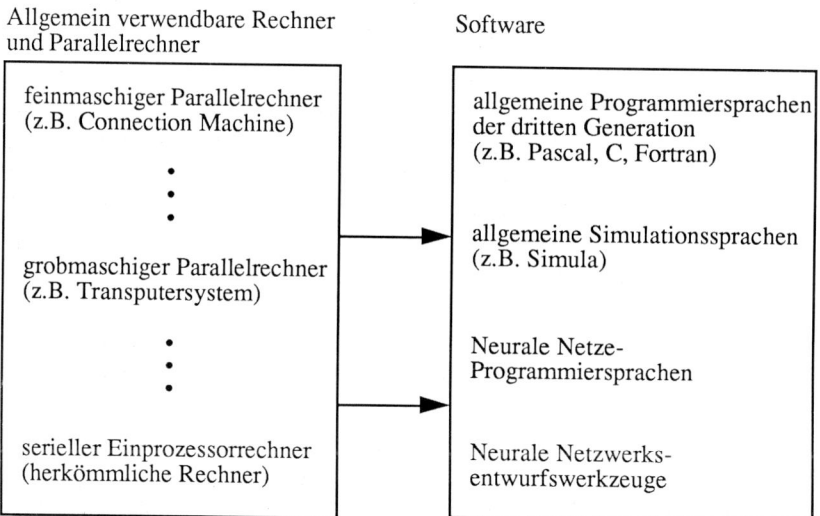

Abb.7.2: Implementierungsmethoden von Neuralen Netzen (nach R. Weissgärber: "Neurale Netze – Simulationsmöglichkeiten und Implementierungen in Hardware", Diplomar-
beit an der Technischen Universität Wien, 1988).

Bei einer echt parallelen Implementierung wird jedes Verarbeitungselement
eines Neuralen Netzes auf einen bestimmten Bauteil (mit entsprechender
Funktion, wie etwa Summation der anliegenden Signale und Bestimmung
des Ausgangssignals über eine Schwellwertfunktion) abgebildet. Für eine
physikalische Direktimplementierung in Spezialhardware werden also kom-
patible Funktionselemente mit gewünschtem Verhalten herangezogen. Um
eine Einsparung der Bauelemente zu erzielen, vor allem jedoch da die Viel-
zahl der benötigten Verbindungen nicht realisierbar ist, ersetzt man eine

gänzlich parallele Implementierung zumeist durch eine teilweise serialisierte. Damit ergibt sich eine Quelle für systematische Simulationsfehler, wenn ohne entsprechende Modelländerung von einer kontinuierlichen Simulation auf einen diskreten Zeitverlauf (durch die sequentielle Mehrfachnutzung von Bauelementen etwa) übergegangen wird.

7.1 Hardware

Da sich die Architektur Neuraler Netze grundlegend von herkömmlichen Digitalrechnern unterscheidet, ist es nur beschränkt sinnvoll, sie darauf zu simulieren. Geeignet wäre eine analoge Implementierung direkt in Hardware, also eine echte parallele Implementierung mit je einer analogen Verarbeitungseinheit pro simuliertem Neuron und einer Verbindung pro simulierter Synapse.

Analoge elektronischen Schaltkreise sind zwar eine gut beherrschte Technologie und der naheliegendste Gedanke, ihre Verwendung zur Simulation Neuraler Netze, scheitert jedoch an mehreren Problemen. Zunächst sind analoge Schaltkreise nach ihrer Herstellung nur sehr bedingt in ihrer Funktionalität veränderbar, d.h. eine Veränderung des Simulationsmodells erfordert neue Hardware. Die physische Verdrahtung vieler solcher Komponenten muß ebenfalls für verschiedene Simulationen neu durchgeführt werden. Der zeitliche und finanzielle Aufwand dafür ist so groß, daß diese Methode in der Praxis nicht angewandt wird.

Optische Verfahren sind für bestimmte Neurale Netze (etwa asssociative memory) gut geeignet. Holographische Platten übernehmen die Rolle der Neuronen, Laserlicht die Rolle der elektrischen Ladungen. Die erreichbare Speicherdichte ist sehr hoch und die Ausbreitungsgeschwindigkeit in den Netzen ebenfalls, sodaß für bestimmte Anwendungen sehr gute Ergebnisse erzielt werden können. Die Versuchsaufbauten sind jedoch sehr groß (in der Größenordnung von 100 m² Stellfläche), sehr schwierig einzustellen und sehr spezialisiert, sodaß zur Zeit für allgemeine Simulationen optische Implementierungen nicht verwendet werden.

Verwendet man statt analoger Schaltkreise digitale, etwa einen Mikroprozessor pro Neuron, so ist zwar das Flexibilitätsproblem analoger Schaltkreise gelöst, nicht aber das Verbindungsproblem. Um beispielsweise 10.000 Neuronen vollständig miteinander zu verbinden sind 100.000.000 Verbindungen erforderlich, die Platz benötigen. Beim heutigen Stand der Technik integrierter Schaltkreise können Bauteile (und Verbindungen zwischen diesen) nur zweidimensional in der Ebene auf einem Substrat angeordnet werden.

Die durch diese Einschränkung erforderliche Länge der Verbindungen und damit ihre Wärmeabstrahlung liegt weit über den technischen Möglichkeiten integrierter Schaltkreise.

Man wartet also noch auf wirklich parallele Hardware oder sucht nach geeigneteren Simulationsmethoden, um die zur Verfügung stehende oder in näherer Zukunft zu erwartende Hardware besser zu nutzen. Vielversprechend zeigen sich semi-parallele Ansätze, also Implementierungen auf Parallelrechner, deren Prozessoranzahl (weit) unter der Anzahl an Neuronen eines Netzes liegt. Je nach relativer Anzahl der Prozessoren unterscheidet man zwischen fein- und grobmaschigen Parallelrechnern.

Der Parallelrechner mit den zur Zeit meisten Prozessoren (65536) ist die Connection Machine (Hillis, 1985). Hier ist jeder Prozessor mit 12 Nachbarn verbunden, die entstehende Verbindungstopologie nennt man 12-dimensionalen Hypercube, da man die Prozessoren als Ecken und die Verbindungen als Kanten eines Würfels im 12-dimensionalen Raum auffassen kann. Bei nicht allzugroßen Netzen gelingt es ohne weiteres, eine 1:1-Abbildung von Prozessoren zu Neuronen zu erreichen. Das Problem hierbei liegt im Transfer der Daten, da diese auf ihrem Weg zum Ziel von anderen Prozessoren bearbeitet und weitergeschickt werden müssen. Jeder Prozessor hat einen eigenen Datenspeicher und kann Daten nur zu seinen unmittelbaren Nachbarn schicken, die die Daten weiterleiten. Dadurch werden diese kurzfristig von ihrer eigentlichen Tätigkeit (nämlich ein Neuron zu simulieren) abgehalten, wodurch bei großen Datentransferraten Rechenzeit verlorengeht. Außerdem läßt sich im allgemeinen nicht gewährleisten, daß alle zur Verfügung stehenden Datenpfade gleichmäßig benutzt werden, sodaß lokale Engpässe unvermeidlich sind. Weiters arbeiten die Prozessoren ihre Programme asynchron ab, sodaß für Algorithmen, die zeitliche Ordnungsrelationen erfordern, zusätzlicher Synchronisationsaufwand nötig wird, sowohl hinsichtlich Rechenzeit als auch Programmierung.

Zwar mit etwas weniger Prozessoren ausgestattet, architektonisch aber äußerst interessant, ist der DAP-Rechner. Er besteht aus 4096 1-Bit-Prozessoren, die in einem quadratischen Gitter (dessen Kantenlänge 64 Prozessoren beträgt) angeordnet sind. Jeder Prozessor ist mit 4 Nachbarn unmittelbar verbunden sowie mit je einem Bus für die vertikale und horizontale Reihe, in der er sich befindet. Die Prozessoren arbeiten synchron und führen die gleichen Befehle auf verschiedenen Daten aus. Jeder Prozessor besitzt seinen eigenen, bit-orientierten Speicher. Verschiebeoperationen zwischen verschiedenen Speicherbereichen können sehr schnell durchgeführt werden, da im günstigsten Fall 4096 Datentransferpfade gleichzeitig beschickt werden. Durch den synchronen Arbeitsablauf aller Prozessoren entstehen keine Totzeiten in den Prozessoren oder Datenpfaden, die mit Warten auf Synchronisationssignale verbracht werden. Da die Neurone eines Netzes im allgemeinen die gleichen Eigenschaften aufweisen und durch das gleiche Programm simuliert werden können, ist ein Rechner mit dieser Architektur tatsächlich fast 4000 mal so schnell wie ein einzelner Prozessor. Sollen aber die Neurone nicht völlig identische Eigenschaften haben oder gibt es mehr Neuronen als Prozessoren, so stellt sich das Problem der Aufteilung der Prozessoren auf Neurone bzw. verschiedene Programmteile. Die gegenüber dem Analogrechner gewonnene Flexibilität geht hier teilweise wieder verloren, da diese Aufteilung im allgemeinen Fall erst mühsam gefunden und programmiert werden muß.

Ein weiteres interessantes Parallelrechner-Konzept kann mit Transputern realisiert werden. Transputer sind Prozessoren mit 4 Datenpfaden, über die sie mit anderen Transputern verschaltet werden können, womit die Voraussetzung zum Bau eines quadratischen Feldes von Prozessoren beliebiger Größe gegeben ist. Transputer sind im Gegensatz zu den Prozessoren der Connection Machine oder der DAP keine 1-Bit-, sondern 32-Bit-Prozessoren, also ungleich leistungsfähiger. Da aus Kostengründen der Ansatz, pro Neuron einen Transputer zu verwenden, unrealistisch ist, gibt es hier das gleiche Aufteilungsproblem wie beim DAP-Rechner. Weiters ist die Datenübertragung zwischen den Transputern asynchron, was zusätzlichen Aufwand zur Synchronisation erfordert.

Unter den semi-parallelen Rechnern sind auch noch herkömmliche von Neumann-Rechner mit vervielfachter Prozessoranzahl zu erwähnen, die zunehmend an Bedeutung gewinnen. Bei diesen Rechnern kann der vorhandene Speicher von allen Prozessoren über einen Bus angesprochen werden, sodaß dieser bei genügender Prozessoranzahl zum eigentlichen Engpaß wird. Der Vorteil solcher Rechner liegt vor allem in der derzeit wesentlich einfacheren Software-Handhabung im Vergleich zu echten Parallelrechnern. Der Effekt liegt also mehr in der Erhöhung der Rechenkapazität als in der Verwendung oder gar Ausnutzung paralleler Verarbeitungskonzepte.

Jedes der erwähnten Rechnerkonzepte, bis auf eine Direktimplementierung in Hardware, bedarf einer entsprechenden Software, die die Simulation Neuraler Netze entscheidend beeinflußt.

7.2 Software

Das zu simulierende Neurale Netz existiert zunächst in der Vorstellung eines Menschen. Er sucht nach Mitteln, diese Vorstellung in irgendeiner Form anderen zugänglich zu machen, sei es durch Sprache, Schrift oder Bild im Sinn einer natürlichsprachlichen Kommunikation oder auf einem formalen Weg, durch Formeln bzw. formale Sprachen. Letzteres hat den Vorteil, daß es für manche dieser formalen Sprachen geeignete Interpreter gibt, nämlich Computer mit ihrer Software, die für Beschreibungen in diesen Sprachen (wie) geschaffen sind.

Der Übergang von einer nichtformalen zu einer formalen Beschreibung ist oft sehr schwierig. Eine eigene Berufsgruppe lebt davon, mäßig formale Beschreibungen ("Spezifikationen") in streng formale Beschreibungen ("Programme") zu übersetzen Sie leiden unter den selben Schwierigkeiten wie alle Dolmetscher, daß nämlich gewisse Dinge in einer Sprache sehr leicht, in einer aber sehr schwer und unter Umständen überhaupt nicht auszudrücken sind, weil es die dafür nötigen Sprachelemente oder grammatikalischen Konstrukte nicht gibt. Kann man sich bei natürlichen Sprachen immerhin noch auf den guten Willen des Zuhörers, das Gesagte zu verstehen, verlassen, stößt man bei Maschinen leicht auf taube Ohren. Das Problem wird umso größer, je mehr die Möglichkeiten der inneren Vorstellung von denen der formalen Sprache abweichen.

In heute gängigen Programmiersprachen sind Konzepte wie Parallelität, verteilte Repräsentation, ungenaue, aber fehlertolerante Nachrichtenübermittlung, unscharfe zeitliche Abläufe, also für Neurale Netze sehr bedeutsame Eigenschaften nur rudimentär oder gar nicht vorhanden. Der Grund dafür? Bis auf eine verschwindende Minderheit besitzen alle heute verwendeten Rechner einen Prozessor und werden für kommerzielle oder technische Zwecke eingesetzt, wo das auch völlig ausreicht. Die Entwicklung spezieller Hardware und noch vielmehr der dazugehörigen Software ist sehr teuer und zeitaufwendig und ist nur durch entsprechende Nachfrage kommerziell vertretbar. Die für Simulation Neuraler Netze nötigen Sprachkonstrukte sind zudem Novitäten in der Informatik, eines sich ohnedies sehr rasch entwickelnden Gebietes, sodaß das benötigte Know How erst erarbeitet werden muß. Trotz aller Schwierigkeiten existiert bereits eine Unzahl von Instrumenten und Simulationshilfen speziell für die Simulation Neuraler Netze, auf die im folgenden näher eingegangen wird.

7.2.1 Herkömmliche Programmiersprachen

Allgemein verwendbare Programmiersprachen der dritten Generation wie C und Pascal sowie objektorientierte Sprachen wie C++ oder Smalltalk können prinzipiell jede berechenbare Funktion beschreiben, also auch Neurale Netze simulieren.

7.2.2 Pakete (Interaktive Simulationssysteme)

Die meisten kommerziell vertriebenen Pakete (wie z.B. MacBrain, The Cognitron, NeuralWorks, Genesis, Nestor) besitzen eine vorgefertigte Umgebung die die Simulation der Abläufe in einem Netz erleichtert. Eine graphische Benutzeroberfläche ermöglicht eine anschauliche Darstellung der Topologie der Netzwerke am Bildschirm. Die Neurone und ihre Verbindungen können zumeist mit Hilfe einer Maus plaziert werden, das Duplizieren oder Löschen von Teilnetzen, Erstellen von Verbindungen oder Ändern bestimmter Eigenschaften bestimmter Neuronen- oder Verbindungsgruppen erfordert keinerlei Programmieraufwand. Andererseits sind große Netze bzw. komplexe Verbindungsstrukturen am Bildschirm nicht immer übersichtlich darstellbar, sodaß große Strukturen durch die Menge der Details verdeckt werden. Weiters sind manche Strukturen formal leicht beschreibbar (etwa die Verbindung jedes zweiten Neurons mit sich selbst), die Eingabe eines solchen Netzes mit der Maus kann aber sehr langwierig werden. Die Abläufe im Netz sind mit vorgefertigten Methoden ebenfalls ohne Programmieraufwand steuerbar. So können Dateien als zu lernenden Daten verwendet werden, die Ausgabe der Zustände von Gewichten und Neuronen wird durch verschiedenste Grafiken unterstützt. Die Lern- und Ablaufschritte der vordefinierten Lernverfahren können durch eine oft sehr große Anzahl von Parametern beeinflußt werden. Die Netze, ihre Struktur und ihre Daten, können zu beliebigen Zeitpunkten gespeichert und später wieder geladen werden.

Generell sind diese Pakete für Lehr- und Demonstrationszwecke ausgezeichnet geeignet, da in kürzester Zeit funktionsfähige Netze erzeugt werden können. Sobald man jedoch eigene Lernverfahren entwickeln oder die vorhandenen stärker zu modifizieren sucht, als es die vorgefertigte Umgebung erlaubt, zeigen sich die Grenzen solcher leicht bedienbaren Systeme.

7.2.3 Spracherweiterungen und Sprachen

Programmiersprachen, die speziell auf die Simulation Neuraler Netze zugeschnitten sind (z.B. Mirrors II, P3, VieNet, Condela), sind, wie andere Programmiersprachen auch, miteinander nicht kompatibel, laufen nur auf bestimmten Rechnern, sind für bestimmte Teilbereiche Neuraler Netz-Simulationen geeigneter als für andere, und lassen sich aufgrund ihrer Verschiedenheit nicht allgemein beschreiben. Das Hauptaugenmerk einer Neuralen Netz-Sprache liegt in der Anwendbarkeit für realistische Aufgabenstellungen, die komplexe Toplogien und Abläufe erfordern. Die Flexibilität von Programmiersprachen bietet uneingeschränkte Erweiterungsmöglichkeiten für Lernverfahren, die in Paketen entweder vorgefertigt zur Verfügung stehen oder über die den Paketen eigenen, rudimentären Programmierkonstrukte (also auch wieder Sprachen) abgeändert werden können. Ein Vorteil einer eigenständigen Sprache findet sich in der Einbindbarkeit damit formulierter Neuraler Netz-Module in umfassendere Problemstellungen, die nicht mit Neuralen Netzen gelöst werden.

8 Nayantara

Es war einmal vor unglaublich langer Zeit in einem völlig unbekannten Land (dessen Namen ich vergessen habe) ein ganz gewöhnlicher Prinz. Sein Name war Ember Nam Iko, und er war stolz auf seinen Namen, da er um dessen Bedeutung wußte. Ember war ein so gewöhnlicher Prinz, daß er in Wirklichkeit gar kein Prinz war, sondern schlicht und ergreifend jemand, der aufgrund seines Berufes (der hier völlig unbedeutend ist) viel in diesem unbekannten Land herumkam. Und wohin auch immer Ember kam, um seine Arbeit zu tun, strömten die Leute zusammen, scharten sich um ihn und baten ihn, ihnen doch ein Märchen zu erzählen.

Ach ja, bevor ich es vergesse: Ember Nam Iko war ein berühmter Märchenerzähler, und sein Ruf eilte ihm voraus, wohin auch immer er sich wandte. Wie dem auch sei, Ember ließ sich auch diesmal überreden: Er machte es sich auf dem steinernen Rand des Brunnens in der Mitte des Marktplatzes bequem und begann, den eilends herbeiströmenden Dorfbewohnern ein Märchen zu erzählen. Dies waren seine Worte:

Es war einmal vor unglaublich langer Zeit in einem völlig unbekannten Land (dessen Namen ihr nicht kennen würdet) eine ganz außerordentlich außergewöhnliche Prinzessin. Diese Prinzessin war so außergewöhnlich, daß sie neben Ember auf dem Brunnen saß. Sie saß einfach nur da, blickte ihm in die Augen und sprach: Ember Nam Iko, erzähle mir bitte ein Märchen! Und Ember begann: Es war einmal ein Prinz, der wünschte sich nichts sehnlicher, als von seiner Prinzessin geküßt zu werden; und so verwandelte er sich in einen Frosch. Und wenn er nicht gestorben ist, so quakt er wohl noch heute. Seltsam, sprach darauf die Prinzessin, nachdem es eine Weile ganz still gewesen war. Ich dachte immer, Märchen gehen gut aus!? Was bringt dich auf den Gedanken, dieses sei nicht gut ausgegangen? erwiderte Ember fragend. Ich weiß nicht, meinte sie. Es hat sich doch nichts verändert. Gibt es nicht in jedem Märchen zum Schluß eine große Veränderung, eine Wendung zum Guten? Als Ember keinerlei Anstalten machte, auf ihre Frage einzugehen, bat sie ihn, ihr noch ein Märchen zu erzählen. Nein, sagte Ember Nam Iko sanft, aber bestimmt. Es ist genug für heute. So sage mir wenigstens, bat sie, woher du dieses Märchen hast! Ich habe es gefühlt, antwortete Ember nach kurzem Zögern. Meine Gefühle sagten mir, daß es das sei, das in meinem nächsten Märchen zu geschehen hat. Du erzählst viele Märchen, stellte sie fest. Entspringen sie alle deinen Gefühlen? Ja, antwortete er. Alle Märchen, die ich erzähle, entspringen meinen Gefühlen. Aber eines ist nicht richtig: Es stimmt nicht, daß ich viele Märchen erzähle. Wie das? fragte sie ungläubig. Wohin du auch kommst, erzählst du Märchen; und du bist viel herumgekommen... Nein, widersprach er ihr und blickte ihr tief in die Augen. Viele andere sind wie ich, wir werden ständig verwechselt. Aber du bist doch Ember Nam Iko, der Märchenerzähler, oder etwa nicht? fragte sie erstaunt. Ja, sprach er, der bin ich. Nun, wenn du der Märchenerzähler bist, dann erzählst du auch viele Märchen! Wieviele Märchen muß man erzählen, um Märchenerzähler zu sein? fragte er nachdenklich. Da sie keine Antwort auf diese Frage wußte und auch Ember keinerlei Anstalten machte, weiter darauf einzugehen, versuchte sie nochmals, ihn zu einem Märchen zu überreden: ich wünschte, du erzähltest mir ein Märchen, in dem eine Prinzessin vorkommt, bat sie ihn. Nein, ich hege keine Gefühle für eine Prinzessin, beschied er. Was also soll ich dir erzählen? Aber ich, ich bin eine Prinzessin! rief sie. Sieh mich an und erzähle mir, was du fühlst! Es war einmal eine Prinzessin, begann er, nachdem er sie lange schweigend betrachtet hatte. Danach wurde es wieder still. Mehr nicht? fragte sie enttäuscht. Nein, antwortete er. Mehr nicht. So sieh mir in die Augen und sage mir, was du siehst, bat sie ihn eindringlich. Und er blickte ihr in Augen, lange und tief, und sie ihm, und sie sah, daß etwas in ihm sich veränderte. Es war wie eine tiefe Glut, das sie in seinen Augen fand, und sie fühlte sich leicht werden wie eine Feder, sie spürte sich schweben, angezogen von diesem lodernden Feuer ohne Flammen, von dieser Glut ohne Hitze, und sie ließ sich fallen und spürte sich aufgehen in diesem seltsamen Gefühl, das sie niemals würde beschreiben können. Und plötzlich wußte sie, was sie fragen wollte. Und sie wußte die Antworten und sie wußte noch vieles mehr. Sie erkannte, was sein Name, was Ember Nam Iko für ihn bedeutete, und sie fühlte, was in ihm vorging, wenn ein Märchen entstand, und sie ahnte, daß gerade in diesem Moment etwas geschah, das sie betraf, aber sie konnte sich nicht vorstellen, was das wohl sein mochte. Ein sanfter einsetzender Sinneseindruck, der langsam stärker und immer stärker wurde, zog sie unaufhaltsam fort, zurück zur Realität. Seine Stimme, dachte sie. Seine einzigartige Stimme – er erzählt ein Märchen, schoß es ihr plötzlich durch den Sinn. Sie mühte sich, Worte zu erhaschen, sie wollte sich keinesfalls etwas entgehen lassen. Und wenn sie nicht gestorben ist, dann sucht sie wohl noch heute, hörte sie ihn sagen, dann schwieg er. War es ein langes Märchen? fragte sie ihn atemlos. Ja, antwortete er leise. Ja, es war ein sehr langes Märchen. Wie hieß die Prinzessin? fragte sie ihn, aber sie brauchte auf die Antwort nicht warten, sie stand zu deutlich in sein Gesicht geschrieben.

Nayantara, flüsterte sie tonlos...

Literaturverzeichnis

≈Ackley, D., Hinton, G., Sejnowski, T. (1985): A Learning Algorithm for Boltzmann Machines. Cognitive Science 9, 147-169.

•Aleksander, I. (1989): Neural Computing Architectures. London: North Oxford Academic.

Amari, S., Arbib, M. (1977): Competition and Cooperation in Neural Networks. In: Metzler, J. (ed.): Systems Neuroscience, pp.119-165. London: Academic Press.

Anderson, J. (1977): Neural Models With Competitive Implications. In: LaBerge, D., Samuels, S. (eds.): Basic Processes in Reading Perception and Comprehension, pp.27-90. Hillsdale, NJ: Erlbaum.

•Anderson, J., Rosenfeld A. (1988, eds.): Neural Computing. Cambridge, MA: MIT Press.

•Arbib, M. (1987): Brains, Machines, and Mathematics. New York: Springer.

Barto, A., Sutton, R., Anderson, C. (1983): Neuron-like Elements That Solve Difficult Learning Problems. In: IEEE Transactions on Systems, Man & Cybernetics.

Caianiello, E. (1961): Outline of a Theory of Thought Processes and Thinking Machines. J. Theoretical Biol. 1, 209.

±Cowan, J., Sharp, D. (1988): Neural Nets. Quaterly Review of Biophysics 21, 365-427.

•Dewdney, A. (1987): Perceptrons. Spektrum der Wissenschaft, Computer Kurzweil.

Eccles J. (1964): The Physiology of Synapses. Berlin Heidelberg New York: Springer.

Feldmann, J., Ballard, D. (1982): Connectionist Models and Their Properties.: Cognitive Science 6, 205-254.

Fukushima, K. (1975): Cognitron: A Self-Organizing Multi-Layer Neural Network. Biol. Cybern. 20, 121-136.

Fukushima, K. (1980): Neocognitron: A Self-organizing Neural Network Model for a Mechanism of Pattern Recognition Unaffected by Shift in Position. Biol. Cybern. *36*, 193-202.

Fukushima, K. (1984): A Neural Network Model for the Mechanism of Feature Extraction. Biol. Cybern. *50*, 377-384.

Grossberg, S. (1982): Studies of Mind and Brain. Dordrecht: Reidel.

≈Hebb, D. (1949): The Organization of Behavior. New York: Wiley.

Hillis, D. (1985): The Connection Machine. Cambridge, MA: MIT Press.

±Hinton, G., Anderson, J. (1981, eds.): Parallel Model of Associative Memory. Hillsdale, NJ: Erlbaum.

≈Hodgkin, A., Huxley, A. (1952): A Quantitative Description of Membrane Current and its Application to Conduction and Excitation in Nerve. J. Physiol. (London) *117*, 500-544.

≈Hopfield, J. (1982): Neural Networks and Physical Systems With Emergent Collective Computational Abilities. Proc. Nat. Acad. Sci. USA *79*, 2554-2558.

Hopfield, J., Tank, D. (1986): Computing With Neural Circuits: A Model. Science *233*, 625-632.

Hubel, D., Wiesel, T. (1962): Receptive Fields, Binocular Interaction and Functional Architecture in the Cat´s Visual Cortex. J. Physiol. (London) *160*, 106-154.

≈Hubel, D., Wiesel, T. (1965): Receptive Fields and Functional Architecture in two Nostriate Visual Area (18 and 19) of the Cat. J. Neurophysiol. *28*, 229-289.

Hubel, D., Wiesel, T. (1979): Die Verarbeitung visueller Information. Spektrum der Wissenschaft *11*.

•Hubel, D., Wiesel, T. (1985): Die Verarbeitung visueller Information. Spektrum der Wissenschaft, Gehirn und Nervensystem, pp.122-133.

Kohonen, T. (1982): Self-Organized Formation of Topologically Correct Feature Maps. Biol. Cybern. *43*, 59-69.

±Kohonen, T. (1989): Self-Organization and Associative Memory, 3rd ed. Berlin Heidelberg New York: Springer.

≈Lettvin J., Maturana, H., McCulloch, W., Pitts, W. (1959): What the Frog´s Eye Tells the Frog´s Brain. Proc. of the IRE 47, 1940-1951.

McClelland, J., Rumelhart, D. (1981): An Interactive Activation Model of Context Effects in Letter Perception: Part 1: An Account of Basic Findings. Psych. Rev. *88*, 375-407.

≈McCulloch, W., Pitts, W. (1943): A Logical Calculus of the Ideas Immanent in Nervous Activity. Bulletin of Mathematical Biophysics 5, 115-133.

±Masland, R. (1987): Die funktionelle Architektur der Netzhaut. Spektrum der Wissenschaft 5.

≈Minsky, M., Papert, S. (1969): Perceptrons. Cambridge, MA: MIT Press.

Nilsson, N. (1965): Learning Machines. New York: McGraw Hill.

Rosenblatt, F. (1957): The Perceptron: A Percieving and Recognizing Automaton. Project PARA, Cornell Aeronautical Laboratory Report 85-460-1.

≈Rosenblatt, F. (1962): Principles of Neurodynamics: Perceptrons and the Theory of Brain Mechanisms. Washington, DC: Spartan Books.

≈•Rumelhart, D., McClelland, J. (1986): Parallel Distributed Processing, Vol.1 & 2. Cambridge, MA: MIT Press.

±Rumelhart, D., Zipser, D. (1985): Feature Discovery by Competitive Learning. Cognitive Science 9, 75-112.

Schmidt, R., Thews, G. (1987, eds): Physiologie des Menschen. Berlin Heidelberg New York: Springer.

≈Sejnowski, T., Rosenberg, C. (1986): NETtalk, a Parallel Network That Learns to Read Aloud. Tech. Rep.JHU/EECS-86/01 John Hopkins University.

Selfridge, O. (1955): Pattern Recognition in Modern Computers. Proceedings of the Western Joint Computer Conference.

≈Selfridge, O. (1958): Pandemonium: A Paradigm for Learning. In: Mechanisation of Thought Processes: Proceedings of a Symposium Held at the National Physical Laboratory, London, pp.513-526.

±Shepherd, G. (1979): The Synaptic Organization of the Brain, 2nd ed. New York: Oxford University Press.

Silbernagel, S., Despopoulos, A. (1983): Taschenatlas der Physiologie. Stuttgart: Thieme.

≈Steinbuch K. (1961): Automat und Mensch. Berlin Göttingen Heidelberg: Springer.

Sutton, R. (1984): Temporal Credit Assignment in Reinforcement Learning. Doctoral Dissertation, Univ. of Massachussets, Amherst, MA, Tech. Rep.84-02.

Von der Malsburg, C. (1973): Self-Organizing of Orientation Sensitive Cells in the Striate Cortex. Kybernetik 14, 85-100.

Waltz, E., Feldmann, J. (1988, eds): Connectionist Models and Their
    Implications. Norwood, NJ: Alex Publishing Corp.

Weissgärber, R. (1988): Neurale Netzwerke - Simulation und
    Implementierung in Hardware. Diplomarbeit an der TU Wien.

Widrow, B., Hoff, M. (1960): Adaptive Switching Circuits. In: 1960 IRE
    WESCON Convention Record, Part 4, pp.96-104.

•IEEE Computer March 1988, Special Issue on Artificial Neural Networks.

Journals:
    Neural Computation, MIT Press Journals, Cambridge, MA.
    Neural Networks, Pergamon Press, New York.
    IEEE Transactions on Neural Networks
    International Journal of Neural Systems, World Scientific, Singapore.
    Connection Science, Carfax Publishing, Abingdon, UK.
    Neural Network Review, Erlbaum, Hillsdale, NJ.

•   markiert empfehlenswerte Literatur
≈   markiert klassische Literatur
±   markiert interessante, weiterführende Literatur

Namen- und Sachverzeichnis

Adaline 23, 29ff
Adaptation 9, 53, 66, 164
Adaptiv 11, 21, 23, 29, 32, 100,
  164
Adaptive Resonance Theory (ART)
  152
Adrian 17
Akkommodation 49, 50
Aktionspotential 17, 37ff, 45
Aktivierung 10, 13ff, 18, 20, 22,
  36, 54, 58, 62ff, 66, 68ff, 76f,
  79ff, 88, 90, 95, 101, 106, 110,
  116f, 131, 151ff, 157
Aktivierungsfunktion 62, 66, 71ff,
  75, 91ff
Aktivierungsmuster 64
Aleksander 4, 6
Amakrine Zellen 52
Amari 104
Analog 3, 11, 62, 134, 136, 140,
  145, 169, 171, 173
Antagonistisch 31, 33f, 44f
Antizipation 156
Architektur 7f, 14, 56, 82, 92, 95,
  100f, 152, 154, 169, 171, 173
Aristoteles 16
Artificial Intelligence (AI) 3ff, 7f,
  18
Ashby 18
Associative Recall 151
Attentional priming 154
Aufmerksamkeit 154, 156ff
Augenkammer 49

Ausbreitungsregel 63, 66
Axon 17, 36, 38, 40, 42, 45, 55f, 61

Back Propagation 75, 87ff, 93, 95,
  97, 99, 109f, 130, 132f
Bain 17
Bernard 16
Bipolarzellen 52
Blinder Fleck 51
Boltzmann-Maschine 70, 72, 104f,
  108f, 130, 134, 136

Caianiello 5, 21
Cajal 17, 22
Carpenter 152
Chomsky 18
Church 18f
Church-Turing-These 19
Ciliarmuskel 49
Clark 21
Cluster 99ff, 103f
Connection Machine 6, 169, 172f
Cornea 48ff
Cortex 17, 48, 55ff, 115, 118,
  140ff, 160
Craik 19
Cytosol 36

DAP-Rechner 170, 172f
Delta-Regel 69, 87, 91
Dendrit 18, 42
Depolarisation 43
Descartes 16

Digital 11, 130, 140, 162, 168f, 171

Dioptrien 50

Diskret 3, 61f, 64, 74, 119, 127, 171

Divergenz 45, 52f

Dominanzsäulen 57

Dorsal 16

Eccles 17

Echtzeit 3, 6, 159

Edmonds 22

Eichler 18

Excitatorisches Postsynaptisches Potential (EPSP) 41ff, 45

Extracellulärraum (ECR) 38

Farley 21

Feed forward 67, 82, 87, 92, 110, 131

Feedback 9, 44, 69, 82, 151f

Fehlersignal 88

Fovea 51f, 56

Fukushima 100, 104, 140, 142, 146, 151

Ganglien 17, 42, 51ff, 56, 59

Gehirn 1ff, 14, 16f, 19ff, 45f, 51, 55f, 59, 62, 86, 114f, 140, 159ff, 168f

Generalisierung 76ff, 85, 100, 133

Gewicht 9ff, 20, 22, 25f, 29ff, 33, 46, 61, 63, 66ff, 72ff, 83ff, 96, 99ff, 107ff, 115, 119ff, 131, 133, 140, 162ff, 175

Gewichtsänderung 88

Glaskörper 49

Gödel 18

Gradient 90f, 98f, 107, 109

Gradient Reuse Algorithm (GRA) 98

Grossberg 72f, 100, 152, 154, 157

Großmutterzelle 142

Halluzination 156

Hebb 21f, 84, 86

Hebb-Regel 68f, 84, 86f, 155

Helmholtz´sche Farbentheorie 50

Hidden-Unit 63, 87

Hierarchie-Modell 142f

Hierarchisch 11, 21, 73, 82, 100f, 131, 134, 140, 142

Hillis 6, 172

Hinton 11, 70, 77, 90, 94

Hodgkin 17

Hoff 21, 29, 87

Hopfield 105f, 134f, 137f, 140

Hopfield-Netz 134ff, 140

Horizontalzelle 52

Hubel 21, 58, 140ff

Huxley 17

Hyperpolarisation 42, 44, 54

Hypothese 10, 13, 105f

Information 2ff, 6, 9f, 12, 14, 16f, 25, 35, 37ff, 41f, 45, 48, 51f, 56f, 62, 81, 84, 110, 114f, 131, 139, 142, 151, 161, 166, 168f

Inhibitorisches Postsynaptisches Potential (IPSP) 41f, 45

Input-Unit 63

Interdisziplinär 7

Intermodale Hemmung 156f

Intern 2, 10f, 19f, 61, 77, 87, 90, 94f, 104, 112, 115, 132, 160

Intracellulärraum (ICR) 38

Ion 17, 36ff, 40

Iris 49

Kalman-Filter 23

Kleene 18, 21

Koartikulation 159, 161, 166

Kohonen 5, 11, 100, 104, 114f,
119, 121ff, 126, 159f, 162, 164,
166

Kollaterale 44f

Konditionierung 18, 31f

Konnektionismus 10, 17

Konnektionistisch 9

Kontrolle 2, 23, 83, 156f, 165

Kurzzeitgedächtnis 48, 153, 155,
158

Kybernetik 16

Lambda-Kalkül 18

Langzeitgedächtnis 155

Laterale Hemmung 47, 82

Laterale Interaktion 115f

Lateraler Kniekörper 56

Layer 12f, 21, 66ff, 73, 82, 87ff,
100ff, 110, 131ff, 143ff, 149ff,
156

Lernen 3ff, 9, 11, 21, 25, 29, 31ff,
60, 68, 76, 78, 83ff, 90, 94ff, 99,
103, 109ff, 115, 119, 125, 127,
130, 146, 148, 154f, 158, 165

Lernen, (nicht) überwachtes 84f,
87, 90, 99, 108, 114, 127, 129,
140, 146, 165

Lernende Vektor-Quantifizierung
(LVQ) 114, 127, 129, 165, 167

Lernmatrix 23, 31f, 34

Lernprozedur 25, 89f, 131

Lernrate 72, 74, 86f, 91, 95ff, 102,
109, 111, 120, 127, 133, 163, 165

Lernregel 33, 62, 68f, 74, 85ff,
102, 104, 127

Lernschritt 87, 93f, 96, 98, 122f,

154, 165

Lernstrategie 22, 25, 32, 72, 84,
99f, 103, 114f, 148

Lernverfahren 25, 72, 75, 84, 86ff,
90, 93, 98, 108f, 112, 127ff, 132,
140, 146, 165, 175

Lettvin 21

LISP 18

Lokale Repräsentation 64

Lokales Minimum 71, 90, 94, 98,
106f, 136, 139

Lokalistisch 78, 80f, 95, 132

Lux 18

McCarthy 18

McClelland 6, 12, 73, 77, 86

McCulloch 5, 19ff, 60f, 68

Membran 17, 36, 38, 40, 42, 54,
62, 136

Membranpotential 36f

Mexikanischer Hut 116

Minsky 5, 22f, 28, 82

Miyake 104

Modell 1, 5, 9f, 12, 17, 19, 21, 32,
61f, 64, 68ff, 72ff, 82f, 101, 105,
112, 115, 130, 134ff, 140ff, 146,
151, 154, 156, 159, 163, 167ff

Mutation 112f

Müller´sche Gliazellen 52

"Nearest neighbour"-Verfahren
127f, 165

Nerven 1, 17, 35ff, 42, 44, 46, 56f,
59, 161

Nervennetz 22, 62, 115, 168f

Nervensystem 2, 11, 19, 146

Netto-Input 63, 66, 68, 72ff, 91ff,
131

Netzhaut 25ff, 47ff, 56f, 59

Neurales Netz 1ff, 21f, 29, 35, 60ff, 66, 77f, 82ff, 86, 116, 130, 137f, 140, 142, 159f, 162, 167, 169ff

Neuron 3ff, 9ff, 16ff, 35ff, 41ff, 53ff, 65, 76, 114f, 118, 134ff, 145, 152ff, 158f, 162, 168, 171ff, 175

Neurophysiologie 21, 35, 48

Neurotransmitter 17

Newton 136

Nuclei 17

Occlusion 45

ODER 20f

OFF-Zentrum-Neuron 53, 59

ON-Zentrum-Neuron 53f, 59

Outputfunktion 62, 64ff, 72ff, 93, 97

Output-Unit 63

Papert 5, 22, 28, 82

Parallelismus 3, 6

Parallelrechner 2, 6, 169, 172f

Paritätsproblem 94

Pawlow 18, 31

PDP 9, 62

Peano-Kurve 126

Perceptron 5, 22ff, 69, 100, 127, 133

Philips 18

Phonem 130, 132f, 159, 161f, 164ff

Photorezeptor 51ff, 144

Plato 16

Pneumata 1

Post 18

Postsynaptisch 40f, 43f, 136f

Postsynaptische Hemmung 43f

Präsynaptisch 43, 137, 144, 146, 150, 155

Präsynaptische Endigung 40, 43

Präsynaptische Hemmung 43, 74

Prozessor 4, 9ff, 167, 169ff

Pruning 99

Ranvier´sche Schnürringe 38

Räumliche Summation 45

Reflex 18f, 43, 46, 52

Refraktärperiode 39, 61

Regel 3ff, 11f, 18f, 50, 62, 68, 73f, 77, 8f, 86f, 95, 105f, 109, 113, 130, 161, 163, 166f

2/3-Regel 157

Reiz 2ff, 10, 25, 31f, 38ff, 45, 47, 53f, 56ff, 63

Rekombination 112f

Rekursiv 18, 82

Repolarisationsphase 38

Repräsentation 8, 10, 14, 64, 76ff, 87, 90, 95, 104, 117, 130, 132, 138, 160, 167, 174

Resonanz 154ff

Retina 47ff, 56, 59, 146

Rezeptives Feld 21, 47, 53f, 56ff, 142ff, 150f

Rezeptor 3, 19, 37, 40, 43, 45f, 51f, 59, 141, 161

Roboter 2f, 12

Rosenberg 130

Rosenblatt 5, 21ff, 25, 29, 88, 100, 133

Rückkopplung 9, 13, 16, 19, 21, 47f, 73, 115f

Rumelhart 6, 12, 14, 62f, 73, 77, 86, 90, 94, 99, 101

Russell 18

Schaltkreis 3, 6, 17, 37, 47, 171f

Schwellwert 14, 17, 20f, 24, 26ff,
    37, 39, 41ff, 45, 61, 65, 68ff,
    72ff, 106, 131, 134f, 152, 170

Science-Fiction 3

Sehbahn 48, 55f

Sehnerv 48, 51, 56

Sehrinde 59

Sejnowski 70, 130

Selbstorganisation 9, 114,ff, 120ff,
    125, 140, 142, 146, 148f, 163f

Selfridge 8

Sensorisch 2f, 16, 19, 21f, 160f

Sigmoide Funktion 64f, 70, 72, 75,
    93, 97f, 107, 131

Signal 3, 7, 9ff, 13f, 17, 20, 23ff,
    29ff, 38ff, 42, 47, 52, 56f, 60ff,
    66ff, 73, 86f, 109ff, 114f, 117f,
    122, 129, 131, 136ff, 150, 154,
    156ff, 164, 167, 170, 173

Simulation 6f, 119, 133, 137, 140,
    148, 168ff

Smolensky 9, 14, 70

Speicher 4, 8, 11, 14, 24, 61, 77,
    84, 86, 134, 138, 155, 160, 171-
    173

Spektogramm 161

Spin-glass-Modell 134

Spontane Generalisierung 76

Squee 18

Stäbchen 50f

Statistische Mechanik 104, 109

Steinbuch 21, 31

Strategie 9, 32, 100

Struktur 4ff, 9, 11, 17, 21, 36f, 55,
    62, 76, 78, 82, 99, 103, 105, 112,
    115, 122ff, 131, 140ff, 160, 175

Suchverfahren 104

Synapse 17, 22f, 36f, 39ff, 48, 111,
    115, 136, 138, 143ff, 147, 150,
    171

Synaptische Potenzierung 48

Synaptischer Spalt 40, 43

System 2ff, 9, 14, 16, 18f, 22f,
    30ff, 62, 69, 71ff, 82f, 85f, 94f,
    98, 100ff, 110, 112, 117f, 120,
    125, 130, 132, 134ff, 140, 152f,
    156ff, 165ff, 175

Szeged 18

Tank 138

Technologie 1ff, 7, 171

Temperatur 71f, 107f, 134

Topologie 9, 60, 63, 87, 99, 114,
    117f, 160, 172, 175

Topologie-erhaltende Abbildung
    114f, 117f, 121f, 159

Topologische Nachbarschaft 119f,
    163f

Trainingsset 129, 133, 165, 167

Transputer 170, 173

Traveling Salesman Problem (TSP)
    138

Turing 5, 18ff

Umfeldhemmung 47

UND 20f

Unit 10, 12ff, 23ff, 62ff, 66ff, 72ff,
    86ff, 99ff, 111, 115ff, 124ff,
    130ff, 142ff, 150, 152, 162ff, 169

Update 14, 83, 135

Uttley 22

Vaucanson 16

Ventral 16

Verbindung 9, 10, 12ff, 17, 20ff,
    31ff, 52, 55, 60, 62f, 66, 68ff,
    73ff, 82ff, 86, 90ff, 96, 101,

104ff, 108, 111, 115f, 118, 120, 125f, 131, 134ff, 139f, 142ff, 150ff, 158, 170ff, 175
Verbindungsregel 32f
Verhalten 2, 4, 11, 18, 22, 64, 84, 86, 107, 111f, 135f, 150, 166, 170
Verschlüsselung von Daten 94
Verstärkungsregel 32f
Verteilte Repräsentation 64
Vesikel 40
Visuelles System 8, 47f, 59, 140, 142
Von der Malsburg 100
Voronoi-Diagramm 124f
Voronoi-Zerlegung 129

Wachsamkeit 158f
Wahrnehmung 3, 8, 11f, 23, 59, 153, 160
Walter 18
Watt 16

Weissgärber 170
Whitehead 18
Widrow 21, 29, 87
Widrow-Hoff-Regel 87
Wiesel 21, 58, 140ff
Winner-takes-all (WTA) 154
Wissen 3ff, 8ff, 14, 60, 64f, 76ff, 84, 99, 105, 110, 112, 130, 142, 151f, 156, 160, 162

XOR 67, 69, 93f

Zapfen 50f
Zelle 11, 17, 25, 35ff, 39ff, 48, 50ff, 56f, 59, 61, 86, 115f, 136, 142ff, 160, 162
Zentralnervensystem (ZNS) 19, 37, 45f
Zipser 99, 101
Zonulafasern 49

Druck: Novographic, Ing. Wolfgang Schmid, A-1230 Wien.

G. Gottlob / Th. Frühwirth / W. Horn (Hrsg.)

Expertensysteme

Grundlagen und Methoden

(Springers Angewandte Informatik)

1990. 38 Abbildungen. Etwa 200 Seiten.
Broschiert DM 49,–, öS 348,–
ISBN 3-211-82221-6

Preisänderungen vorbehalten

Das vorliegende Buch gibt einen umfassenden Überblick über das wohl aktivste Forschungs- und Anwendungsgebiet der Artificial Intelligence – über Expertensysteme. Basierend auf den Erfahrungen aus mehrjähriger Vorlesungstätigkeit stellt das Autorenteam neben grundlegenden Konzepten auch die theoretischen wie praktischen Aspekte ausführlich dar. Eine kompetente Einführung in die Prädikatenlogik wird gegeben. Als Novum verdeutlicht dieses Buch die unterschiedlichen Schlußweisen und Komponenten von Expertensystemen durch ausführbare Prototypen in der logischen Programmiersprache Prolog. Dem praktischen Aspekt wird weiters durch einen Überblick über im industriellen Einsatz stehende Expertensysteme Rechnung getragen. Nicht zuletzt behandelt dieses Buch die neuesten Entwicklungen wie Experten-Datenbanksysteme und Ergonomie und Gestaltung von Benutzerschnittstellen für Expertensysteme.

Das Buch eignet sich damit nicht nur als Unterlage und Referenz für Vorlesungen auf dem Gebiet der Expertensysteme, vielmehr wendet es sich auch an den interessierten Informatiker und Programmierer in Studium und Praxis.

Springer-Verlag Wien New York

Norbert E. Fuchs

Kurs in Logischer Programmierung

(Springers Angewandte Informatik)

1990. XI, 224 Seiten.
Broschiert DM 53,–, öS 370,–
ISBN 3-211-82235-6

Preisänderungen vorbehalten

Das Buch ist eine Einführung in die logische Programmierung in der Form eines Kurses, in dem die Grundlagen der logischen Programmierung, die logische Programmiersprache Prolog und ihre Programmierpraxis, sowie einige Anwendungen vorgestellt werden.
Nach einer kurzen Begriffsbestimmung der logischen Programmierung wird das sogenannte reine Prolog als Programmiersprache anhand von Beispielen eingeführt. Die logischen Hintergründe werden dabei nur angedeutet. Anschließend werden die Erweiterungen vorgestellt, die Prolog zur vollen Programmiersprache machen. Es folgen etablierte Programmiertechniken, die Prolog wie jede andere Programmiersprache besitzt. Mit diesen Vorkenntnissen ist es nun leichter, die theoretischen Grundlagen der logischen Programmierung zu verstehen. Es wird gezeigt, wie Logik zur Wissensdarstellung und zur Ableitung von weiterem Wissen verwendet werden kann. Ferner wird der Weg von der Prädikatenlogik zur logischen Programmiersprache Prolog nachvollzogen. Den Schluß bilden Anwendungen aus den Gebieten wissensbasierte-Systeme und Computerlinguistik.

Springer-Verlag Wien New York